KB234985

99%는 왜 돈 걱정에
잠 못 드는가

99%는 왜 돈 걱정에
잠 못 드는가

99%는 왜 돈 걱정에 잠 못 드는가

**1판 1쇄 발행 _ 2013. 06. 03.
**1판 2쇄 발행 _ 2013. 06. 24.

**지은이 _ 정우식
**발행인 _ 홍성찬
**발행처 _ 인사이트북스

**출판신고 _ 2009년 6월 5일 제25100-2009-0017호
**주소 _ 서울특별시 강북구 우이동 161-36(142-871)
**대표전화 _ 070)8112-0846, 02)906-9888
**팩시밀리 _ 02)906-9888
**이메일 _ insightbooks@hanmail.net

ⓒ 정우식 저작권자와 맺은 특약에 따라 검인을 생략합니다.
ISBN 978-89-98432-03-4(03320)

99%는 왜 돈 걱정에 잠 못 드는가

정우식 지음

인사이트
북스

따뜻한 바람이 노오란 개나리 꽃잎을 간지럽히던 어느 봄날, 나는 강남의 한 거리를 걷고 있었다. 거리를 지나는 사람들은 봄날을 만끽하는 듯 멋들어진 옷을 입고 깔깔 거리며 화사한 웃음을 발산하고 있었다. 하지만 내 어깨는 축 늘어지고 마음속은 아직도 한겨울처럼 냉랭하기만 했다. 아무리 고민해도 해결책이 떠오르지 않았다. 그 당시 은행의 PB들을 상대로 진행하던 프로젝트가 말썽을 일으키고 있었다. 강의를 오기로 했던 강사가 일정을 펑크를 내는가 하면, 교육 프로그램이 마구 뒤엉켜 풀어갈 방법이 없었다. 은행 담당자에게는 "이런 식이면 곤란해요."라는 말을 얼마 전 들은 터였다. 신용이 생명인 이 업계에서 나는 점점 답답함에 억눌려 숨을 쉬기가 어려워지고 있었다. 길을 걷던 나는 우연히 하나의 간판과 마주하게 되었다.

'○○신령'

점을 보는 곳이었다. 허름해 보이는 건물에 들어서자 점집 입구에는 '연예인 △△부부가 다녀간 집'이라는 푯말이 자랑스레 붙어 있었다. '점 좀 보는 집인가 보군!' 나는 난생 처음 점집이라는 곳을 방문하게 되었다.

점장이는 내 면상을 한번 쭉 훑어보더니 "오복 중에 4복이 들어 있는 가장 좋은 시간에 방문을 하셨군."이라는 말로 포문을 열었다. 그러고는 내 마음을 뒤흔드는 온갖 말(거의 위협에 가까운)들을 쏟아냈다.

"시작은 좋아. 그때는 성공을 맛보지만, 자기 것이 안 돼. 끝이 잘 안 풀리는 살이 끼었어."

"부적을 써야겠어!"

"얼마입니까?"

"500만원!"

점장이는 해독이 어려운 한자 100자를 조그만 쪽지에 하나씩 적어 100장을 주며 말했다.

"책상 서랍에 이 쪽지들을 보관하고 있다가 100일째 불에 태워! 그러면 만사가 다 형통할거야"

결국 부적은 300만원에 낙찰되었다. 점집을 나오면서 나는 '그래도 200만원 벌었네' 하며 협상의 달인인 나 자신을 칭찬했다(사실은 떨떠름한 위로에 가까웠지만).

사무실로 돌아온 나는 부적을 서랍에 넣어 두고 일이 잘 풀리기를 기원했다. 하지만 부적에 대한 믿음이 흔들리고 있었다. 답답한 마음에 다시 거리로 나왔다. 거리는 여전히 활기로 넘쳐 났지만, 내 문제는 여전히 풀리지 않고 있었다. 나를 뺀 모든 사람들이 아무 걱정 없이 행복한 인생을 살아가는 것처럼 느껴졌다.

그러다가 문득 교회에 가고 싶다는 마음이 들었다. 시끄러운 대로를 벗어나 한적한 골목길로 접어들었다. 한참을 걷다 보니 '◇◇교회'라고 적힌 간판이 눈에 들어왔다. 어떤 힘에 이끌려 무작정 교회 문을 열고 들어갔다. 서른 평 남짓한 작은 교회였다. 성경을 읽고 있던 목사님은 하던 일을 멈추고 "저희 교회에 오신 첫 방문객이십니다."는 말과 함께 긴 시간 동안 나와 상담을 응해 주었다. 그날 나에게는 말로는 다 설명할 수 없는 많은 변화가 일어났다.

그날 나는 '사람'이 문제라는 사실을 깨달았다. 사람 때문에 상처를 받고, 사람 때문에 분노가 일고, 사람 때문에 일정이 꼬인다는 사실을 알게 되었다. 그뿐만 아니라, 재무 전문가라는 명함을 들고 다녔지만 내 프로그램에 정작 '사람'이 빠져 있었다는 사실도 깨달았다. 이후 나는 사람에 집중했다. 돈으로부터 사람을 살리는 일에 일생을 바치기로 다짐했다.

그러자 사람 때문에 흐트러졌던 일들이 하나둘 제 궤도를 찾기 시작했다. 내 프로그램에는 사람, 즉 인간의 삶과 행복, 불행과 같은 철학이 믹스되었다. 이전에는 감히 상상하지도 못했던 수많은 지혜가 떠올랐다. '왜 사람들은 돈을 좇고, 실패하고, 돈에 울고 웃는가?' '돈에 매여 인생이 고통이 되는가?' '어떻게 해야 돈에서 자유로워지며, 돈을 정복하고 다스리는 진정한 행복을 얻을 수 있는가?'

돈과 인생에 눈을 뜬 것이다. 이후 새로운 프로그램 설계에 몰입했다. 이렇게 해서 탄생된 개념이 바로 '뉴플러스New Plus'다. 약자를 따서 NPTINew Plus Type Indicator라는 재무 심리 진단 프로그램도 완성되었다. 적성 검사 유형 NBTI와 혼동하지 마시라. 순수 국산이다.

이 책은 뉴플러스 개념을 중심으로 시작하여 NPTI를 통해 얻어낸 수많은 사람들의 진단 결과를 바탕으로 돈의 문제를 풀어갈 것이다. 대학 강단과 서울시, 각종 공기업, 기업체 등에서 만난 사람들의 이야기도 녹아 있다. 그동안 1000가정이 넘는 부부가 상담을 받았고, 3000명 이상이 진단을 통해 인생의 새로운 길을 찾았다. 문자나 전화를 통해 달라진 자신의 인생을 자랑하는 사람들이 많다.

'집을 깨끗이 청소했어요.' '1년 동안 모아서 가족 여행을 다녀왔어요.' '남편이 이제야 정신을 차린 모양이에요.' '상담 받을 때는 우울했는데, 지금은 희망으로 넘쳐요.'

상담 이후 내 제자가 되겠다며 프로그램을 배우는 이들도 많아졌다. 보람과 긍지를 느낀다. 일련의 과정을 거치며 절망으로 흔들렸던 내 인생은 감사로 가득 차게 되었다. 나는 지금도 이 모든 지식들이 내 머릿속에서 나온 진리라고 생각하지 않는다. 영혼을 내려놓고 내가 믿는 그분께 의지한 결과다.

소중한 이 결과물들을 통해 매달 월급을 받아도 항상 마이너스 인생을 벗어나지 못하는 직장인들, 하루가 멀다 하고 터지는 횡령 사건, 돈 때문에 벌어지는 부부간, 가족 간의 갈등들이 사라지길 바란다. 이 책을 읽는 독자 여러분도 평생 웃을 수 있는 길을 찾기 바란다. "돈에 울고 웃던 철부지가 항상 웃는 바보가 되었어요."라고 고백하는 그날이 빨리 오기를 기대한다.

정우식

^{2부} 돈으로 보는 인생의 타임라인

3부 돈으로 배우는 인생

^{4부} 돈의 4가지 마음

'돈'이라는 이름의 탈출열차

꼭 돈 때문만은 아니라고 믿고 싶다

한가해진 오후 3시 무렵, 우유 배달 아주머니가 찾아왔다.

"김 사장 계셔?"

다르르륵 소리를 내는 재봉틀을 잠시 멈추고 나는 고개를 돌렸다. 내 옆의 박 기사도 잠시 일손을 멈추고 그녀를 바라보았다. 그녀의 손에는 언제나 그렇듯 음료수 두 병이 들려 있었다. 박 기사가 장갑을 벗어 음료수를 받으며 웃음을 지었다.

"아주머니가 찾아온 것을 보니 벌써 한 달이 지났네요."

"그러게 말이에요. 김 사장님. 이번 달에는 8200원입니다. 21개 먹었네요."

나는 걸려 있는 옷에서 지갑을 꺼내 만원짜리를 건네주었다. 그녀는 잔돈을 돌려주며 갑자기 목소리를 낮추었다.

“내가 김 사장 집에 우유 배달하러 올 때마다 느끼는 건데, 집에는 여자가 있어야 돼. 또 김 사장 혼자 여섯 살짜리 딸을 어떻게 키울 거야?”

나는 뜬금없는 그녀의 말에 잠시 당황해서 음료수를 옷에 흘릴 뻔했다.

“전 혼자 살지 않아요. 어머니가 계시는데…”

“엄마는 엄마일 뿐이지. 엄마가 아무리 좋아도 각시보다 낫나?”

옆에 있던 박 기사가 끼어들었다.

“두말하면 잔소리죠. 더군다나 우리 사장님은 이제 겨우 서른여섯인데.”

그렇다. 나는 ‘이제 겨우’ 36살에 6살 딸 하나를 키우는 이혼남이다. 내가 스물여덟 살에 결혼한 첫 아내는 나보다 한 살이 어렸다. 아이를 낳고 2년이 지난 어느 날 아내는 친구의 결혼식에 갔다 온 후 집안으로 들어서며 화를 발칵 냈다.

“정말 창피해서 못살겠어.”

결혼식 뒤풀이에서 술을 한 잔하고 온 듯 얼굴이 약간 상기된 그녀는 손에 든 가방을 소파에 내던졌다. 나는 멍한 눈길로 그녀를 바라보았다. 그녀는 다짜고짜 소리를 질러댔다.

“이 가방 보여? 내가 이 나이에 이딴 가방이나 들고 다녀야겠어? 이 옷 보여? 내 친구들 중에 내가 제일 촌스러워. 정말 참을 수 없다고.”

나는 소파에 등을 기대고 앉아 묵묵히 TV를 바라보았다. 소파는 너무 낡아 내가 앉은 곳이 푹 꺼져 있어 몸이 어쩔 수 없이 오른쪽으로 기울 수밖에 없었다. 그녀는 나의 그런 자세가 자기를 무시하는 몸짓이라 생각했다.

“내 말 듣고 있어? 이 옷뿐만이 아냐! 내 구두, 목걸이, 뭐 제대로 된 게 하나도 없어. 결혼식장에 가는 서른도 안 된 여자가 이처럼 싸구려 짝퉁이

나 하고 가야겠어? 정말 지겨워! 나는 이런 끔찍한 생활을 원하지 않았다구."

1년 후 그녀는 '끔찍한' 결혼 생활에서 빠져나갔다. 나는 그녀의 현대적이고 세련되고 우아한 욕구를 결코 만족시켜 줄 수 없었다. 그러나 그것이 그녀의 잘못이라거나 허황된 욕망이라고는 생각하지 않았다. 단지 나의 능력이 부족하다고 탓할 뿐이었다.

전문대학을 졸업하고 여기저기 이력서를 넣으면서 취업 준비를 할 때 구두 공장을 하던 큰 매형이 찾아왔다.

"처남, 취직할 때까지 우리 공장에 와서 잠깐 일 좀 도와줘."

"제가 뭐, 할 줄 아는 게 있나요?"

"쉬운 일이니까 그냥 와서 도와주면 돼. 알바비는 넉넉히 줄게. 두어 달만 도와주면 돼."

그 두어 달이 잠깐 사이에 10년이 훌쩍 지나버렸다. 나는 처음에 딱 한 달만 하리라 생각했으나 어느 날 달력을 보니 1년이 지났고, 또 어느 날 달력을 보니 10년이 지나 있었다. 매형의 구두 공장은 유명 메이커의 하청을 받아 납품하는 가내 수공업이었다. 값비싸게 팔리는 클래식 남자 구두의 앞등에 재봉틀로 일일이 무늬를 새기는 작업이었다. 수작업으로 해야 했기 때문에 한 사람이 하루에 30개 이상 만들기 어려웠다. 그래도 단가가 비싸 한 사람이 한 달에 300만원씩은 너끈히 벌었다. 비록 허름한 작업복을 입고 기름밥 먹어가며 일했지만 4년제 대학을 졸업한 대기업 사원 부럽지 않았다. 매형은 손재주가 좋은 직공 5명을 데리고 일하면서 공장을 차츰 불려 나갔다.

나는 처음에 허드렛일도 하고, 배달도 하고, 서류 정리도 하면서 무늬 기술을 배웠다. 2년쯤 지나 견습공이 되었고 한 달에 150만원을 벌었다. 5년 차에 2급 직공이 되어 300만원을 벌었다. 월급제가 아닌 도급제였기에 누구든 자기가 일한 만큼 돈을 받아갔다. 악착같이 10시간씩 30일 일해서 1000만원 가까이 벌어가는 사람도 있었다.

그 무렵 나는 공장 반장님의 소개로 아가씨를 만났다. 반장님은 그녀에게 "곧 사장님이 될 거야."라고 말했다. 그 말을 믿었는지 그녀는 내게 호감을 보였다. 나 역시 그녀가 싫지 않았다. 또 실제 나는 사장이 되었다. 2-3년 전부터 몸이 아파온 매형이 "이제 나는 쉬면서 건강에 신경 좀 써야겠다. 처남이 이 공장을 물려받아 잘 키워봐." 하며 공장을 내게 물려준 것이었다. 물론 공짜는 아니었다. 나는 그동안 모은 돈과 아버지가 보태 준 돈, 장인어른이 빌려준 돈을 보태 공장을 인수했다.

2-3년 동안은 아무런 문제가 없었다. 직공들도 열심이었고 매형도 간간이 일을 도와주었다. 거래처 사람들도 변함이 없었다. 그러던 어느 날 구두 주문이 줄어들고 있음을 알아차렸다. 한 달에 1000개였던 것이 800개로 줄었고, 또 몇 달이 지나자 700개로 줄었다. 다른 공장들도 마찬가지였다. 그러다 500개 이하로 떨어졌다. 8개월 사이에 반 토막이 난 것이었다. 이 사람 저 사람에게 탐문해 보니 원인은 한 가지였다.

"중국에서 들여온다네."

나는 정신이 멍해졌다. 국산 제품이 1개에 1000원일 때 중국제는 300원이었다. 겉으로 보아서는 차이가 전혀 없었다. 나 같아도 국산을 쓸 이유가 없었다. 직공 4명이 다른 일자리를 찾아 나가고 한 명만이 내 곁에 남았다. 수입은 한 달에 200만원으로 떨어졌으며 곧 150이 될 수도 있었다. 집을 늘리려던 계획은 물거품이 되었고 빚 독촉하는 전화가 여기저기에서 걸려왔다. 단 1년 사이에 찾아온 변화(사실은 '몰락'이라는 말이 맞을 것이다)였다. 줄어든 수입과 빚쟁이들의 독촉에 스트레스를 받던 아내는 이혼을 요구했다. 나는 24평 아파트를 팔아 아내에게 주고 딸과 함께 13평 아파트로 이사했다. 다행히 최악의 상황은 아니었다.

그러나 나는 새로 결혼할 자신은 없었다. 빈 음료수 병을 내려놓고 다시 재봉틀을 켜자 우유 아주머니가 나직이 말했다.

"내가 일하는 우유 집하장에 경리 아가씨가 있어. 그 아가씨가 아주 참하더라고."

"그래요? 참한 아가씨라면 벌써 누군가 채 갔을 텐데요."

나는 재봉틀을 돌리며 심드렁하게 대답했다.

"그게 말이야, 실은 그 아가씨가 돌싱이거든."

"돌싱이요? 아니, 우리 사장님더러 이혼녀와 결혼하라는 말입니까?"

옆에 있던 박 기사가 끼어들었다. 그러나 나는 '돌아온 싱글'이라는 말에 귀가 솔깃했다. 반 년 후 나와 그녀는 동시에 재혼을 했다. 짧은 신혼여행에서 돌아온 다음 날부터 그녀는 공장에 나와 일을 했다. 청소를 하고, 경리를 보고, 거래처를 찾아가 물건을 따오고, 구두를 차에 실어 납품하고, 딸아이도 정성껏 돌보았다. 또 손재주도 좋아 공장에서 나를 도와 일을 하는데도 손색이 없었다. 그런 그녀 덕분인지 공장은 조금씩 좋아지고 수입도 많아졌다. 하루는 내가 "13평은 좀 좁지 않아? 곧 둘째도 낳아야 할 텐데."라고 묻자 "네 명이 살아도 13평은 좁지 않아요. 그리고 둘째는 조금 있다 낳아요. 우선 돈을 더 버는 게 중요하잖아요."

1년 후 직공은 두 명으로 늘어났고 물량도 늘어났다. 중국산 제품과 경쟁하는 방법은 오직 품질과 성실밖에 없었다. 다행히 아내는 영업 실력도 좋아 중소기업을 직접 찾아다니며 판로를 개척했다.

결혼 후 가정에도 행복이 찾아왔다. 비록 풍족하지는 않았지만 돈 걱정 없이 미래를 설계해 가는 데 문제가 없었다. 딸도 새엄마가 좋았는지 엄마라고 부르며 잘 따랐고, 아내도 딸을 살갑게 대했다. 퇴근 후 집에 가면 '이것이 바로 행복이구나' 하고 느끼는 날이 많았다.

그러던 어느 날 공장에서 점심을 먹은 후 아내가 장부를 들여다보며 말했다.

"한성기업하고 일홍산업하고 돈이 좀 밀렸어요. 가서 결제를 받아와야겠어요."

"전화해서 입금해 달라고 말하지."

"그 사람들은 만날 전화하면, 낼 보내 줄게요 하고서는 감감무소식이에요. 직접 가서 닦달을 해야 받아낼 수 있어요."

"아무렴 그렇지요, 얼굴을 봐야 한다니까요."

저만치에서 여태 조용히 있던 조 기사가 거들었다. 아내는 밖으로 나가며 말했다.

"집에 가서 옷 갈아입고 갔다 올게요. 차는 내가 가지고 갈게요."

7시쯤 공장 문을 닫고 집으로 갔을 때 딸아이 혼자 놀고 있었다.

"엄마 아직 안 왔니?"

"응."

"엄마한테 전화 좀 해 봐라."

딸아이는 신난 표정으로 내 휴대전화를 받아 버튼을 누르더니 잠시 후 고개를 갸웃했다.

"아빠, 전화가 꺼져 있대."

그 후 서너 차례 전화를 했으나 아내는 받지 않았다. 그러다가 한성기업 사장이 내게 전화를 걸어 대뜸 이렇게 말했다.

"오늘 오후에 자네 와이프가 와서 수금을 해 갔네. 나도 사정이 어려운 데…. 있는 돈 박박 털어서 외상값 전부 갚았네. 자네 와이프 정말 야박하더 군. 뭐, 급히 돈 쓸 일 있어?"

"얼마나 주셨는데요?"

"820만원 주었지."

"어휴, 많이 주셨네."

"말도 말게, 이런 식으로 나오면 나도 곤란하지."

하지만 그날 저녁 아내는 돌아오지 않았다. 나는 밤새 잠을 못자고 뒤척 이다가 딸아이를 학교에 보낸 뒤 공장으로 출근했다. 일손이 잡히지 않아 정신을 놓고 있을 때 우유 아주머니가 왔다.

"집에 사모님이 없던데 어디 갔나?"

"그, 그게…"

"일 보러 나갔나?"

"네."

"그렇군. 그런데 말이야, 사모님이 내게 저번 달에 200만원 빌려갔어. 오 늘 갚는다고 했는데…."

"?"

나는 순간 현기증이 들었다. 오후에 거래처 세 곳에서 전화가 왔다. 그 사장들은 모두 흥분한 목소리였다.

"자네 말이야, 나랑 거래한 지 10년이 넘었는데 어찌 이럴 수 있나?"

"왜요?"

"왜요라니? 어제 자네 와이프가 와서 한바탕 소란을 떨었네. 내가 급전을 빌려 겨우 돈을 갚았어. 직원들 보기 창피해서 줘서 보내 버렸네. 앞으로 자네와는 거래 끝일세."

당황한 내가 뭐라고 대꾸하기도 전에 식당 사장이 공장으로 들어왔다. 그는 우리 공장에 매일 점심을 대는 식당 주인이었다.

"김 사장님. 저번 달에 사모님이 300만원 빌려가셨어요. 오늘 준다고 했는데 사모님이 어디 가셨나요?"

그렇다. 그녀는 '어딘가'로 갔다. 그러나 그곳이 어디인지는 나도 알 수 없었다. 나는 부리나케 밖으로 뛰어나가 은행과 새마을금고로 가서 잔고를 확인했다. 모두 0이었다. 이제까지 돈은 전부 아내가 관리했다. 내가 직접 관리하는 통장은 하나밖에 없었고 그 돈은 100만원이 조금 넘을 뿐이었다. 머릿속이 멍한 상태에서 '사모님이 돈을 빌려가셨어요'라고 말하며 문을 밀고 들어오는 사람은 갈수록 늘어 모두 8명이 되었다. 다행인지 불행인지 그들 중 차용증을 가진 사람은 아무도 없었다. 그러나 이미 소문은 널리 퍼진 후였다. 그들은 착한 이웃에서 일순간에 험악한 빚쟁이로 돌변해 있었다.

다음 달에는 보험회사 5곳에서 해약 통지서가 날아왔다. 내 생명보험과 종신보험, 딸아이 교육보험, 아내 생명보험, 공장 화재보험이 모두 해약되었고 지금까지 부은 돈은 전부 0으로 돌아갔다. 그리고 정기적금 3개도 0이 되어 있었다. 나에게는 0이 되었지만 아내에게는 수천이 되었을 것이다.

나는 부리나케 등기소로 갔다. 천만다행으로 집은 아직 내 앞으로 등기가 되어 있었다. 그러나 그 아래에 내가 알 수 없는 숫자가 적혀 있었다. 아파트는 진즉 은행에 저당 잡혀 있었지만 그 숫자가 대출한도의 턱 아래까지 차 있는 것이었다. 나는 갑자기 아파오는 배를 움켜쥐고 허위허위 달려 은행으로 갔다.

"지난달에 대출을 늘리셨네요. 원래 13평은 7000이 한도인데 다른 분이 보증을 서서 1억으로 늘렸어요. 한도가 꽉 찼네요."

손을 대지 않은 것은 공장 보증금 하나였다. 그러나 그 돈은 겨우 2000만 원에 불과했다. 아내가 주장해서 보증금을 낮추고 월세를 늘렸기 때문이었다. 나에게 남은 전재산이었다. 그것까지 손을 대면 들통이 날까 싶어 마수를 뻗치지 않은 것 같았다. 아니면 나와 딸이 불쌍해서 남겨 놓은 것일까?

나는 헛된 일인 줄 알지만 처갓집에 전화를 걸어 아내의 행방을 물었다. 역시 '모른다'는 답이 돌아왔다.

"당연히 모르시겠지요."

나는 더 이상 할 말이 없었다. 애걸복걸을 한단 말인가? 협박을 한단 말인가? 설교를 한단 말인가? 나는 한 가지만 말하고는 전화를 끊었다.

"전화가 오면, 차를 갖다 놓으라고 말하세요. 도난 신고를 하면 곧 잡히니까."

다음 날 아침, 일어나 보니 아파트 주차장에 낡은 내 차가 세워져 있었다. 범퍼 오른쪽에 새로운 흠집이 나 있었다. 나는 그 흠집을 쓰다듬으며 혼잣말로 중얼거렸다.

"애초에 나는 아무것도 없이 이 세상에 왔으니 이제 다시 빈털터리가 되어도 손해는 아냐. 정말 궁금한 것은 사랑보다 돈이 더 중요하고, 소소한 행복보다 돈이 더 중요하고, 가족보다 돈이 더 중요하고, 정직한 삶보다 돈이 더 중요하고, 참된 인간성보다 돈이 더 중요할까? 그런 삶을 살면 정말 행복할까?"

이 어리석은 넋두리에 현명한 답을 해 줄 수 있는 사람이 이 세상에 과연 있을까?

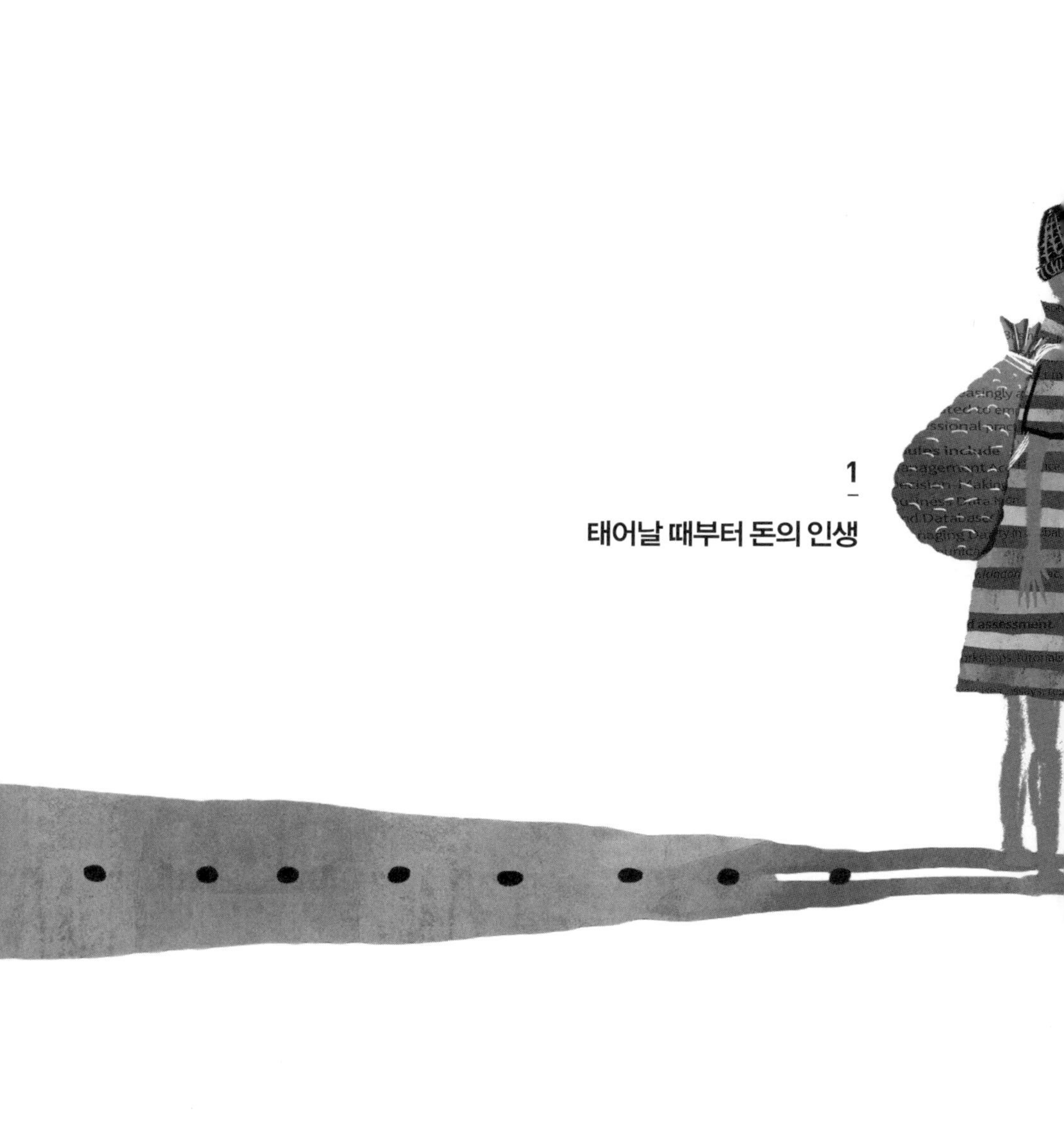

1
—

태어날 때부터 돈의 인생

Money

—

마이너스로 가득한 우리의 인생을 어떻게 하면 플러스로 전환할 것인가. 플러스에 집착하지만 정작 마이너스로 점철된 인생을 사는 보통의 삶을 넘어, 플러스에 집착하지 않으면서도 마이너스 걱정 없이 사는 법을 배우고, 돈을 이기기 위한 돈의 정체를 알아본다.

1

돈이란
무엇인가?

태어날 때부터 돈의 인생

인간에게 돈의 문제는 태어날 때부터 죽는 날까지 계속된다. 사람은 태어나기 전부터 마이너스 인생이다. 태어나서도 한참 동안 마이너스를 면하기 어렵다. 플러스는 잠깐이다. 직장 생활을 할 동안 잠시 남는 장사를 하지만 은퇴를 하고 나면 다시 마이너스로 돌아간다. 버는 기간은 잠깐인데 쓰는 기간은 평생이다. 설상가상(?)으로 생명 과학의 발달로 인해 인간의 수명이 늘어나면서 마이너스로 보내야 하는 기간은 점차 늘어나고 있다.

돈이 부족하면 예상했던 기간보다 훨씬 오랜 시간 동안 고통스러운 인생을 살아야 할지도 모른다. 하지만 반대로 돈의 속성을 잘 이해하고 미래를 준비한 사람들에게 인생은 돈과 함께 가는 즐겁고 행복한 여행이 될 것이다. 이처럼 돈은 평생 우리를 따라다니면서 행복과 불행을 갈라놓는 기준점으로 작용한다.

이 책은 마이너스로 가득한 우리의 인생을 어떻게 하면 플러스로 채우며 살아갈 것인가를 다룬다. 플러스에 집착하지만 정작 마이너스로 점철된 인생을 사는 보통의 삶을 넘어, 플러스에 집착하지 않으면서도 마이너스 걱정 없이 사는 법을 배울 것이다. 거기에는 심리적인 요소도 있고, 실제적인 방법도 있다. 어떻게 하면 잘 벌고, 잘 쓰고, 잘 불리고, 잘 나눌 것인가를 균형 있게 알아갈 것이다. 돈을 이기기 위해 먼저 돈의 정체를 밝혀 보자.

돈의 10가지 속성

살아 있는 생명체

돈은 우리 지갑 속의 지폐나 동전, 은행 계좌에 찍혀 있는 단순한 숫자로 보이며 죽어 있는 것처럼 보이지만, 사실은 살아서 움직이는 생명체와 같다. 발이 달린 돈은 돌고 돌면서 사람의 감정과 행동을 좌지우지하며, 인생 전체를 지배한다. 사람들은 돈은 움직이지도 않고 우리를 공격할 수도 없다고 생각하기 때문에 돈의 공격에 미리 대비하지 않는다. 그래서 속수무책으로 당하는 것이다.

중독성

돈은 미끼를 던져 자신에게 계속 빠지게 만든다. 돈 버는 재미, 돈 쓰는 재미, 돈 불리는 재미. 균형을 잃고 한쪽으로 빠지다 보면 중독증에 걸려 헤어 나올 수 없게 된다. 돈맛을 잘못 들여 한번 중독이 되고 나면 몸이 썩어 가도 계속하여 돈을 섭취하려고만 한다. 돈을 수단으로 사용해 행복을 얻으려 하지 않고, 돈을 목적으로 삼아 돈이 많아질수록 행복해진다는 착각에 빠진다.

속이는 속성

"돈이 거짓말하지 사람이 거짓말 하느냐?" 맞는 말이다. 돈은 사람의 귀에 달콤한 감언이설을 늘어놓는다. 돈은 인간의 욕심을 부추기고 서로 속이고 거짓말하게 하여 파멸케 한다. 돈은 자신의 좋은 점을 부각시키고 쉽게 얻을 수 있는 것처럼 사람들을 속여 도박, 로또, 경마, 경륜 등에 빠지게 한다. 그래서 결국 인간을 파멸시킨다. 사람들은 그것도 모르고 잔치 중에 최고는 돈 잔치라며, 돈을 태워 언 손을 녹이는 상상을 하곤 한다. 그렇게만 된다면 행복할 것만 같다고 믿는다.

자기 성장

돈은 성장하는 생명체다. 돈의 성장에는 두 가지가 있다. 돈을 저축하거나 투자를 하면 이자나 수익이 발생하여 성장을 하게 된다. 이는 정상적인 성장이다. 그러나 비정상적인 성장도 있다. 대출 이자는 내가 은행에 돈을 맡겼을 때보다 항상 크다. 사채의 경우에는 성장 속도가 눈덩이처럼 빨라진다. 돈은 기형 성장을 통해 인간을 힘들게 하고 파멸시킨다. 돈이 정상적으로 성장하게 하려면 일정 궤도를 벗어나게 해서는 안 된다. 정상 궤도를 벗어나는 순간, 당신의 인생 전체가 블랙홀에 함께 끌려들어 간다. 이후에는 빚더미에 앉아 평생을 돈의 노예로 살아가야 한다.

소비 지향적

돈은 밖으로 나가려는 속성이 있어서 저축으로 묶어 두기는 어려우나 소비로 날리기는 쉽다. 소비를 하면 할수록 욕구가 늘어나 걷잡을 수 없이 커진다. 돈이 생기면 사람들은 '어디에 쓸까'부터 고민한다. 저축은 소비가 끝난 후 마지막 단계에서 마지못해 하는 행동이다. 이처럼 돈은 소비하기 시작하면 마치 휘발유처럼 빠른 속도로 증발하는 속성을 지니고 있다.

부패성

돈은 고이면 부패하는 속성을 가지고 있다. 돈은 자신을 많이 가진 사람을 교만하게 만들고, 음란 방탕하게 한다. 자식들을 망치게도 한다. 끝을 모르고 돈을 좇다 보면 인간성이 완전히 상실되고 만다. 돈은 움켜쥐고 놓지 않으면 동맥 경화를 일으켜 자신도 남도 다 죽게 만든다. 돈은 강처럼 흐르면서 건강하게 순환되어야만 썩지 않는다.

방심하면 반드시 보복한다

돈 거래에 있어서 발생하는 계약서, 권리 채무 관계, 보증 관계 등을 세밀히 살펴보지 않고 진행했다가는 엄청난 손해와 함께 가정이 무너지는 아픔을 겪을 수도 있다. 돈 문제는 복잡할수록 세밀하게 해결해 나가야 한다. '어떻게 되겠지'라는 생각으로 미루기만 하면 반드시 엄청난 대가를 치러야 한다. 이자 연체, 카드 연체, 빚 문제 등을 방치했다가는 돈의 역습에 의해 인생이 꼬이고 만다.

자신을 맹신하게 한다

'돈이면 안 되는 것이 없다'고 인간을 부추기고 돈을 맹목적으로 추구하게 만든다. 그 결과 인간들이 자신을 숭배하게 하고, 맹목적으로 추종하게 만든다. 돈이 되는 일이라면 물불을 안 가리고, 옳고 그름을 따지지 않고 일단 저지르게 만든다. 돈을 버는 일이라면 어떤 짓을 해도 괜찮다는 생각을 머릿속에 주입한다. 그래서 세상에 온갖 죄악이 난무하게 만든다. 돈은 곧 권력이요, 돈이 많을수록 사람 앞에 군림할 수 있다고 믿는다. 반대로 돈이 없어지면 내가 지금 누리고 있는 관계, 자존심, 파워 등이 모두 무너질 수 있다는 불안감이 엄습한다. 돈이 곧 '나'라는 잘못된 생각이 낳은 결과이다.

독이자 병원균

돈은 조심스럽게 다루지 않으면 인간을 죽음으로 가게 하는 독이자 병원균이다. 실제 사람끼리 돈을 주고받으면서 많은 병원균들이 전염된다. 돈은 강력한 독성으로 나를 죽이기도 하지만, 전염성이 높아 내 가족과 직장, 조직으로 빠르게 퍼져나가기도 한다. 돈독이 전염되는 순간 인간관계는 변질되고 만다. 돈을 중심으로 형성된 인간관계는 결국 돈의 강한 독성에 의해 쉽게 파멸된다. 그리고 돈으로 맺어진 관계는 결코 오래갈 수 없다.

파괴의 본능

돈은 모든 인간관계를 파괴시킨다. 부모 형제 친구까지도 살인하게 한다. 평화롭고 인심 좋던 시골 마을에 토지 보상금이 지급되는 순간 한바탕 난리가 나고, 이웃끼리 멱살잡이가 시작된다. 또한 자국의 이익을 위해 죄 없는 수십만 명의 생명을 담보로 전쟁을 벌이게도 한다. 사람의 목숨보다 돈이 먼저다. 양을 백 마리 가진 부자가 양 한 마리로 근근이 살아가는 사람의 것을 빼앗지 못해 안달을 한다. 가난한 사람의 한 마리 양을 탈취하는 행동을 삶의 파괴로 인식하지 않고 단순히 경제 논리로만 생각한다.

Money

2

왜 돈 때문에
울고 웃는가?

돈이 웬수?

"말을 안 해서 그렇지 나 왕년에 잘나갔던 사람이야!" 이런 말을 들을 때마다 생각나는 말이 있다. "말을 안 해서 그렇지, 우리 집 돈 문제가 심각합니다!" 상담을 진행하면서 문제들을 하나씩 파고들면 고개를 숙이며 쏟아져 나오는 고백들이다.

겉으로 드러나지는 않지만, 안을 보면 돈 문제로 심각한 상황에 처한 사람들이 많다. 남들 보기에는 직장 생활 잘하고 쓸 거 다 쓰면서, 갖출 건 갖추고 사는 것처럼 보인다. 그런데 치부를 다 드러내 놓고 진단을 시작하면 대책도 없고 막막하기만 하다.

우리 인생이 나 혼자만의 레이스라면 돈 문제는 큰 문제가 아닐 수도 있다. 돈이 없어도, 부자가 되지 않아도 그것은 나 혼자만의 문제일 뿐이다. 아니면 아무 문제가 되지 않을 수도 있다. 세상과 단절하고 돈 한 푼 없이 수도자의 삶을 산다면 돈의 많고 적음에서 자유로울 수 있다.

하지만 현실은 어떤가? 결혼을 하면 가족이 생기고, 자녀가 생기고, 부양해야 할 부모가 살아계신다. 해결해야 할 수많은 사건들이 꼬리에 꼬리를 물고 발생한다. 가족만 문제가 아니다. 친척들과의 관계, 직장과 사업, 사회생활에 속에서 만들어지는 관계에서도 돈 문제가 개입한다. 이처럼 얽히고설킨 관계들 속에 살다 보면 시시때때로 돈이라는 괴물이 본성을 드러내며 나와 내 가족을 위협한다. 이때는 벗어나고 싶어도 벗어날 수 없는 돈의 굴레로 빠져들 수밖에 없다. 돈 문제는 결코 1-2년 만에 해결되는 단기간의 문제가 아니다. 한번 굴레에 빠지면 심지어 자녀의 문제로까지 이어질 수 있다.

돈이 인생의 전부는 아니지만, 우리 인생 전체를 관통하며 영향력을 행사한다는 사실은 부정할 수 없는 사실이다. 돈이 없어도 행복하다는 말은 최소한 돈이 없어 밥을 굶을 일이 없거나, 살 집이 있는 경우에나 해당한다. 그보다 못한 나락으로 떨어지고 나면 돈이 없어서 불행하다는 말을 실감할 수 있다.

지금 당신이 밥을 굶지 않아도 되고, 살 집이 있다고 하여 안심할 수 있는 것도 아니다. 당신이 대한민국에 거주하는 보통의 중산층이라면 돈 문제로 언제라도 나락으로 떨어질 확률은 상존한다. 갑자기 가족 중 한 명이 중병을 앓을 수도 있다. 중병에 걸린 사람이 가족의 생계를 책임진 가장이라면 상황은 더욱 악화된다. 잘 다니던 회사가 어느 날 부도로 인해 문을 닫을 수도 있다. 이런 사건 앞에서 가정 경제는 바람 앞의 등불처럼 휘청거릴 수밖에 없다. 그만큼 돈과 관련된 인생은 언제나 위태롭기만 하다. 그러다 보니 '돈이란 놈이 도대체 무엇이기에 나를 이토록 불안하게 하는가?' 하는 탄식이 끊임없이 터져 나오는 것이다.

돈 때문에 울고 웃는 99% 서민들

무의식적으로 돈의 위험성을 잘 알고 있는 우리는 그래서 돈은 많으면 많을수록 좋다는 생각을 한다. 돈이 불어나면 행복도 불어난다. 돈이 잘 벌리면 웃을 일도 많아진다. 하지만 반대의 경우는 더욱 흔하다. 돈 때문에 고통받고 돈 걱정으로 스트레스 받는 사람들이 얼마나 많은가? 자녀의 교육비도 걱정이고, 결혼 비용도 걱정이고, 부모님 칠순에 해외여행 보내 드릴 비용도 걱정이다. 당장 다음 달 휴가비도 걱정이다. 은퇴도 빨라진 요즘, 은퇴 이후 먹고살 일도 정말로 걱정이 된다. 남들보다 잘살고 싶은데 말처럼 쉽지 않으니 슬프다. 집은 번듯한 40평대인데 은행과 주변 지인들에게 빌린 빚을 제외하고 나면 실제 온전한 내 집은 10평도 되지 않는다. 현관문을 들어서며 '실제 내 집은 신발이 놓인 이 조그만 직사각형뿐이구나'라고 탄식하던 한 가장의 한숨이 기억난다.

현실을 생각할 때마다 이마에 주름살이 하나씩 늘어난다. 돈 때문에 울 일이 태산처럼 많다. 부모가 돈에 우는 인생이면 자녀들도 함께 울어야 한다. 없어서 울고 있어서 울고, 있다가 없어져서 울고, 돌아온 줄 알았는데 어느새 떠나가고 있어서 울고. 웃는 건 잠깐이요, 울 일이 대부분인 인생이다.

이처럼 99%의 서민들이 돈 때문에 울고 웃는 이유는 무엇일까? 바로 돈의 의미를 모르고 '내가 돈이 부족하구나'라고 생각하며 돈에 끌려 다니기만 하기 때문이다. 그래서 일희일비한다.

웃는 것은 언제인가? 이 웃음에는 순간적인 웃음이 있고, 인생 전체를 통해 웃는 웃음이 있다. 순간적인 웃음은 투자해서 돈을 벌었을 때, 공돈이 생겼을 때, 생각보다 많은 돈이 들어왔을 때 정도이다. 하지만 그 순간은 순간일 뿐이다. 결코 오래가지 않는다.

평생 웃는 것은 언제일까? 이 책의 2부와 4부에서 자세히 소개하겠지만, 인생의 타임라인Time Line에서 위험 요소를 완전히 제거했을 때와 4가지 마음(돈 버는 마음, 돈 쓰는 마음, 돈 불리는 마음, 돈 나누는 마음)이 균형을 이루었을 때이다. 돈과 내가 조화롭게 공존해야만 평생 울 일 없이 웃을 수 있는 것이다.

사람들은 돈은 언제라도 쓸 수 있으며 편하고 좋은 것이라 생각한다. 그래서 돈의 화려한 부분만 좇아다닌다. 그러다가 돈이 어느 날 돌변해 뒤로 돌아선다. 거기에는 온갖 가시가 달려 있다. 결국 돈의 가시에 찔려 죽으면서 '아 내 인생이여!' 하고 한탄한다. 투자도 마찬가지다. 좀 벌었다 싶으면 한탕주의에 빠져 있는 돈을 올인했다가 몽땅 날리는 경우가 태반이다. 그 순간까지는 돈으로 웃다가도 마지막은 처절한 울음으로 마무리된다.

돈은 인간의 게으른 본성을 건드린다. 서면 앉고 싶고, 앉으면 눕고 싶고, 누우면 자고 싶은 것이 사람의 마음이라 하지 않는가. 돈이 우리의 본성을 건드려 정신적으로 무방비 상태로 끌고 가기 때문에 돈 때문에 즐거울 때는 좋지만, 그 뒤에는 반드시 위험이 따르고 고통이 수반된다.

돈이 많아 집도 좋고, 사고 싶은 것 다 사고, 편안하게 사는 가정의 자녀들을 보자. 자녀들은 '우리 집 대단한 부자네. 공부를 왜 해. 아버지가 다 알아서 해 주시는데. 차 살 돈을 내가 왜 모아. 아버지가 사 주시겠지. 돈이란 계속 샘솟는 거잖아.' 이렇게 놀고먹는 본성이 자리 잡는다. '도박, 여자, 마약. 가는 거야!' 얼마나 대단한 돈인가.

돈은 사람을 살리기도 하고 죽이기도 한다. 이 두 개의 본질을 정확히 파악하고 균형감을 살릴 때만 살 수 있다. 균형을 잡는 것이 바로 평생 웃는 길이다. 균형을 잡고 돈이 적절하게 움직이면 웃을 수 있고, 남들까지 웃게 만들 수 있다. 그래야만 있으면 웃고 없으면 우는, 돈에 휘둘리는 인생에서 벗어날 수 있다.

부자의 기준은 존재하지 않는다

돈이면 모든 것을 할 수 있다고 생각하는 사람들(이 책에서는 숭배형으로 규정한다)은 돈이 인생의 제1 가치다. 돈이 계급과 행복, 권력의 척도라고 믿는다. 그래서 돈이 많으면 많을수록 부자라고 생각하고, 자기보다 돈이 적은 사람은 자기의 발아래 엎드려야 한다고 생각한다.

50억원을 가진 사람이 있다. 자칭 부자다. 주변 사람들도 부자라며 인정해 준다. 그래서 부자들만 다닌다는 특수학교에 자녀를 입학시켰다. 그런데 내 자녀의 짝은 재산이 100억, 앞에 앉은 아이는 500억, 뒤에 앉은 아이는 1000억 부자였다. 같은 반에는 할아버지가 기업 회장인 아이도 있었다.

돈 좀 있다고 어깨에 힘주고 살았는데, 우리 아이가 갑자기 같은 반 아이들한테 '거지' 소리를 듣고 다닌다. 집에 온 아이가 "우리 집은 왜 이렇게 가난해?"라고 물었다.

없는 사람 앞에서는 으쓱대고, 있는 사람 앞에서는 위축되는 인생, 결코 우리가 꿈꾸는 인생일 수 없다. 돈에 지배받고 돈 때문에 들렸다 떨어졌다를 반복하는 불행한 인생일 수밖에 없다. 그런 인생에는 돈이 있어도 문제, 없어도 문제이기 때문에 행복이 들어갈 자리가 없다.

부자의 기준이란 존재하지 않는다. 오직 불행의 기준과 실패의 기준만 있을 뿐이다. 특수학교 제일 부자인 회장네 손자도 삼성가 손자가 보기에는 보통 수준밖에 되지 않는다. 돈으로 계급을 나눈다면 말이다. 돈으로 사람의 인생을 재단하는 사람은 자신도 똑같은 신세가 될 수 있다는 사실을 잊지 말아야 한다. '돈만 많으면 부자'라는 생각을 버리지 않는 한 돈의 양으로 계급을 나누는 마음도 사라지지 않는다.

이처럼 부자의 기준이란 존재하지 않기 때문에 나보다 돈 많은 사람들을 보며 나를 실패한 인생으로 규정할 필요가 없으며, 누구보다 앞서려고 강박관념을 가질 필요도 없다. 아무리 많이 벌어도 결국 남는 것은 상처뿐이기 때문이다. 누군가와 비교하지 않고 내가 처한 상황에 맞게 앞으로 다가올 사건들을 실패 없이 대처해 가는 것이 인생의 궁극적인 목표가 되어야 한다.

돈을 공공의 적으로 삼으라

결혼에 골인한 한 부부가 서로에게 영원을 약속하고 알뜰살뜰 모으며 알콩달콩 살았다. 그런데 어느 날 남편이 투자를 잘못해서 그동안 모은 돈을 모두 날려버렸다. 갑자기 가정 경제에 위기가 닥쳤다. 사이좋았던 부부의 싸움이 점차 잦아지고, 급기야 갈등이 극에 달해 이혼 위기까지 치달았다. 결국 부부는 부부 클리닉에 자신들의 문제를 의뢰했다.

"저 사람은요, 평생 모은 돈 투자 잘못해서 다 날렸어요!"

아내의 말에 남편은 "내가 무슨 잘못이야. 한순간의 실수일 뿐이야. 내가 왜 이렇게까지 나쁜 사람으로 몰려야 해. 뭐 이런 세상이 다 있어."라며 한탄했다. 남편은 "가만히 앉아서 돈 버는 놈들도 많은데 왜 나만 이런 꼴을 당해야 해? 나도 열심히 살아왔고 다 가족을 위해 했던 일인데."라며 가슴을 쳤다.

사람을 보는 순간 부부의 관계는 깨지고 만다. 남편에 대한 원망, 아내에 대한 섭섭함이 버티고 앉아 자신의 입장만 반복하게 만든다. 돈이 사람의 본성을 건드려, 아내한테는 "저 녀석이 돈만 안 날렸으면 문제없었을 텐데. 우리 가족이 편히 쓰며 행복할 수 있었을 텐데. 나쁜 놈이야."라며 계속해서 충동질해 댄다. 남편에게는 "그까짓 돈 또 벌면 되지. 돈 좀 날렸다고 사람 취급도 안 하다니. 돈이 그렇게 좋으면 돈 많은 놈 만나라지."라고 부추긴다. 그래서 부부의 갈등은 결코 해결되지 않는다.

하지만 부부의 원망이 공공의 적으로 돌아가는 순간 부부에게는 살 길이 열린다. 공공의 적이란 바로 돈이다. 이 부부를 죽이고 있는 것은 다름 아닌 '돈'이다. 돈이 사라진 현재의 상황을 인식하고 가족이 다시 현실을 인정하면 고통은 있을지언정 관계가 깨지는 일은 발생하지 않는다. 내 남편이 투자로 많은 돈을 벌면 좋은 사람이 되고, 돈을 잃으면 나쁜 사람이 되는 것이 아니다. 돈 때문에 당하는 고통을 사람에게 돌리는 순간 돈의 온갖 나쁜 속성들이 마음속에 증오와 미움, 서운함 등을 발생시켜 관계를 깨뜨리고 만다. 돈은 행복을 위한 수단에 불과할 뿐 목적이나 가치의 기준이 되어서는 안 된다.

돈은 어떤 기준도 될 수 없다

50대의 한 남성이 어릴 때부터 단짝이던 두 명의 친구에게 선물을 준비했다. 선물은 동일한 물건이었다. 그런데 한 가지가 마음에 걸렸다. A라는 친구는 살림살이가 고만고만해서 선물을 고맙게 받을 것 같았지만, B라는 친구는 소위 잘나가는 친구라서 '선물을 안 하니만 못하지 않을까' 하는 걱정이 들었다. 정성이 무시당할까봐 마음 한 구석이 불안했던 것이다. 그래서 결국 아내와 상의한 끝에 B에게 줄 선물은 더 비싼 것으로 바꾸었다.

사람들은 돈의 양으로 계급을 매겨 놓았다. 실제 우리 사회에 만연한 고정 관념이다. 거의 대부분의 사람들은 돈이 많으면 힘이 생긴다고 생각한다. 힘의 논리에 의해서 내가 가진 돈이 상대보다 적으면 위축되는 것이다.

선물은 마음이다. 마음과 마음을 전달하는 데는 정성이 기준이 되어야 하는데, 갑자기 돈이 기준이 되어 버린 것이다. 그러다 보니 똑같은 선물을 두 사람에게 주면서 다른 마음이 드는 것이다.

건강한 재무 심리를 가진 사람들은 자신이 가진 돈의 양을 떠나 상대가 작은 것을 줘도 고맙게 생각한다. 반면 고정 관념에 매인 사람이라면 '이거 얼마짜리야'로 판단할 것이다.

해결 방법은 무엇일까? 상대를 바꾸기는 어렵다. 하지만 내 마음은 바꿀 수가 있다. 내가 먼저 돈을 기준으로 삼는 시각을 버려야 한다. 그 사실을 스스로 깨닫는 순간 돈이 만든 기준은 더 이상 문제되지 않는다. 이는 내 마음에 싹 뜨고 있는 불행의 씨앗 하나를 제거하는 무척 중요한 변화가 될 것이다.

역으로 생각해서, 실제로 무리를 해서 상대가 기뻐할 만한 비싼 물건을 선물로 줬다고 해서 상대가 좋아한다는 보장도 없다. 필요 없는 물건일 수도 있고 선물에 대해 특별한 의미를 부여하지 않을 수도 있다. 또 가진 것이 적은 사람이라고 하여 선물에 항상 감사하는 마음을 갖는 것도 아니다. '저

자식이 나한테 돈 자랑하나. 내가 없다고 무시하나!' 정말 모를 일이다.

또한 돈은 경쟁의 기준도 아니다. 누가 많이 가졌고 적게 가졌는가 하는 것은 내 행복과는 관계가 없다. 내 능력에 따라 내 여유에 맞게 살면 된다.

절대적인 기준이 아닌 상대적인 기준이 개입할 때도 사람은 돈에 울고 웃게 되어 있다. 부족하지 않을 만큼 갖고 있으면서도 나보다 더 가진 사람을 보면 울고 싶다. 그렇기 때문에 생활 수준을 무리해서 끌어올리려는 무리수가 뒤따르는 것이다.

이와 같이 돈을 기준으로 삼는 사람들이 많기 때문에 미래를 준비할 수 있을 만큼 충분히 벌고 있으면서도, 정착 아무 준비 없이 현재의 소비에만 열을 올리는 경우가 자주 발생하는 것이다. 상담을 진행하면서 안타까웠던 부분이 바로 이것이다. 수입의 많고 적음을 떠나 대부분의 가정이 문제없이 살아가면서 미래도 준비할 수 있다. 그럼에도 불구하고 무리하게 키를 맞추려다 보니, 내 삼각형을 다른 사람의 삼각형 수준으로 보이게끔 부풀리려고 한다. 그 결과 과소비와 빚이 발생하고 적자 인생이 지속되었다. 항상 적게 느껴지는 이유가 바로 거기에 있었다.

비교는 우리 인생을 좀먹는 무서운 습관이며, 그 기준은 바로 당신의 마음속에 있다는 사실을 잊지 말아야 한다.

3

진정한 부자

세상에는 부분적으로만 맞는 이야기들이 진리인 것처럼 통용된다. '마음이 부자라야 부자다!' 혹은 '돈만 많으면 부자가 될 수 있다!' 맞는 부분도 있지만 사실은 모두 틀린 말이다. 돈만 있어도 부자가 아니고 마음만 부자여도 부자가 아니다. 두 개 모두 있어야 비로소 부자라 할 수 있다. '돈이 없어도 마음이 부자면 부자'라는 말은 위안 받기 위해 만든 핑계일 뿐이다.

우리는 그동안 유교 사상과 예의범절, 돈에 대한 청렴결백, 안빈낙도와 같은 말들을 아름답게 포장해 왔다. 물질 만능주의와 함께 돈에 대한 흑백논리를 구성하는 주요 요소였다. 겉으로는 청렴결백, 속으로는 속물근성. 자기 안에 두 가지 마음을 모두 가진 모순된 인생을 살고 있는 것이다.

겉으로는 부자들을 욕하고, 정작 안으로는 돈을 탐한다. 부자들을 욕하다가도 부자가 될 만큼 큰돈을 내밀며 부자가 되라고 하면 거부할 사람이 있을까?

돈에 대한 사회적인 보편적인 가치가 어떻게 되어 있느냐에 따라 부자를 보는 시각이 정해진다. 돈 많은 사람이 사회에 기여하면서 존경받는 것, 그것이 바로 건전한 돈 문화이다.

우리의 목표는 아름다운 부자이어야 한다. 흐르는 강물과 고인 저수지를 비교해 보자. 흐르는 강물에서는 강 덕분에 고기가 살고, 나무가 살고, 어부가 산다. 생명을 살리는 것은 저수지보다 흐르는 강이 더 월등하다. 저수지에 물이 많다고 한들 강보다 많을까. 저수지는 썩기도 쉽다. 저수지가 썩으면 자기도 죽고 주위 생물도 죽고, 저수지를 이용하는 사람들도 죽는다. 졸부, 수전노, 돈만 많은 부자가 여기에 해당된다.

이 책을 통해 부자가 되려고 하는 사람들은 흐르는 강물과 같은 부자를 목표로 해야 한다. 돈을 많이 벌어서 나와 내 주변이 살아 있도록 하는 부자, 물이 필요한 사람들에게 희망을 주는 강물이 되어야 한다. 샘의 근원, 복의 근원이 되어야 한다.

돈근육 키우기_ 근육이란 스트레스를 받아야만 튼튼해진다. 편한 쪽으로 가려다 보면 근육량이 줄어들고 몸에 힘도 사라진다. 편한 선택, 그게 바로 소비다. 영화 보러 가자, 맛있는 거 먹으러 가자, TV 바꾸자, 차 바꾸자. 근육을 쓰지 않아도 되므로 편하고 좋다.

반면 '5년 뒤에 해외로 가족 여행 가자'는 어떨까? 근사한 해외여행을 다녀오려면 소비를 줄이고 돈을 모아야 한다. 바로 근육을 단련시키는 행위이다. 5년이 길게 느껴진다면 1년 단위라도 이벤트를 만들어 보는 것이 좋다. 모아서 1년 뒤 누릴 수 있는 것을 실천해 보라. 컴퓨터가 생겨 아이가 기뻐하는 모습을 볼 수 있다. 근육이 생긴 것이다. 이렇게 5년, 10년을 준비하는 것이 인생이다.

반대로 남들 다 사는 명품백도 사야 하고, 내 자녀 옷을 잘 입혀야 학교에서 기죽지 않으며, 새로 나온 테블릿 PC와 스마트폰도 사야 한다면? 소비에 무리수가 생길 것이다. 결국 근육은 없고 뱃살만 불어난 당신을 만나게 될 것이다.

　미국의 유명한 갑부 록펠러는 5000개의 교회를 지어 불우한 이웃을 도왔으며, 자신의 재산이 강처럼 흘러 많은 사람들이 그 주변에서 살 수 있도록 했다. 아름다운 부자의 삶을 실천했던 인물이다. 진짜 부자가 멀리에만 있는 것은 아니다. 우리 사회에도 마음까지 부자인 진짜 부자들이 주변을 살리는 강의 역할을 실천하고 있다. 또한 아름다운 부자란 다름 아닌 내가 되어야 한다. 록펠러처럼 수많은 사람을 구할 수는 없지만, 내 형편에 맞게 단 한 명의 생명이라도 살리는 자가 바로 성공한 인생이다. 테레사 수녀는 "어떻게 하여 그렇게 많은 생명을 살릴 수 있었는가?"는 기자의 질문에 "저는 눈앞에 있는 한 사람을 살리기 위해 노력했을 뿐입니다."라고 대답했다. 부의 나눔은 큰 것을 목표로 하지 않아도 된다. 당장 내 눈앞에 있는 어려운 사람 한 명을 목표로 나의 것을 조금 나누면 되는 것이다.

　돈도 많고 마음도 부자인 부자가 바로 균형 잡힌 부자이다. 우리 사회에 꼭 필요한 부자이기도 하다. 다른 누군가의 역할로 밀어 놓지 말라. 바로 우리가 먼저 그런 부자가 되어야 한다.

4

돈과 인간의 문명

원시시대에는 의식주를 해결하는 데 삶의 목적을 두었다. 이후 씨족사회와 농경시대를 거쳐, 산업화시대가 되면서 물질적 풍요가 오고, 대량 생산과 경쟁 체제가 도입되었다. 그러다 보니 도시로 사람들이 몰리면서 가족이 분리되고, 실용주의와 쾌락을 추구하는 세태가 생겨났다. 이후 자본주의 시대로 바뀌면서 이러한 시대의 조류는 가속화되었으며, 삶에 대한 다양한 욕구들이 출현하였다.

겉으로 보기에는 풍요한 시대, 하지만 안으로는 인간성 상실과 정신적 상처, 정서적 혼돈이 넘치면서 빈곤한 마음의 시대로 접어들었다. 그래서 힐링을 필요로 하는 사람들이 부쩍 증가하였다. 이 시대를 살면서 삶의 진정한 행복을 얻기 위해서는 우리 안의 정서적인 빈곤을 해결해야 한다.

사회는 앞으로도 계속 발전하면서 눈앞의 이익과 쾌락만을 좇는 인간형을 양산해 낼 것이다. 미래에 대한 준비보다는 돈을 물질로 바꾸려는 욕망이 거센 파도로 인간의 심리를 지배할 것이다. 더구나 IT의 발달로 유통의 혁명이 일어나면서 지금은 홈쇼핑, 손안의 쇼핑이 대세다. 나도 모르는 사이에 내 지갑의 돈이 온갖 화려한 소비품들로 맞바꾸어진다.

문명으로부터의 자유

지하철, 버스를 타 보라. 휴대전화에 빠져 있지 않은 사람을 찾기가 더 어렵다. 나는 성공의 기준을 이런 기기에 얽매이지 않고 얼마나 자유로워지는가에 있다고 생각한다. 기기가 없었다면, 부족한 잠을 보충하거나 책을 읽거나 오늘과 내일, 내 자신을 돌아보면서 생각을 할 것이다. 이는 모두 머리를 쉬게 하거나 활용하는 행동들이다. 지금은 브레인이 멈춘 상태다. 인내심이 없고, 지속성도 없다. 빨리빨리만 있을 뿐 깊이를 찾아보기 어렵다. 보고 듣고 느껴야 할 모든 감각들이 기기에 점령당한 채 사이버 인간으로 길들여지고 있다. 미치오 카쿠는 《미래의 물리학》이라는 책을 통해 인간이 살아가는 모든 공간에 컴퓨터 칩이 내장되어 있는 시대를 예견했다. 우리가 보는 모든 물건들에 칩이 들어갈 것이다. 심지어 사람의 각막까지 컴퓨터칩이 들어와 모든 정보를 읽고 해석한다. 생활의 편리를 얻는 대신 인간성을 내주는 탈인간성의 시대로 해석될 수 있다.

돈의 역습에 역습을 가하라 _ 돈은 잔뜩 웅크리고 숨어서 당신의 감정을 지배하고 있다. 스스로 '왜'인지도 모른 채 모든 감정이 돈에 의해 좌우된다. 이 사실을 깨닫는 순간, 스파이처럼 내 마음에 침투해 있던 돈을 발가벗기는 효과를 볼 수 있다. 자신의 정체가 탄로 난 돈은 더 이상 사람의 감정을 움직일 수 없다. 돈의 정체를 알고 나면 돈으로부터 자유를 얻어 돈이 주는 고통을 필터링하고, 돈이 주는 행복과 편리함을 취사선택할 수 있다.

하지만 인간에게는 자정 능력이 있다. 앞으로만 가다가도 돌아가야 한다고 외치는 사람이 생겨난다. 환경 운동이 그 예다. 차를 버리고 걸어 다니거나 자전거를 타자는 사람들이 생겨나고, 전원주택과 마당 있는 집으로 돌아가려는 풍토가 조성된다. 더 편해지려는 조류에 역행하여 그동안 얻었던 것을 버리기 시작하면서 건강도 얻고 마이너스가 마이너스 되면서 돈도 절약하는 삶을 살 수 있다.

재무적인 관점에서 돈, 행복, 사람됨을 찾는 방법은 무엇일까? 무엇보다 중요한 것은 세상이 주는 편리함에서 벗어나 나와 내 가정, 내 미래에 집중하는 것이다. 인생관, 가정관, 미래관을 정립해야 한다. 그래서 내가 좇지 않아도 그들이 나를 따라오게 만들어야만 진정한 의미의 인생을 살 수 있다. 나는 이를 '뉴플러스'라 부른다. 뉴플러스란 플러스가 만연한 시대에 플러스만 보고 좇아가는 삶의 방식에서 벗어나 우리 삶에 폭탄으로 작용하는 수많은 마이너스를 제거하여 인생을 플러스로 전환시키는 방식이다. 그 구체적인 내용과 실행 방법은 2부에서 다룰 예정이다.

5

예측 가능한 미래 vs
예측 불가능한 미래

미래는 신의 영역이다. 맞는 말이다. 미래에 어떤 일이 일어날지 알 수 있다면 누구나 부자가 되고, 위험과 고통을 주는 일들을 피해 가면서 행복한 인생을 살 수 있을 것이다. 하지만 미래는 두 개로 분류해서 바라보아야만 정확한 정의를 내릴 수 있다. '예측 불가능한 미래'와 '충분히 예측할 수 있는 미래'다. 먼저 예측 가능한 미래를 보자.

20대 젊은이에게 예측 가능한 미래에는 어떤 것들이 있을까? 결혼, 자녀의 출생과 교육·결혼, 내 집 마련, 부모 부양, 은퇴 등은 그 시기를 어느 정도 예상할 수 있다. 여행, 취미 활동, 자동차 구입 등도 자신의 선택에 따라 얼마든지 예상할 수 있는 일들이다. 예측이 가능하다는 말은 통제가 가능하다는 말도 된다. 다가올 시기를 예상하고 얼마나 많은 돈이 필요할지 계산해 놓으면 남은 시간 동안 준비할 기회가 주어진다.

그런데 정작 삶의 태도를 보면, 이처럼 예상할 수 있는 미래조차도 '미래는 알 수 없다'는 말로 애써 외면하면서 마치 내 인생에 아무 일도 일어나지 않을 것처럼 무방비 상태로 살아간다. '모두 잘 될 거야.' '시간은 충분해. 준비하면 되잖아!' 이처럼 막연한 낙관론에 미래를 내맡긴다.

반면 예측 불가능하고 내 힘으로 바꿀 수 없는 미래가 있다. 나와 나를 둘러싼 환경이 그것이다. 그야말로 신의 영역이다.

예측 가능한 미래	예측 불가능한 미래
결혼, 자녀 출생 · 교육 · 결혼, 은퇴, 여행, 내 집 마련, 자동차 구입 등	나, 가정, 회사, 조직, 세계

나를 둘러싼 1차 환경은 가정이다. 1차 환경을 둘러싼 2차 환경으로는 회사와 조직을 들 수 있다. 2차 환경 바깥에는 국가와 세계, 우주가 있다.

'나'부터 내가 예측도 안 되고 바꿀 수도 없다. 삶의 목표와 계획을 세우고 빡빡한 일정을 짰는데 작심삼일로 끝나고 만다. 내 마음 하나도 내 마음대로 예측하기 어렵다. 나는 꿈을 세팅하고 열심히 살려고 하는데 아내가 충동구매를 하고 매번 사고를 친다면? 나의 꿈도 함께 깨진다. 나와 내 가족은 잘살고 있는데 내가 다니는 회사에 문제가 생겨 문을 닫는다면? 내 가족에 문제가 생긴다. 나와 회사는 잘나가는데 우리나라에 IMF와 같은 문제가 터지면 또 어떨까? 나와 회사도 함께 침몰하고 만다. 우리나라 경제 상황은 최고인데 전세계에 불황이 닥치면? 결국 영향을 받을 수밖에 없다. 세상일이란 내가 생각하는 대로 가는 법이 없다.

이처럼 나의 의지와는 무관하게 일어나는 일들, 언제 어떤 식으로 발생할지 전혀 알 수 없는 일들이 바로 '예측 불가능한 미래'의 범주에 속한다.

그렇다면 예측 불가능한 미래는 운명처럼 받아들여야만 하는 것일까? 그렇지 않다. 세상이 망해도 우리나라는 잘살아야 한다. 나라 경제가 아무리 좋아도 내 회사가 망하면 아무 소용이 없다. 회사가 잘 되도 가정이 파탄나면 의미가 없다. 회사가 망하고 나라가 힘들고 세상이 흔들려도 나와 내 가정은 튼튼히 지켜야 한다. 무조건이다. 사람들은 회사가 잘되면 내가 잘될 것 같고, 나라가 잘살아 소득이 2-3만 달러 간다고 하면 나도 잘살 것 같고, 세계 경제가 좋아진다고 하니 내가 잘살 것 같다고 생각한다. 하지만 착각이다. 영향을 주고받을 수는 있겠지만, 엄밀히 말해 내가 부자가 되고 잘사는 것과 우리나라, 우리 회사가 잘나가는 것은 별개의 문제다. 그렇게 살다가는 쪽박 인생을 면하기 어렵다.

예측 불가능한 영역에서는 어떤 일이든 벌어질 수 있다. 어떤 일이든 일어날 수 있기 때문에 거기에 맞춰 그 일이 발생해도 내 인생에 문제가 없도록 준비하는 사람이 현명하다. 재무적인 관점에서 미래에 대한 대비로는 보험과 비상금 마련 등이 있을 것이다. 예측 불가능한 미래에 대한 준비가 부족할 경우, 결국 예측했던 미래마저도 타격을 받게 된다. 자녀 결혼을 위해 모아 두었던 돈이 배우자의 암 수술비로 들어가고 나면 '자녀 결혼'이라는 예측 가능한 미래에 문제가 발생할 수밖에 없다. 반면 예측이 가능한 일들은 하나하나가 문제없이 모두 잘 굴러가도록 완벽하게 세팅해 놓으면 된다.

이처럼 예측 가능한 미래와 예측 불가능한 미래를 나누어 각각 거기에 맞게 준비를 해 놓으면 인생은 순풍에 돛 단 듯 아무 문제없이 흘러갈 수 있다. 그것이 인생의 지혜로운 대처법이다.

그림1을 보면 나와 내 가정의 테두리 안에는 교육비, 주택, 은퇴, 생활비,

결혼 등 통제 가능한 사건들이 모여 있다. 다가올 시기를 예상하고 준비할 수 있는 미래들이다. 그 바깥 테두리에는 통제가 불가능한 사건, 즉 장애와 질병, 화재, 사망, 상해 등이 내 가정을 둘러싼 채 예측 불가능한 위험들로 가정을 위협하고 있다. 이런 상황에서 행복한 가정을 위해서는 보험 등으로 2중 안전망을 쳐야 한다. 이렇게 2중 안정망이 세팅되면, 신의 영역인 회사 부도, 국가 경제 붕괴, 글로벌 경제 위기 등 예측 불가능한 미래에서 문제가 발생해도 그 영향을 덜 받으면서 나와 내 가정을 튼튼히 지킬 수 있게 된다.

2부에서는 이 그림을 토대로 우리 인생에 발생하는 다양한 이벤트를 어떻게 하면 지혜롭게 해결하면서 나와 내 가족이 행복한 인생을 만들어갈 수 있는지에 대해 다룰 것이다.

그림 1 ▍통제 가능한 사건 VS 통제 불가능한 사건

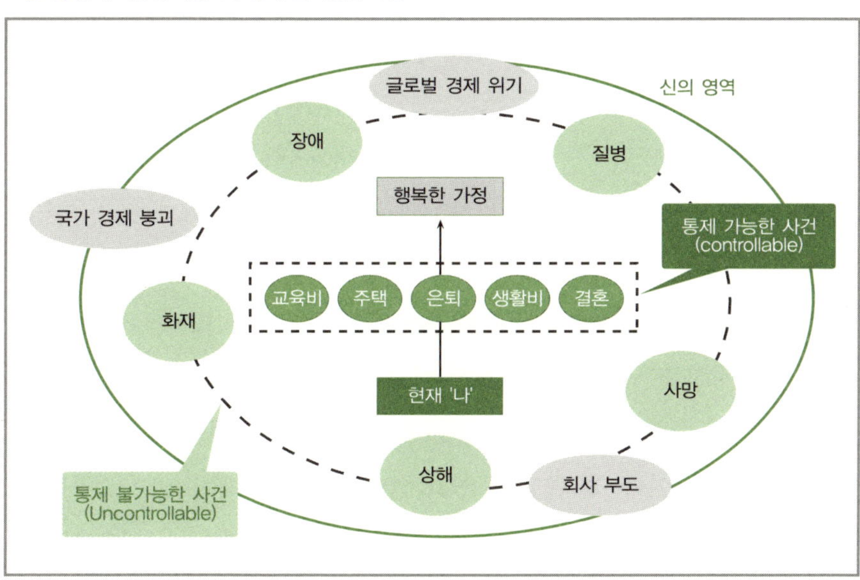

6

돈에게 쓰는 편지

강의를 할 때는 항상 돈에게 편지를 쓰는 시간을 갖는다. 편지 내용은 사람마다 다르다. 돈에게 감사의 마음을 전하는 사람이 있는가 하면 섭섭함을 토로하기도 하고, 사랑을 고백하거나 이제 막 친근감을 표시하는 사람들도 있다. 무엇이든 좋다. 돈에게 하고 싶은 자신의 마음을 솔직하게 털어놓으면 된다. 편지를 쓰면서 돈을 생각하는 마음과 자세를 정리하는 시간을 갖는다는 것이 중요하다. 또한 돈의 본질과 돈이 내 인생에 미치는 다양한 영향력도 스스로 깨닫는 시간이 된다. 거기에 돈으로 이루고 싶은 나의 꿈과 목표를 구체적으로 적어 보자. 예를 들어 '저 푸른 초원 위에 그림 같은 집을 짓고 사랑하는 우리 님과 한평생 살고 싶어'라는 막연한 꿈을 '저 푸른 용인에 전원주택을 짓고 아내, 두 아들과 함께 돈 걱정 없이 행복하게 살고 싶어'로 바꿀 수 있다. 몇 년 후에는 '강남에 최고급 빌라를 짓고 고소득 레벨에 속해 남도 도우면서 살고 싶어'로 바뀔 수도 있을 것이다. 꿈은 구체적일수록 좋다. 구체적인 꿈은 나를 부지런히 움직이게 하는 채찍의 역할을 한다. 돈에게 도움을 청해 보는 것도 좋다.

여기에 돈에게 쓴 편지들을 몇 편 소개한다.

30대 직장인의 편지

내가 너에게 편지를 쓸 날이 오리라곤 전혀 상상을 하지 못했는데 이렇게 편지 쓰는 날이 오다니 참으로 신기하고 무슨 말을 먼저 해야 할지 모르겠구나.

넌 참으로 좋은 녀석이었지. 항상 내 옆에 있으면서 나의 친구가 돼 주기도 했고 나의 방어막이 돼 주기도 했어. 다른 친구들과 잘 어울릴 수 있도록, 또 내가 정말 갖고 싶은 게 있으면 네가 그걸 사 주기도 했지. 그땐 너무나도 행복했단다. 하지만 네가 날 배신할 줄은 꿈에도 몰랐어.

초등학교 4학년 겨울방학이 되기 며칠 전, 나는 친구들과 신나게 놀고 집에 들어왔지. 근데 집 분위기는 정말 무겁고 차가웠어.

엄마 아빠는 나에게 아무 말도 하지 않았지만 나는 짐작할 수 있었어. 네가 우릴 배신했다는 걸. 그날 밤 우리 가족은 모든 걸 뒤로한 채 밤에 몰래 도망을 갈 수밖에 없었지.

그날 부모님의 친구, 나의 친구, 그동안 살아오면서 쌓아 왔던 모든 것들이 한 순간에 무너져버렸지.

너의 배신인지 우리 부모님이 너를 잘못 사용한 탓인지 모르겠지만, 우리는 그렇게 남들에게 빚을 지고 도망을 다니는 신세가 돼버렸어. 부모님은 그 돈을 안 갚겠다고 도망간 것이 아니라 현실이 너무 어려워서 어쩔 수 없는 선택을 하신 거야.

4학년인 나와 초등학교에 입학하지도 않은 여동생, 이제 막 아장아장 걸어 다니는 남동생 그리고 지금껏 고생만 해 온 우리 엄마 아빠 다섯 식구는 단 칸방을 구해서 살게 되었지. 아버지는 친구 아버지가 하시는 떡집에서 떡 기술을 배우시며 돈을 버셨고 어머니는 매일 돈 빌려주신 분들께 돈 갚겠 다는 편지를 쓰면서 재봉질을 하셨어.

먹고 싶은 것이 있어도 먹을 수 없었고, 갖고 싶은 것이 있어도 말할 수 없 는, 너무나도 일찍 철들어 버린 나는 평범한 가정이 너무나도 부러웠단다.

지금 생각해 보면 부모님은 열심히 살려고만 하셨지 어떤 목표가 있었던 것 같지 않아. 그랬기에 너를 어떻게 사용해야 할지도 모르셨던 것 같고. 나는 그런 것을 보면서 자랐기 때문에 계획하고 목표를 만드는 것을 습관 화했단다. 어찌 보면 그런 시절이 있었기에 지금의 행복을 알 수 있게 되었 고 우리 가족이 더욱 끈끈해지는, 또 어떤 일이든 어렵지 않게 느껴지는 좋 은 경험의 시간이었다는 생각마저도 들어. 지금 모든 게 제자리로 돌아왔 기 때문이겠지?

아버지는 떡 기술을 배우셔서 어머니와 함께 작은 떡집을 차리셨고, 지금 떡집을 운영하며 행복한 시간을 보내고 계셔.

그 시절 나의 꿈은 그저 부자였어. 지금도 여전히 부자가 꿈이야. 하지만 그 꿈을 구체적으로 세우니 부자는 큰 의미가 없더라. 내가 하고 싶은 일을 열심히 하다 보면 너는 자연스럽게 따라오게 되어 있고, 내가 하는 일을 사 랑하고 열심히 하다 보면 너에 대한 애정보다는 내일에 대한 애정이 커지 기 때문에 너에 대한 집착이 사라질 것 같아.

고생한 부모님을 보며 큰 떡 공장을 세워 큰 부자가 되겠다는 아이가 벌써 이렇게 자라 그 꿈을 실현시킬 날이 별로 멀지 않은 것 같구나. 나에게 고통과 역경을 주었지만 그 속에서 꿈과 희망을 주어서 너무나도 고맙다.

널 떠나보내지 않기 위해 노력할 테니 우리 가족을 떠나서 어렵게 하지 마라.

 **50대 가장의 편지**

사랑하는 金씨에게

돈! 그대는 너무나 힘이 있어 나를 몇 번이나 죽을 뻔하게 했다가 완전히 죽이지는 않고 나를 불쌍히 여겨 필요할 때마다 소생할 수 있는 길을 열어주어서 너무나 고맙습니다.

내가 그대를 열렬히 사랑했지만 그대는 나를 얼마나 많이 외면했는가!

이제 다시는 나를 떠나지 말고 내 곁에 있어주기를 진정으로 바랍니다.

참으로 그대로 인하여 오늘 이 시간까지 밤잠을 이루지 못하고 사시사철 주야로 그대의 눈도장을 받기 위해 하염없는 눈물의 시간을 보내지 않았던가.

그 많은 시간을 고민하며 그대의 품에 안기기를 원했건만.

이제 내가 어떻게 해야 당신의 사랑을 받을 수 있을지 생각하고 또 생각해

돈에게 쓰는 편지를 보관하자 _ 돈에게 정기적으로 편지를 쓰면서 보관하면, 해마다 돈과 더 친해지고 돈을 잘 벌고, 쓰고, 불리고, 나누면서 성장하는 자신을 발견할 수 있다. 단순해 보이지만 돈에게 편지를 자주 쓰다 보면 생활에 변화가 일어난다.

보렵니다.

그대의 마음에 들 수 있는 방법이 무엇인지 나에게 가르쳐주기를 바랍니다. 그래서 당신의 사랑을 듬뿍 받아서 또 많은 사람들에게 그 사랑을 나누기를 진심으로 원합니다. 진정으로 내가 그대의 사랑을 받을 자격이 있는 사람이 되도록 힘쓸 것이오.

인내하며 기다리는 나의 간절한 마음을 언젠가는 받아주기를 원합니다.

세상 사람들에게 그대의 사랑을 전하며 자랑하며 살 것입니다.

그대를 사랑하는 김

🖂 부부의 편지_53세 건설업에 종사하는 남편

옛말에 돈으로 모든 것을 살 수 있어도 사람의 마음은 살 수 없다고 했단다. 돈이란 것이 우리가 살아가는 데 있어서 없어서는 안 되는 필요악적인 존재라지만 너무 돈에 얽매여서 살아가는 것도 좋지 않은 방법이라 생각해.

돈이란 없어도 살아가는 데 불편하지만 많이 가졌다고 해도 꼭 행복하지만은 않은 것 같다.

돈 많은 재벌들도 조금 더 가지겠다고 재산 싸움하는 것을 보면 참 한심한 생각이 들거든. 몇 년 전에 인터넷에서 본 내용이 너무도 가슴에 와 닿아서 적어 본다.

촌년 10만원

여자 홀몸으로 힘든 농사일을 하며 판사 아들을 키워낸 노모는 밥을 한 끼

굶어도 배가 부른 것 같고 잠을 청하다가도 아들 생각에 가슴 뿌듯함과 오뉴월 폭염의 힘든 농사일에도 흥겨운 콧노래가 나는 등 세상을 다 얻은 듯해 남부러울 게 없었다.

이런 노모는 한 해 동안 지은 농작물을 이고 지고 세상에서 제일 귀한 아들을 만나기 위해 서울 한복판의 아들 집을 향해 가벼운 발걸음을 재촉해 도착했으나 이날따라 아들만큼이나 귀하고 귀한 며느리가 집을 비우고 눈에 넣어도 아프지 않은 손자만이 집을 지키고 있었다.

아들이 판사이기도 하지만 부잣집 딸을 며느리로 둔 덕택에 촌노의 눈에 신기하기만한 살림살이에 눈을 뗄 수 없어 집안 이리저리 구경하다가 뜻밖의 물건을 보게 됐다.

그 물건은 바로 가계부다.

부잣집 딸이라 가계부를 쓰리라 생각도 못했는데 며느리가 쓰고 있는 가계부를 보고 감격을 해 그 안을 들여다보니 각종 세금이며 부식비, 의류비 등 촘촘히 써내려간 며느리의 살림살이에 또 한 번 감격했다.

그런데 조목조목 나열한 지출 내용 가운데 어디에 썼는지 모를 '촌년 10만원'이란 항목에 눈이 머물렀다.

무엇을 샀기에 이렇게 쓰여 있나 궁금증이 생겨 꼼꼼히 살펴보았다. 1년 12달 한 달도 빼놓지 않고 같은 날짜에 지출됐던 10만원. 물건을 산 것이 아니라 바로 자신에게 용돈을 보내 준 날짜라는 사실을 알게 되었다.

촌노는 머릿속이 하얗게 변하고 아무런 생각도 나지 않아 한동안 멍하니 서 있다 아들 가족에게 주려고 무거운 줄도 모르고 이고지고 간 농작물을 주섬주섬 다시 싸서 마치 죄인이 된 기분으로 도망치듯 아들의 집을 나와 시골길에 올랐다.

누군가를 붙잡고 이야기를 하고 싶어도 할 수 없는 분통을 속으로 삭히기 위해 안간힘을 쓰고 있는 가운데 금지옥엽 판사 아들의 전화가 걸려 왔다. "어머니 왜 안 주무시고 그냥 가셨어요?"라는 아들의 말에는 빨리 귀향길에 오른 어머니에 대한 아쉬움이 한 가득 배어 있었다.

노모는 가슴에 품었던 폭탄을 터트리듯 "아니 왜! 촌년이 거기 어디서 자?!" 하며 소리를 버럭 지르고 말았다. 아들은 "어머니 무슨 말씀을…." 하며 말을 잇지 못했다.

노모는 "무슨 말? 나보고 묻지 말고 너의 방 책꽂이에 있는 공책한테 물어봐라! 잘 알게다"며 수화기를 내팽개치듯 끊어 버렸다.

아들은 가계부를 펼쳐 보고 어머니의 역정이 무슨 이유에서인지 알 수 있었다. 그렇다고 아내와 싸우자니 판사 집에서 큰소리 난다 소문이 날 것이고 그렇다고 이혼을 할 수도 없는 노릇이라 사태 수습을 위한 대책 마련으로 몇날 며칠을 무척이나 힘들게 보냈다.

그런 어느 날 남편은 바쁘단 핑계로 차일피일 미루던 처갓집을 가자고 먼저 일어나 나섰다. 처갓집을 다녀오자는 남편의 말에 신이 난 아내는 선물 보따리며 온갖 채비를 다하며 입가에 즐거운 비명이 끊이질 않았다. 그런 아내의 모습을 보며 남편의 마음은 더욱 복잡하기만 했다.

처갓집에 도착해 아내와 아이들이 준비한 선물 보따리를 모두 집안으로 들여보내고 마당에 서 있자 장모가 "아니 우리 판사 사위 왜 안 들어오는가?" 하며 좇아 나왔다. 사위는 "촌년 아들이 왔습니다."라고 대꾸했다. 장모는 그 자리에 돌하루방처럼 굳은 채 서 있었다.

사위는 "촌년 아들이 감히 이런 부잣집에 들어갈 수 있겠습니까."라고 말하고 차를 돌려 집으로 돌아가 버리고 말았다.

그날 밤 시어머니 촌년의 집에 내려온 사돈 두 내외와 며느리는 납작 엎드려 죽을죄를 지었으니 한번만 용서해 달라며 빌었다.

이러한 일이 있고 난 다음 달부터 촌년 10만원은 온데간데없고 '시어머니의 용돈 50만원'이란 항목이 며느리의 가계부에 자리했다.

부부의 편지_51세 신문사에 근무하는 아내

돈에게!

나는 네가 항상 우리 주변에 있기 때문에 평소에는 말 그대로 '돈' 하면 화폐라고만 인식하고 있었어. 그런데 '돈' 너는 사람들을 기쁘게도 하고 또 한편으로는 슬프게도 만드는 것 같아.

"돈만 있으면 최고야."라고 말하는 사람도 있고, "돈이 원수지." 하는 사람도 있는 걸 보면 말이야.

나는 늘 너에 대한 목마름이 있었어.

그 목마름을 해결하기 위해 1980년 어린 나이에 공장에 취직했어. 하루 12시간의 노동을 했지만 너는 나의 목마름을 해결하기엔 너무 터무니없이 적었어. 그래서 이리저리 너를 더 많이 가지려고 안 해 본 일이 없었단다.

하루 12시간 일을 해도 한 달 12만원. 그 돈으로 학원비, 생활비, 교통비, 시골에 계신 어머니 아버지 용돈 보내드리기도 빡빡했어.

다른 방법을 찾다가 생각한 것이 좋은 남자(돈 많은 남자) 만나서 일찌감치 결혼하여 하고 싶은 공부도 하고 시골에 계신 부모님 용돈도 드리면 괜찮을 거라고 생각했단다.

그래서 남편을 만나 결혼을 했고 너에 대한 나에 목마름은 어느 정도 해결된 것 같았어. 하지만 시간이 지날수록 너에 대한 목마름은 더욱 커져만 가더구나.

1988년 서울올림픽이 끝나고 우리나라에 주식·건설업·산업화 붐이 일면서 네가 사람들을 조금씩 지배하기 시작하였고, 그때 너를 물질 만능주의라고 부르곤 하였지.

그런데 지금은 어떤지 아니? 상황이 나아지기는커녕 점차 악화되어서 너로 인한 사람들의 불행이 끊이지 않고 있단다.

물론 너로 인해 기뻐하며 삶의 의미를 찾는 사람들도 많지만, 요즘 뉴스를 보면 현대사회에 들어서 나타난 너의 새로운 모습인 '신용카드'로 인해 자살은 물론이고 심지어 가족들 사이에서까지 흉기가 오가는 끔찍한 사태가 벌어지고 있어. 이 모든 것이 너의 잘못만은 아니지만 너를 최고로 여기고 모든 것을 너를 기준으로 판단하는 이 사회의 잘못인 것이지.

사람들이 무슨 잘못이 있기에 너로 인해 아파하고 눈물 흘려야 하는 것인가 하고 말이야.

1990-2000년 사이엔 주식으로 친구들의 가정이 파탄 나는 꼴을 보기도 했고 주식으로 자살하는 주위의 아픈 사람들도 보았단다. 그 어려운 과정을 보면서 다짐했지. 너를 사랑하는 방법을 새롭게 가지려고 말이야.

너를 좀 더 신중하고 소중하게 관리해서 내가 너를 필요로 할 때 언제든지 내 곁에서 활짝 웃는 너의 모습을 보기로.

끝으로 너에게 내 마음의 시를 한 편 보낸다.

네 이놈!

네가 누구이기에

만물의 영장을 좌지우지 하려 하느냐.

네 이놈!

누가 너를 심판관으로 임명하였기에

만물의 영장을 왕과 거지로 구별시키느냐.

네 이놈!

종이쪽지와 작은 병뚜껑 같은 주제에

감히 만물의 영장을 짐승처럼 굴레에 갇히게 하느냐.

40대 직장인의 편지

돈, 나는 한때 너에게 관심이 없었단다.

있으면 좋고 없으면 할 수 없는 것. 그래서 월급을 타면 아무 생각 없이 너를 다 써버렸지. 너를 모아서 미래를 준비해야겠다는 생각조차 없었던 시절이었어. 그러던 어느 날, 주식을 알게 되면서 너란 존재가 얼마나 대단한 파워를 가졌는지 알게 되었단다.

주식으로 200만원을 벌어 그 돈으로 TV도 사고, 옷도 샀어. 정말 꿀맛이더구나. 네가 많으면 많을수록 내가 누릴 수 있는 것들이 많아진다는 사실을 그때야 깨달은 거지. 너를 불려서 집도 빨리 사고, 남들이 부러워하는 여자와 결혼도 하고 싶었단다. 그래서 월급을 타면 한 푼도 쓰지 않고 모두 주식 계좌에 넣었어.

그런데 돈이 많지 않다 보니 너를 벌어도 시시하게만 보이더구나.

은행에서 대출을 받고, 부모님께 거짓말로 돈을 타서 목돈을 만들었단다.

20대, 아무것도 모르는 내가 그렇게 큰돈을 운영할 수 있었겠니?

얼마 못가서 너는 나를 배신하더구나.

마음이 급해진 나는 떠난 너를 다시 붙잡기 위해 계속 무리수를 두었단다.

전세 보증금까지 빼서 월세로 옮긴 다음 다시 투자금을 만들고, 월급도 몽땅 그곳에 넣고.

직장 생활을 하면서 10년 이상을 그렇게 보냈다.

나에게 남은 것이 무엇이겠니?

덕분에 결혼도 못하고, 부모님 해외여행 한번 못 보내 드리고, 조카들에게 용돈 한번 제대로 못주는 못난 삼촌이 되고 말았어.

주식으로는 하루에도 몇 백 만원이 오고가는데, 1000원짜리 물건을 하나 사는 것도 아깝다는 생각이 들더구나.

정말 내가 너 때문에 미쳤었나 보다.

지금은 정신을 차렸어. 하지만 나에게 남은 상처가 너무나 크구나. 아무리 열심히 일해도 주식하느라 졌던 빚을 다 갚으려면 앞으로 몇 년을 더 고생해야 하는지.

여자친구는 내 속도 모르고 결혼하자고 하는데 어떻게 해야 할지 막막하구나. 나이는 벌써 마흔이 넘었는데.

내가 너를 빨리 가지려다 보니 너는 나에게 마이너스 인생이라는 벌을 주었지만, 앞으로는 급할수록 돌아가라는 격언을 마음에 새기기로 했단다.

지난 1년간 월급을 모으니 그래도 네가 통장에 쌓이는 모습이 보이더구나.

월급 통장으로 네가 들어오면 곧바로 주식 계좌로 다 보냈었는데, 지금은 통장에 남아 있는 너를 보며 어리석었던 내 과거를 후회한다. 너를 단기간에 불리려는 욕심을 버리니, 그 돈으로 필요한 것들을 사며 돈 버는 즐거움도 깨닫게 되었어.

이제부터는 너를 사랑하는 방법을 바꾸려고 한다. 천천히 하지만 네가 있는 곳이라면 지구 끝까지라도 좇아갈 테니 나를 기다려다오.

돈에게 쓰는 편지

돈으로 이루고 싶은 것을 구체적으로 쓰세요.

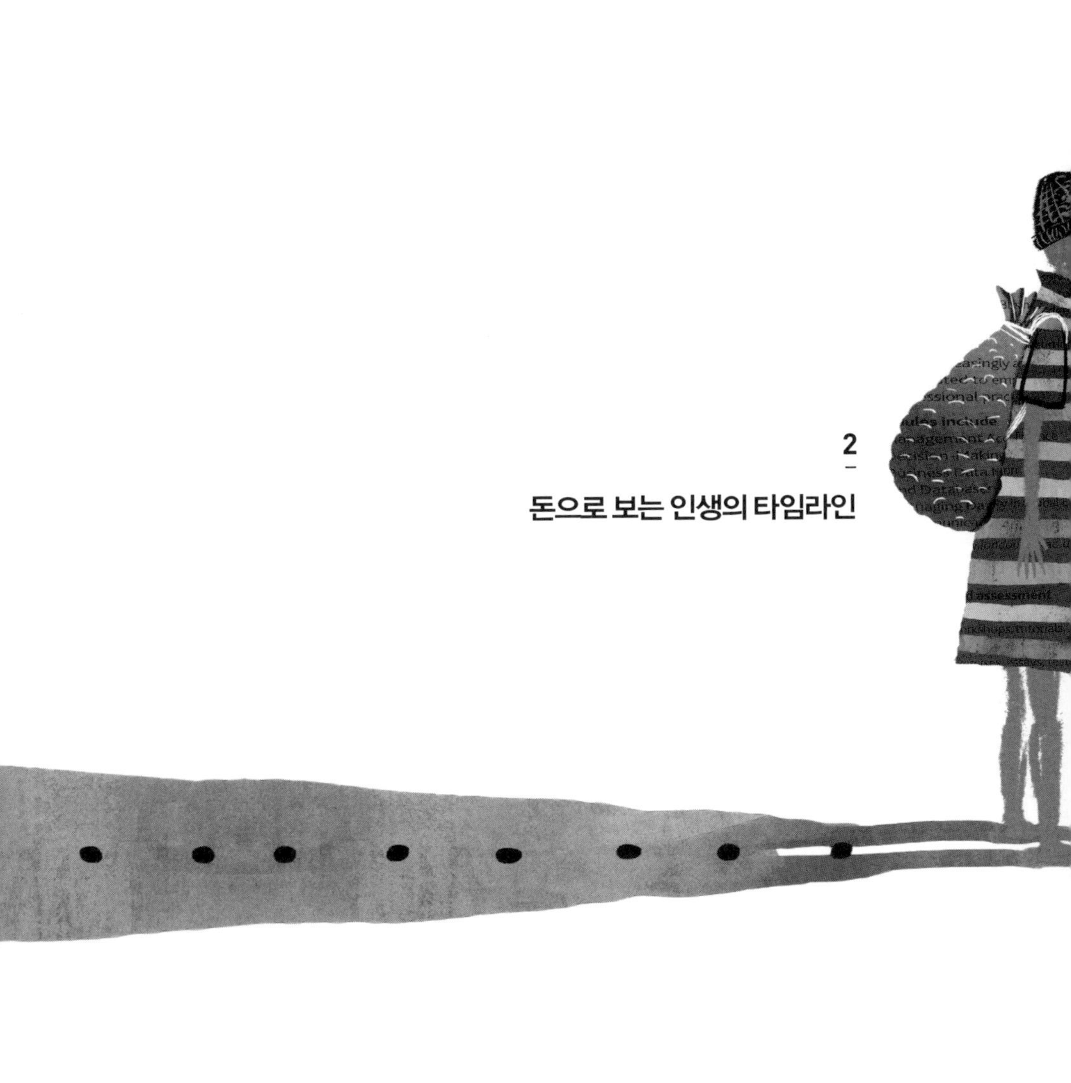

2
—
돈으로 보는 인생의 타임라인

Money

—

(인생을 하루로 비교하면, 50세가 되어야 겨우 하루의 반을 산 셈이 된다. 당신이 불혹의 나이라 할지라도 아직 오전을 살고 있을 뿐이다. 겨우 점심을 먹었는데 은퇴를 강요받는 현실은 아이러니다. 오후는 어떻게 살아갈 것인가? 오전에 잠깐 벌어둔 돈으로 오후를 버텨야 한다.)

1

인생의 타임라인

당신은 지금 어디에 서 있나요?

불과 20년 전만 해도 인생은 70, 길면 80으로 정의되었다. 평균 수명이 70세였던 시절, 한국인의 인생 사이클은 25-30세 사이에 취직과 결혼을 하여, 은퇴 전에 자녀의 교육과 결혼을 해결하고, 60-65세에 은퇴를 하였다. 은퇴 이후 10년가량 노후 생활을 보내면 인생의 사이클이 마무리되었다. 보다시피 경제적으로 큰 어려움을 겪는 시기가 존재하지 않았다. 특히 그 시대에는 자식이라도 많아서 부모가 노후 준비를 하지 않아도 자식들이 십시일반으로 조금씩만 모아도 여생을 보내는 데 문제가 없었다.

하지만 2010년 자료에 따르면 한국인 남성의 평균 수명은 77.2세, 여성은 84세였다. 이미 평균 수명이 80세에 도달했고, 이 추세라면 100세 시대도 머지않았다. 만약 당신이 30대라면 100세 시대를 실제로 경험하게 될 것이다.

더구나 취직은 늦어지고 은퇴는 빨라졌다. 스펙을 쌓거나 해외 연수 등을 다녀오느라 젊은 층의 첫 취업 나이는 점차 늦어지고 있다. 취업이 힘들다 보니 30세 이후까지 공무원이나 자격증 시험에 매달리는 젊은 층도 증가하는 추세다. 돈을 버는 기간이 그만큼 줄어드는 것은 당연한 이치다.

은퇴도 문제다. 정년을 보장하던 IMF 이전과 달리 직장인의 정년은 평균 55세까지 낮아졌다. 55세에 은퇴를 하면 65세부터 연금을 받게 되어 소득이 없는 10년 기간을 일컫는 신보릿고개라는 신조어까지 탄생할 정도다. 아울러 은퇴 이후 무려 45년의 기간을 특별한 소득 없이 살아야 한다는 계산이 나온다. 더구나 나를 부양해 줄 자녀의 수도 하나둘, 많아야 셋으로 자녀에게 노후를 의탁하기도 어렵다. 부모의 사망 시기도 늦어질 것이므로 가장이 부모를 부양해야 하는 기간도 대폭 증가할 것이다.

결국 한 가장의 수입으로 ①100세 시대 자신과 배우자의 노후 준비, ②취업이 늦어진 자녀 교육, ③사망 시기가 늦춰진 부모 부양이라는 책임을 모두 져야 하는 시대가 도래한 것이다.

경제 활동 구간은 60세까지로 규정한다. 하지만 수명의 증가와 함께 돈을 써야 할 기간과 양이 늘어난 점을 감안하면 70세까지는 일을 해야 하는 상황이다. 산술적인 계산으로 기존의 계획에서 최소 20%의 돈이 더 필요하다. 은퇴 이후에도 10년 이상은 일자리를 확보해야 한다는 결론이 나온다.

그런데 현실은 자신의 인생 사이클을 많이 잡아서 80세까지 세우는 사람이 있을 뿐이다. 그 이후 20년에 대해서는 '나에게는 해당되지 않는 일'이라며 계획도 없고 대책도 전무하다(현재 언론에서 공개되는 평균 수명은 1930년대 전후 출생자들의 통계다. 따라서 100세 시대 준비는 우리 이후 세대가 아니라 현재 세대가 당면한 문제다). 은퇴 이후 '무직' 상태에서 어떻게 하면 편안하게 죽음을 맞이할 것인가에만 은퇴 계획의 초점이 맞춰져 있다. 대부분의 사람들이 과거 세대의 평균 수명에 맞추어 계획을 세우고 있는 것이다.

수명 연장은 분명 축복할 일이다. 하지만 돈의 관점에서 수명 연장은 많은 개인적, 사회적 문제를 양산할 것이다. 제대로 준비하지 않으면 지금까지 대한민국이 한 번도 경험해 보지 못한 큰 혼란을 겪게 될 것이며, 준비되지 않은 개인들은 심각한 고통에 직면할 것이다. 그 파도의 높이는 우리가 상상하는 그 이상일 수도 있다.

수명 연장과 빨라진 은퇴, 그리고 정년을 보장하지 않는 기업 풍토, 이 안에서 해결책은 무엇일까? 시대의 조류에 맞춰 자신의 인생을 재정립해야 한다. 100세 시대를 직시하고 자신의 준비 상태를 점검해 보아야 한다.

그림 2는 100세 시대에 맞게 재설정된 인생의 타임라인TimeLine이다. 타임라인을 80세로 잡느냐 100세로 잡느냐에 따라 인생을 바라보는 마음가짐이 확연히 달라진다. 그림 2에서 당신의 위치를 표시한 후 한 손으로 80세 이후를 가렸다 떼어 보라. 100세로 계획을 세워야만 가다가 기름이 떨어지는 불상사를 막을 수 있다. 80세로 설정하면 80세까지만 달릴 기름을 준비하는

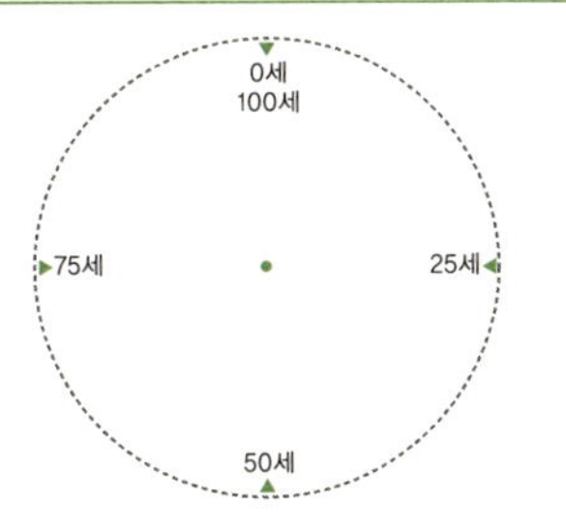

시계로 본 인생 _ 인생을 하루로 비교하면, 50세가 되어야 겨우 하루의 반을 산 셈이 된다. 당신이 불혹의 나이라 할지라도 아직 오전을 살고 있을 뿐이다. 겨우 점심을 먹었는데 은퇴를 강요받는 현실은 아이러니다. 오후는 어떻게 살아갈 것인가? 오전에 잠깐 벌어 둔 돈으로 오후를 버텨야 한다.

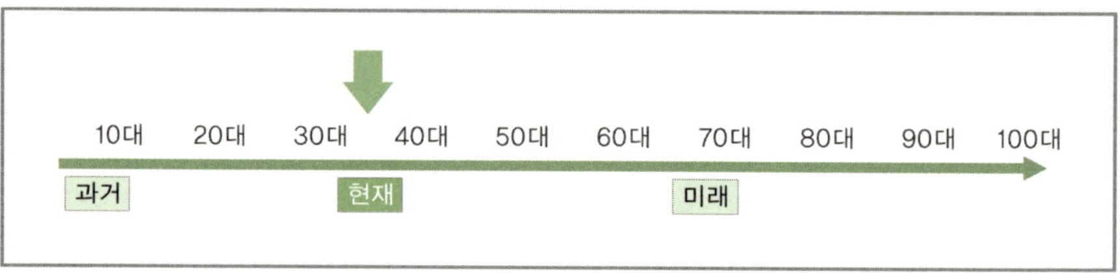

데 그칠 것이다.

100세로 규정한 타임라인에서 현재 당신이 서 있는 위치는 어디쯤인가? 100세가 되기까지 돈 걱정 없이 살아갈 준비가 되어 있는가? 아니면 연금에만 의존하려 하거나 먼 훗날 은퇴 시기가 다가오면 고민할 문제로 미루고 있는가?

수명이 늘었다는 굿뉴스Good News뿐만 아니라 지고 가야 할 짐의 무게도 배가 되었다는 베드뉴스Bad News도 균형감 있게 감지해야 한다. 그래야만 100세 시대에 맞는 인생의 행복 플랜을 제대로 설계할 수 있다.

한 사람의 어깨에 최소 3대

그림 3에서는 내 인생의 타임라인 위에서 배우자와 자녀, 부모가 함께 걸어가고 있다. 한 사람의 인생에 최소 3대가 묶여 있는 셈이다. 따라서 타임라인을 100세로 설정하고 가족도 함께 묶어 계획을 세워야 현실적인 타임라인이 그려진다.

3대가 얽힌 타임라인 위에서 중심에 서 있는 가장은 부모 노릇도 해야 하고, 자식 노릇도 해야 한다. 배우자와 함께 가며 나 스스로도 챙겨야 한다.

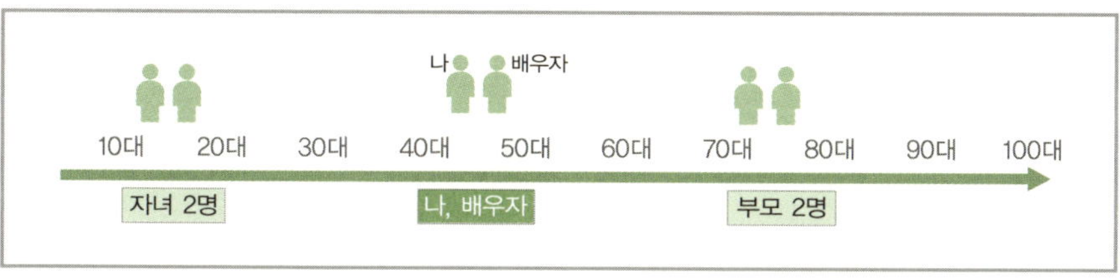

거기에다 기존 80세가 아닌 100세로 준비 기간도 늘려 잡아야 한다. 이 그림을 통해 가장에게 주어진 삶의 무게가 결코 가볍지 않다는 사실을 확인할 수 있다. 이는 대다수의 사람들이 경험해야 할 평균적인 삶의 무게다.

여기에 돈이 필요한 시기를 표시하면 삶의 무게는 더욱 증가한다. 그림 4를 보자. 부모의 사망 시까지 필요한 자금(F_1+F_2), 나와 배우자가 은퇴 이후 사망할 때까지 필요한 자금(F_3+F_4), 두 자녀가 독립할 때까지 부양할 자금(F_5+F_6)이 각각 표시되어 있다. 이를 모두 합하면 '$F_1+F_2+F_3+F_4+F_5+F_6$ = 향후 필요 자금'이 산출된다. 가장이 짊어져야 할 삶의 무게의 총합, 즉 평생을 살면서 필요한 돈의 총량이다.

여기서 현실을 직시해야 한다. 타임라인의 위만 보면 3대가 행복한 가정을 이뤄 오순도순 살아가는 것처럼 보이지만, 타임라인의 아래를 보면 정신이 번쩍 든다. 아마도 향후 필요 자금이 예상보다 많다고 느껴질 것이다. 어렴풋이 알고는 있었지만 눈으로 보는 것과 보지 않는 것의 차이는 크다. 하지만 현실이다. 더구나 그림 4에는 예기치 않게 발생하는 통제 불가능한 사건들이 빠져 있다. 자녀가 늦어도 30세에는 자립하기를 바라지만 자녀의 자립이 늦어지면 부모의 부담은 그만큼 가중된다. 나이 드신 부모님의 병원비

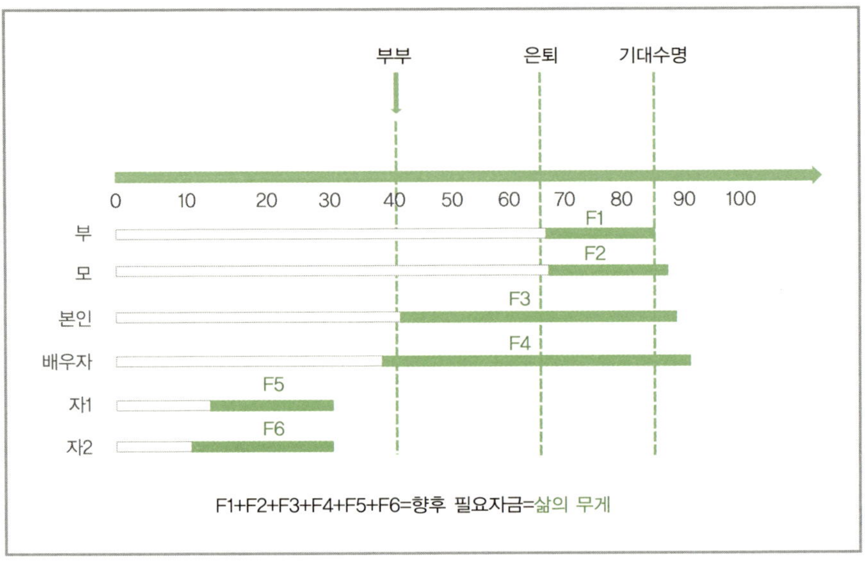

도 예측이 어렵다. 그 밖에 각종 사건 사고가 터지기라도 한다면 3대가 얽힌 타임라인은 바람 앞의 등불처럼 흔들릴 것이다.

이렇듯 악재가 겹치고 나면 인생은 급격한 속도로 수렁으로 빠져든다. 한 번 흔들리고 나면 가난이 대물림될 확률도 커진다. 우리가 이러한 구조 속에 살고 있기 때문에 돈 문제와 돈 걱정이 끊이지 않고, 벌고 또 벌어도 정작 쓸 돈이 없는 상태에 이르는 것이다.

인생은 52.195km, 마라톤 완주가 목표다

흔히 인생을 마라톤의 42.195km에 비유한다. 하지만 수명의 연장과 함께 인생의 마라톤도 10km가량이 늘어난 52.195km로 계산되어야 한다. 물론 준비도 거기에 맞춰야 한다.

인생을 비록 마라톤에 비유하지만, 인생은 마라톤처럼 경주나 순위를 매기는 레이스가 아니다. 힘들다고 포기할 수도 없다. 삶의 무게가 아무리 무겁다 하더라도 인생은 반드시 완주를 목표로 해야 한다. 돈이 적으면 적은 대로 거기에 맞춰 완주할 수 있는 계획을 세워야 한다. 다른 사람의 사이즈(속도)로 가다가 체력(돈)이 고갈되어 버리면 멈출 수도 멈추지 않을 수도 없는 인생이 되고 만다. 바로 인생 실패다. 그것도 나 혼자 가는 것이 아니라 가족이 함께 가는 길이므로 완주의 중요성은 더 커진다.

52.195km를 돈으로 이어 붙이면 얼마일까? 1000원권 지폐로는 3억 8600만원, 1만원권 지폐로는 34억 7900만원, 5만원권 지폐로는 193억원이 나온다. 누구에게나 완주는 똑같은 목표지만 그 길을 얼마짜리 지폐로 채울 것인가는 각자의 몫이다. 기왕이면 금액이 높은 지폐로 채우고 싶은 것이 사람의 마음이다. 이 책에서도 그 방법을 함께 고민해 볼 것이다.

마라톤에서 또 한 가지 중요한 핵심 포인트는 바로 체력 안배다. 인생의 마라톤에서는 빠른 속도로 남보다 먼저 가는 것은 큰 의미가 없다. 어차피 인생은 순위 싸움이 아니다. 남들이 인생의 마라톤 코스를 얼마짜리 지폐로 장식하든 그것은 그들의 문제일 뿐 나와는 상관이 없다. 욕심과 자존심 때문에 그들의 속도에 맞추려다 보면 나의 페이스가 흔들리고 만다. 적절한 체력 안배를 통해 지치거나 넘어지지 않고 결승점에 안전하게 도달하는 것이 궁극적인 목표가 되어야 한다. 이를 위해서는 단기, 중기, 장기적으로 어떻게 돈을 벌어들이고, 쓰고, 불릴 것인가에 강해야 한다.

52.195km를 완주하기 위한 구체적인 계획은 다음과 같다.

1. 가정 경제 종합 계획 수립_필요 자금 및 자금 조달 계획

2. 가정 경제 관리 시스템 작동_예산 관리 편성, 통제

3. 목표 관리 및 피드백_정기적 점검 및 조정

4. 실행_미루지 않는 것이 목표 달성의 지름길

2

인생의 이벤트

수시로 다가오는 인생의 이벤트

이벤트란 '돈이 필요할 때'를 의미한다. 우리가 겪어야 하는 인생의 굵직한 이벤트에는 결혼, 자녀 교육, 주택 마련, 자녀의 결혼, 은퇴 등이 있다. 영역을 넓히면 부모 부양, 자동차 구입, 해외여행 등 다양한 이벤트가 인생의 타임라인 위에 그려진다. 목돈이 들어가는 큰 이벤트가 있는가 하면, 비교적 적은 돈으로도 해결이 가능한 이벤트도 존재한다. 여기에 매달 들어가는 생활비가 추가된다.

인생의 중요 이벤트는 타임라인 위의 큰 원, 매달 들어가는 생활비는 타임라인 아래 작은 원으로 표시했다. 한 가정의 수입은 보통 하나, 많으면 둘이다. 월급이라는 유한한 수입이 가정 수입의 대부분을 차지한다. 반면 지출은 무한하다. 일대 무한대의 싸움이다. 즉 수입이라는 유한한 도구를 이용해 지출이라는 무한대로 많아질 수 있는 각종 크고 작은 원들을 해결해야 한다.

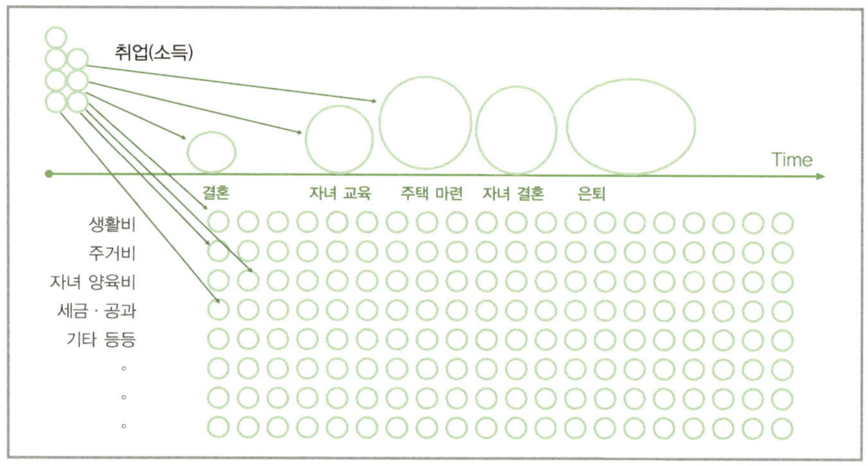

이벤트 규정은 단순하다. 돈이 필요할 때 필요한 돈이 준비되어 있지 않으면 고통과 갈등, 좌절을 겪게 된다. 이벤트 하나를 해결하지 못했다 하더라도 곧바로 다음 이벤트가 다가온다. 앞의 이벤트가 해결되지 못했으니 다음 이벤트가 기다려주느냐, 물론 아니다. 자녀 결혼을 시키지 못했다고 하여 은퇴가 늦춰지거나 은퇴를 하지 않아도 된다고 회사에서 사정을 감안해 주지 않는다. '자녀 결혼' 이벤트를 처리하지 못했어도 그 다음 '은퇴'라는 이벤트가 시시각각으로 다가온다. 그래서 한번 꼬이면 연쇄 반응을 일으키면서 다음 이벤트들까지도 실타래처럼 엉켜 버리기 일쑤다.

따라서 다가오는 인생의 크고 작은 이벤트들에 잘 대처하려면 한정된 수입 내에서 ①먼저 라인 위의 큰 원들로 돈이 흘러가도록 시스템을 갖춰 놓고, ②나머지 자금으로 라인 아래 작은 원에서 문제가 생기지 않도록 소비를 관리해야 한다. 이뿐만 아니라 작은 원들이 수입보다 많아지지 않도록

원의 개수를 줄이는 노력을 병행해야 한다. 여기에 예기치 않게 발생하는 통제 불가능한 사건들에 대해서는 보험으로 대비한다.

이처럼 2층 구조로 타임라인을 설계해 놓으면 돈이 어디로 먼저 흘러가야 할지와 한 달 간격으로 돈이 들어가는 목록들을 한눈에 파악할 수 있다. 가계부를 쓸 때도 이처럼 2층 구조를 만들어 돈이 들어가는 순서를 파악하고 있어야 한다.

인생의 궤도를 구축하고 나면

설계가 완벽하다면 관성의 법칙에 따라 웬만한 풍랑에도 흔들리지 않는 가정 경제가 구축된다. 학창 시절에도 최고의 궤도인 퍼스트 클래스부터 시작해 비즈니스 클래스와 이코노미 클래스가 존재했다.

1등에서 10등 그룹, 50등 그룹, 100등 그룹, 100등 이하 그룹 등으로 성적에 따라 순위가 매겨진다. 공부를 열심히 해도 궤도를 한 단계 올라가기란 무척 어려운 일이다. 하지만 관성의 법칙에 의해 한번 올라서고 나면 잘 튀어나가지 않고 그 자리에 머무는 경향이 높다. 항상 그 성적에서 약간의 잔파도를 그리며 10등은 10등 언저리를 맴돌며, 1등은 미끄러져도 3등을 하는 식이다. 올라서기가 어려울 뿐 올라서고 나면 비교적 평탄한 길을 걸을 수 있다.

우리 삶도 마찬가지다. 어느 수준에 한번 올라서면 잘 내려가지 않는 관성의 법칙을 따른다. 타임라인에서 인생의 이벤트를 완벽히 세팅하고 나면 작은 이벤트가 새롭게 등장해도 흔들림 없이 안정적인 가정 경제를 유지시킬 수 있다.

'부'의 개념도 마찬가지다. 부자는 부자의 범주에 계속 머문다. 부모가 이

곳에 머물러 있으면 자녀들도 그 안에 머물 확률이 높아진다. 가족의 구성원들이 유기적으로 맞물려 돌아가기 때문에 한번 구축된 타임라인을 유지하기가 그만큼 쉬워지는 것이다. 부모의 수준대로 자녀에게 전이가 된다고 볼 수 있다. 하지만 반대로 부모의 잘못으로 잘 짜인 타임라인이 무너지고 나면 그 영향력은 자녀에게까지 고스란히 미치며, 이후 한번 무너진 타임라인은 회복하기 무척 어려워진다.

소비 관리의 중요성

소비의 중요성도 간과해서는 안 된다. 타임라인 아래의 작은 원들을 관리하지 못하면 결국 라인 위의 큰 원들에 문제가 발생한다. 문 밖을 나서는 순간부터 모두가 돈이다. 자가용이나 지하철을 타도 돈, 밥을 먹어도 돈, 물건을 사도 돈이다. 하루를 지내 보라. 직장을 제외하고 돈을 준다는 곳이 단한 군데라도 있는가. 밖을 나갔다가 집에 돌아오면 우편함에 돈을 달라는 청구서가 겹겹이 쌓여 있다. 이처럼 세상은 당신에게 돈을 달라고 끊임없이 유혹하고 청구서를 발급한다.

따라서 인생은 마이너스와의 싸움이다. 수많은 마이너스를 내가 얼마나 적절히 선택하는가의 싸움이다. '월급 하나로 버티기가 참으로 버거운 세상'이라고 한탄할 시간이 없다. 월급으로 다가오는 이벤트를 어떻게 대처할 것인가를 고민해야 한다. 통제 불가능한 사건들에 대해서도 '누구에게나 어떤 일이든지 일어날 수 있다'는 자세로 완벽한 방어 태세를 갖춰 놓아야 한다. 예기치 못한 일이 일어났다고 하여 누구를 탓할 이유도 없다. 그런 일이 일어날 것을 미리 예상하고 준비하는 사람이 현명한 사람이다.

3

어떻게 이벤트를
극복하며 살 것인가

플러스 인생 vs 뉴플러스 인생_행복과 위험을 보는 시각을 바꾸라

그림 6은 인생의 플러스와 마이너스를 바라보는 두 개의 시각을 표현하고 있다. 플러스에는 꿈과 행복, 부, 성공, 풍요, 안락한 삶 등이 있다. 마이너스에는 가난과 불행, 실패, 부채, 고통의 삶 등을 들 수 있다.

평범한 사람들은 플러스, 즉 행복과 부를 바라보며 뛰어간다. 반면 마이너스 요소인 가난과 실패 등은 땅 아래 숨어 있다. 이 사람에게는 오직 플러스만 보일 것이다. 공중에 떠 있는 부와 행복만을 보고 열심히 달려가다가 예상치 못한 마이너스 지뢰를 밟고 '펑'하고 터지고 만다. 일명 '지뢰밭을 걷는 인생'이다. 그런 인생은 언제나 '예상치 못한 사건의 연속'이다. 폭탄을 피해 가려고 해도 언제 어디서 터질지 모르기 때문에 인생은 걱정과 고통의 연속이다. 어쩌면 인생의 타임라인을 통째로 날려 버릴 대형 폭탄이 감춰져 있을지도 모르는 일이다.

사고를 전환해 보자. 꿈과 행복, 부자와 같은 단어들이 땅 밑으로 들어가면 행복과 부를 깔고 가는 인생이 된다. 대신 가난과 불행, 실패를 눈앞에 두면 눈에는 공중에 떠 있는 실패가 보인다. 다가올 불행을 직시할 수 있게 되는 것이다. 행복을 발아래 깔고 가면서 눈에 보이는 불행의 요소들을 하나씩 제거하면 결국 인생에는 행복의 요소들만 남게 된다.

이 그림을 수입과 지출로 바꿔보자. 수입이 땅 위에 있고 지출이 땅 아래 있으면 수입만 보며 달려갈 것이다. 돈을 더 버는 것이 목적이 된다. 하지만 땅 아래 있는 지출을 보지 못하기 때문에 얼마의 돈이 새나가는지 알 수 없게 된다. 더 많은 수입을 올리려고 땀 흘리며 달려가지만 결국 지출이라는 보이지 않는 폭탄을 밟아 돈 문제, 빚 문제가 발생한다.

반대로 지출이 땅 위에 있고 수입이 땅 아래 있으면 상황은 완전히 달라진다. 수입을 땅 아래 깔고 가면서 그 안에서 눈에 보이는 지출을 제거하는 삶으로 바뀐다. 자신이 해결해야 할 지출의 규모와 개수가 한눈에 보이기 때문에 지출을 해결하기 위해 달려갈 것이다. 그러고 나면 땅 아래 수입만 남게 된다.

이처럼 사고를 전환하고 나면 생활 속의 행동들이 거기에 맞춰 변화를 시작한다. 소비의 유형이 바뀌고, 투자의 패턴도 변한다. 평범한 사람들처럼 플러스만 바라보며 부와 행복만을 따라가다 보면 함부로 소비하게 되고, 위험한 투자를 아무렇지 않게 하게 된다. 부를 더 빨리 키우기 위해 대출은 필수적인 도구가 된다. 플러스에만 맞춰진 인생이다.

하지만 위험 요소를 바라보며 가는 사람은 위험 요소를 제거하는 데 집중하므로 투자의 위험을 세밀히 관찰하고, 더 벌 수 있다는 막연한 환상에서 벗어나 현실적인 사이즈에 맞게 합리적인 소비를 할 수 있게 된다. 부채는 가장 먼저 제거해야 하는 제거 대상 1순위로 바뀐다.

이처럼 사고의 전환을 통해 준비하지 않으면 문제가 터질 마이너스 요소들을 먼저 발견하고 제거하는 인생이 '행복한 인생'이다.

위험 보자기에 위험을 담으라

행복이란 끊임없이 추구하여 쟁취하는 것으로 생각하는 것이 세상의 생각이다. 그래서 행복은 플러스 인생을 살아야만 얻을 수 있는 것들로 인식되고, 그 결과 더 많은 플러스를 위해 돈을 더 버는 것에만 집중한다. 그러나 뉴플러스 인생에서 행복이란, 위험 요소들을 제거하고 나면 남는 것들이다.

부채만 해도 가정 경제가 받는 타격은 매우 심각하다. 부채는 가정이 제대로 소비를 할 수 없게 만들고, 건전한 삶보다는 투기적인 삶을 부추긴다. 심하면 가정을 가라앉게 하는 주범이 되기도 한다. 부채라는 마이너스는 더 곪기 전에 반드시 잘라 내야 한다. 그렇지 않으면 암세포처럼 커져서 가정 경제가 모두 잠식당할 수 있다. 체면과 욕심, 보이는 것 때문에 부채를 갚기보다는 현재의 수준을 유지하고, 미래에 대한 막연한 낙관론에 사로잡혀 '해결되겠지' 하며 방관하는 가정이 많다. 세상의 전문가들도 해결이 가능하다며 더 위험한 투자로 유혹한다.

부채를 포함하여 미리 준비하지 않으면 우리 인생에서 지뢰로 작용하는 마이너스 요소들은 '위험 보자기'에 모아 쓰레기통에 버려야 한다. 쓰레기를 치우고 나면 집안이 깨끗해지듯이 위험을 보자기에 싸서 버리고 나면 타임라인이 깨끗하게 정리된다.

위험을 위험 보자기에 싸서 버리는 시스템이 구축되면 이후에는 자동으로 작동하는 자동 시스템으로 변모한다. 소득이 들어오면 미래에 다가올 이벤트에 먼저 돈이 들어가고 나머지는 소비로 지출한다.

위험 보자기 리스트 작성

월 수입이 250만원인 20대 후반 L씨를 기준으로 위험 보자기에 채워야 할 리스트를 보도록 하자(표 1). 이벤트의 내용과 이벤트가 발생하는 시기, 그때 필요한 자금을 리스트 좌측에, 각각의 이벤트를 어떤 대비책으로 준비할 것인지는 우측에 기입했다.

L씨는 아직 결혼 전이므로 가장 중요한 이벤트로 결혼 자금을 두었다. 5년 후 결혼을 예상하고 목표 자금으로 5000만원을 설정한 후 매월 70만원을 목표 수익률 8%인 적립식 펀드에 투자하기로 결정했다. 내 집 마련의 시기는 10년 후로 설정하여 총 2억을 목표로 월 60만원, 노후 자금은 30년 후를 대비해 월 20만원을 책정했다. 1, 2, 3번 이벤트의 경우 문제가 생겨서는 안

표 1 ▐ 가정 경제 종합 설계안_위험 보자기에 채워야 할 리스트

이벤트(꿈)	내용	시기	목표 자금	금융 상품	월 불입 금액	목표수익률(년)	비고
1	결혼 자금	5년 후	5000만	적립식 펀드	70만원	8%	필수 이벤트
2	주택 자금	10년	2억	변액보험	60만원	8%	필수 이벤트
3	노후 자금	30년	10억	변액연금	20만원	8%	필수 이벤트
4	비상금	5년 후	1000만	정기적금	10만원		필수 이벤트 3–6개월 생활비
5	자동차 구입	5년 후	2000만	통장1	1만원		삶의 질
6	자녀 교육비	20년	1억	통장2	1만원		필수 이벤트
7	자녀 양육비	5년 후	1000만	통장3	1만원		필수 이벤트
8	자녀 결혼	30년	1억	통장4	1만원		필수 이벤트
9	가족 해외여행	15년	2000만	통장5	5만원		삶의 질
n	취미 여가 자금	5년	1000만	통장n	10만원		삶의 질
위험 보장	생명/재해/상해	평생	2억	생명보험	10만원		필수 이벤트
	총금액				189만원		

되는 가장 중요한 이벤트다. 따라서 수입이 발생하면 가장 먼저 3개의 이벤트에 자금을 이체한다. 이로써 준비하지 않으면 가장 심각한 위험을 주는 위험 리스트 3개가 눈앞에서 사라졌다. 비상 자금의 경우 최소 6개월치 월급을 목표로 자금을 불려나갈 계획이다(4번). 마지막으로 보험을 통해 예측 불가능한 사건에 대비했다(위험 보장). 1차로 위와 같이 위험 보자기가 세팅되고 나면 다가올 중요한 이벤트와 비상시의 대처, 예측 불가능한 사건들에 대한 준비가 마무리된다.

아직 사회 초년생인 L씨의 경우 현재의 월급으로 미래에 일어날 모든 이벤트를 완벽하게 준비하기는 어려운 형편이다. 수입 전체를 이벤트 준비에만 쓸 수는 없는 노릇이다.

총 수입 250만원 중 170만원이 이미 설정된 상태이므로 나머지 80만원으로는 탄력적인 위험 보자기 리스트를 구성했다. 먼저 자신에게 일어날 미래의 이벤트 리스트를 적은 후 1-10만원 사이의 금액을 책정하였다. 총 19만원이 지출되어 남은 돈은 61만원이다. 이벤트 준비를 하고 남은 61만원은 소비의 영역이다. 이 돈으로 다음 수입이 발생할 때까지 적자 없이 버텨야 한다.

총수입(250만원)−이벤트 준비(189만원)=소비(61만원)

여기서 눈여겨 볼 사항은 '자동차 구입'의 경우 5년 후 2000만원의 자금으로 계획을 세웠으나 월 불입 금액은 1만원밖에 되지 않아 비현실적으로 보인다. 맞는 말이다. '자동차 구입'을 위험 보자기에 포함시킨 이유는 다가

올 인생의 이벤트를 인식하기 위함이다. 다시 말해 땅 아래 숨겨져 있는 위험 리스트를 언제나 눈에 보이는 곳에 위치시켜 놓았다. 지금 당장은 완벽한 준비가 힘들지만 부족한대로 리스트를 만들어 뭔가를 하고 있다는 데 의미를 둘 수 있다. L씨의 경우 직장 생활 연차가 쌓이면서 월급이 오르면 차후 재조정의 시간을 가지면 된다. 혹은 안정적인 투자 수익 창출로 부족한 부분을 채워갈 수도 있다. 1년 후 수입이 10만원 증가한다면 통장으로 준비해 오던 이벤트 중 우선순위가 앞선 목록을 펀드나 적금으로 만들어 목표 수익률에 따라 금액을 재조정해야 한다.

우선순위에 따른 필수 이벤트 재조정

비고란에 적힌 '필수 이벤트'와 '삶의 질'을 보자. 필수 이벤트는 반드시 일어나는 내 인생의 중요한 이벤트다. 어떤 경우라도 반드시 준비를 해 놓아야 한다. 반면 삶의 질이란 삶의 수준을 향상시키기 위한 보너스 이벤트다. 이중 필수 이벤트에 대한 준비가 마무리 되어야만 위험 요소들이 위험 보자기에 담겼다고 할 수 있다. 위험 보자기에 리스트가 하나씩 담기는 순간, 내 인생의 마이너스 하나가 사라지는 효과가 발생한다. 준비가 되었기 때문에 발밑 폭탄으로 작용하지도 않고 해당 이벤트에 대한 걱정을 머릿속에서 완전히 지울 수 있다.

개인의 취향에 따라 우선순위에서 주택 마련보다 해외여행이 앞설 수도 있다. '집은 최소한의 것으로 유지해도 되지만, 해외여행은 5년마다 한 번씩 가고 싶다'고 방향을 정했다면, 주택 마련에 필요한 자금을 줄이고 해외여행에 필요한 자금에 문제가 생기지 않도록 재조정할 수 있다. 그것은 어디까지나 개인의 취향이다.

단, 주택에 대한 눈높이는 반드시 낮춰야 한다. 예를 들어 주택 마련에 필요한 자금을 그대로 둔 상태에서 해외여행에 필요한 자금을 무리하게 늘리려다 보면 '투자'로 시선이 돌아가게 되고, 정상적인 방법보다는 폭탄으로 작용하기 쉬운 무리한 투자로 리스트 전체를 망가뜨리는 결과를 초래할 수 있다. 애써 만든 위험 보자기 리스트가 오히려 위험한 폭탄으로 변질되지 않도록 현실적이고 균형 잡힌 배치가 매우 중요하다. L씨의 사례처럼 당신도 표 2에 위험 보자기 리스트를 만들어 보라.

표 2 ▌나의 위험 보자기 리스트

이벤트(꿈)	내용	시기	목표 자금	금융 상품	월 불입 금액	목표수익률(년)	비고
1							
2							
3							
4							
5							
6							
7							
8							
9							
n							
위험 보장							
	총금액						

소비 유예가 주는 더 큰 보상

한국에서만 수백만부가 팔리면서 초베스트셀러에 올랐던《마시멜로 이야기》라는 책을 보면, '만족 유예'라는 단어가 키워드로 사용되고 있다. 한 대학에서 어린 아이들을 대상으로 실험을 하였다. 실험자는 피실험자인 아이들에게 '눈 앞에 마시멜로 1개를 놓고 15분을 참으면 마시멜로를 1개 더 주겠다'고 약속하고 실험실을 빠져나왔다. 혼자 남겨진 아이는 당장 먹고 싶은 마시멜로를 놓고 인내를 시험하였다. 15분을 참지 못하고 마시멜로를 냉큼 집어먹은 아이가 있는가 하면, 곧 있을 보상을 생각하며 15분을 참는 아이도 있었다. 그 결과를 토대로 아이들의 미래를 조사했다. 그랬더니 15분을 참지 못하고 마시멜로의 달콤함을 맛봤던 아이들의 상당수는 실패한 인생을 살고, 곧 있을 더 많은 달콤함을 위해 15분을 참았던 아이들은 성공한 인생을 살 확률이 높았다. 이 실험은 실제로 수십 년간 진행되어 학계에서 인정받는 학설로 받아들여진다. 이 실험이 주는 메시지는 '당장의 만족을 참고 견디면 이후에는 더 큰 만족을 주는 보상이 뒤따른다'는 것이다.

'눈앞에 놓인 달콤함 맛보기'는 당장은 즐거움을 준다. 하지만 거기에는 반드시 대가가 따른다. 만족을 유예할 줄 모르는 성향이 인생 전체를 따라다니며 성공과 실패까지도 좌우하는 독으로 작용하기 때문이다.

소비도 마찬가지다. 당장의 소비는 만족과 편리를 주지만 그 대가는 인생으로 갚아야 한다. 과도한 소비는 인생의 이벤트를 준비하지 못하게 하는 현실적인 문제를 발생시킬 뿐만 아니라, 소비를 유지하기 위한 무리수를 두게 하여 투자 심리까지 무너뜨린다. 결국 인생의 타임라인을 깨는 주요 원인으로 작용하는 것이다.

반면 계획된 지출은 큰 기쁨으로 돌아온다. 당장 사고 싶은 욕구를 억제하고 5년 후 가족의 해외여행을 목표로 돈을 모았다고 가정해 보자. 계획적인 행동을 통해 얻는 기쁨은 똑같은 소비라도 더 큰 만족과 기쁨을 준다.

이처럼 계획된 지출로 얻는 만족은 한번 누려 봐야 그 기쁨의 크기를 알 수 있다. 너무 장기적이어서 힘에 부친다면 단기적인 목표를 세워서 작은 기쁨이라도 우선 누려 보는 것도 좋다. 예를 들어 외출시 조금씩 늦는 습관 때문에 택시를 자주 이용했다면, 생활 패턴을 바꿔 보라. 가까운 거리는 걸어가는 패턴으로 바꿀 수도 있다. 이렇게 해서 모은 돈으로 월말에 근사한 레스토랑에서 분위기를 잡아 보는 것도 좋다. 돈을 모아서 멋지게 쓰는 재미를 붙이기 시작하면 처음에는 단기적이었던 계획이 점차 중기, 장기로 길어지면서 인생 전체를 통해 더 큰 만족을 얻는 소비 형태로 변화되어 간다.

강의를 통해 소비 유예에 관한 내용을 소개하면, 혹자는 '필요할 때마다 쓰는 기쁨이 바로 일상의 소소한 행복이지 않느냐'고 반문한다. 소비의 기쁨을 완전히 포기하라는 의미로 받아들였기 때문이다. 쓸 곳에는 써야 한다. 써야 할 곳마저 쓰지 않고 모으기만 한다면 이는 합리적인 소비도, 소비 유예도 아니다. 불편함만 줄 뿐이다.

하지만 일상에서 써도 되고 쓰지 않아도 되는 소비는 다수 존재한다. 각자 찾기 나름이다. 작게는 교통비나 전기료부터 시작해서 술, 담배, 성능에 큰 차이가 없는 기기 교체, 과식, 냉온방비, 옷값, 화장품뿐 아니라, 크게는 체면을 세우기 위해 지출되는 자동차 구입, 주택의 크기까지. 꼭 필요하지 않지만 여러 가지 이유로 소비를 하고 있는 항목들은 차고 넘친다.

　4부에서 다룰 예정이지만, 부자가 되기 위해서는 더 많이 버는 것보다 더 잘 쓰는 것이 핵심이다. 그동안 수천 명의 사람들을 상담하면서 아무리 잘 버는 사람도 잘 쓰고 관리하는 사람을 이길 수 없다는 진리를 발견했다. 돈 걱정 없이 잘 사는 사람들은 거의 예외 없이 소비와 관리의 달인들이었다. 반면 잘 버는 사람들 중에는 부자도 있고 가난한 사람도 있다. 잘 벌어도 잘못 쓰고 나면 남는 것은 가난과 돈 걱정뿐이다. 수입이 많은 의사나 고위 공무원, 사업가 중에서도 감춰 두었던 가정 경제의 계좌를 공개하고 나면 상처투성이인 경우를 무수히 볼 수 있다. 당신이 보는 하얀 의사 가운과 멋진 차를 굴리는 사업가의 겉모습은 어쩌면 빛 좋은 개살구일 수도 있다.

　인터넷 쇼핑몰을 운영하는 한 여성이 결혼을 전제로 의사와 교제를 하였다. 아름다운 외모, 여성스러운 성격 덕분에 결혼하자는 남성이 줄을 서서 대기했지만 결국 성격 좋은 의사를 선택했다(자신의 속물근성을 감추기 위해 의사의 성격을 과대 포장했을지 모를 일이지만). 그런데 고민이 되었다. 의사라는 사람이 빚이 억대였다. 자세한 금액은 모르겠지만, '꽤 많다'는 말을 반복하는 것으로 봐서 1-2억 수준은 아닌 듯했다. 상담을 받으러 온 여성에게 '의사와의 결혼을 신중하게 재고할 필요가 있다'는 의견을 주었다. 직업이 의사인데도 빚이 많다면 아마도 상당히 많은 빚을 지고 있을 것이라 판단했다. 많이 버는 사람 중에는 그 수입으로는 감당하기조차 어려운 큰 빚을 지고 있는 경우가 허다하다. 많이 번다는 이유 때문에 지출 부분이 망가져서 생긴 결과다. 특히 빚이 억대인 경우는 십중팔구 투자 실패 혹은 도박인 경우가 많다. 결혼 후에도 고치기 어렵다는 뜻이다. 의사가 돈을 잘 번다고 해도 5-

6억쯤 되는 빚을 갚기란 매우 어렵다. 겉으로 보이는 화려한 겉모습 뒤에 '인생 실패'라는 꼬리표가 붙어 있지 않은지 잘 살펴야 한다.

언론을 통해 쉽게 확인할 수 있는 고소득 연예인의 경우만 봐도 투자를 포함한 소비의 중요성을 알 수 있다. 많이 버는 만큼 계획 없이 소비하고, 부주의하게 투자하는 습관이 몸에 배어 결국 벌었던 돈을 모두 날리고, TV에 나와 잃어버린 자신의 재산을 찾아달라며 하소연하는 모습을 볼 수 있다. 개그와 토크에 사용되어 웃음의 소재로 사용하지만, 그가 당시에 겪었을 고통은 쉽게 미루어 짐작할 수 있다. '잘 관리했더라면 고소득 직업으로서 대대로 이어지는 부의 일가를 이뤘을 텐데' 하는 아쉬움도 든다. 또한 한때는 잘나갔던 연예인이 풍족한 생활은커녕 생활비마저 없어서 생활고를 하소연하는 기사도 눈에 띈다. 잘 벌던 시절 잘 관리하지 못한 결과물이다.

연예인이나 고소득 전문직을 제외하고서도 현재 월급을 받는 직장인 중에서도 언제까지나 월급이 계속 들어올 것이라는 환상에 빠져 계획성 없는 소비와 투자를 일삼는 경우는 흔한 일이다. 수입이 많고, 일정한 사람일수록 미래에 닥칠 위험에 둔감해지는 확률도 높아진다.

반면 적게 버는 사람들 중에 미래에 닥칠 위험을 미리 감지하고, 비록 수입은 적지만 소비와 투자를 잘 통제하여 부자의 길로 들어서는 사람들이 많다는 사실은 아이러니가 아닐 수 없다. 위기가 오히려 기회로 작용했다고 볼 수 있겠다.

소비 근육 키우기

도서관 자판기 옆에서 커피를 타는 청년을 목격한 적이 있었다. 스테인리스 컵에 봉지 커피를 타서 휘젓는 청년을 보며, 바로 옆에 놓인 자판기를 보았다. 자판기 커피값은 300원. 작은 돈을 아끼는 청년의 모습이 기특했다. 커피를 마시지 않는다면 더 좋겠지만 마시는 즐거움을 포기할 수 없다면 아이디어를 짜 보자. 더 싼 가격에 똑같은 즐거움을 누리는 방법이 열릴 것이다.

수입은 한계가 있고 당장 바꾸기도 어렵기 때문에 지출을 잡아야만 이벤트 준비가 가능해진다. 소비 습관은 하루아침에 바꾸기 어렵다. 따라서 재무 심리를 트레이닝해야 한다. 트레이닝에는 스트레스가 따르고 삶에 불편함을 준다. 공도 한 번에 멀리 던지려다 보면 팔 근육에 무리가 온다. 처음에는 가까운 거리를 던지고 점차 거리를 늘려가는 것이 좋다. 소비에 있어서도 처음부터 소비를 무리하게 줄이지 말고, 줄일 수 있는 만큼 조금씩 줄여 가도록 한다. 100원, 500원이라도 좋다. 소비 줄이기에는 가계부가 필수적이다. 소비를 줄여 남은 돈은 공을 멀리 던지는 행위, 즉 통장에 넣어 자금을 불리도록 한다. A를 줄여서 B에 바로 써 버리면 아무 의미가 없다. 애써 모은 돈이 휘발유처럼 날아가지 않도록 뚜껑을 잘 닫아 두는 것도 중요하다는 사실을 잊지 말아야 한다.

공 멀리 던지기는 초반에는 근육도 당기고 진땀도 나지만 체득되고 나면 점점 쉬워진다. 마찬가지로 소비에 있어서도 연습을 반복하면 멀리 던지는 생활 습관이 자리를 잡아 수입과 지출, 저축 간에 균형을 잡기가 훨씬 쉬워진다.

자녀에게 마시멜로 보상을 가르치라

자녀들에게 어릴 때부터 돈을 조금씩 모아서 크게 누리는 기쁨을 경험하도록 하면 아이 스스로 소비의 의미를 깨닫게 되고, 합리적으로 돈을 쓰는 건강한 소비 심리를 갖출 수 있다. 아이의 소비 패턴을 잡아 주는 중요한 교육이다. 예를 들어 과자를 사 먹는 작은 기쁨을 참아서 아이가 사고 싶은 큰 인형이나 물건을 살 수 있도록 유도해 보라. 과자의 달콤함은 금방 사라지지만 만족 유예를 통해 얻은 소비의 기쁨은 크고 오래간다는 사실을 자녀가 깨닫게 된다. 자녀가 목적을 이루어 사고 싶었던 물건을 사는 날에는 반드시 칭찬과 함께 아이 스스로 소비 시스템을 더 발전시킬 수 있도록 격려해 주어야 한다. 다음 목표를 부모와 아이가 함께 계획하는 것도 좋다. 이렇게 하여 건강한 소비 시스템이 자리를 잡으면 아이에게는 평생 재산이 된다.

필자가 운영하는 재무 테라피와 재무 심리 트레이닝도 유사한 형태로 이뤄진다. 힘들고 짜증나는 마음을 억누르고 참고 견딜 수 있도록 유도한다. 우선 단기 목표를 정해 기쁨을 경험하게 하고 차츰 그 기간을 늘려가면서 소비 심리에 균형이 잡히도록 한다. 교육을 받을 때는 불편한 마음으로 돌아갔지만 실천한 이후 만족과 기쁨이 크다며 감사를 표하는 경우가 많다.

타임라인에서 '시간'의 중요성

복리 효과는 이미 널리 알려진 바다. 굴러가는 작은 눈덩이가 어느새 큰 눈덩이로 커지는 복리의 마법에서 '시간'은 핵심이다. 하루라도 더 굴리면 1

원이라도 더 벌게 된다. 더 정확히 말하면 시간이 흐르면 흐를수록 하루 더 굴렸을 때의 효과는 첫날의 효과와는 하늘과 땅 차이만큼 벌어진다.

타임라인에서도 '시간'이 갖는 의미는 크다. 개개인마다 시간의 흐름을 타고 인생의 이벤트가 다가온다. 그 시간은 언제나 쏜살같이 달려온다. 한편 누구에게나 준비할 시간도 주어진다. 인생의 이벤트는 이처럼 시간 대 시간의 싸움이다. 정해진 시간 내에 다가오는 시간보다 앞서 준비해야만 탈이 나지 않는다. 따라서 시간이 많으면 많을수록 해결할 시간도 그만큼 더 주어질 것이다.

반면 준비되지 않으면 다가오는 시간의 압박에 못 이겨 많이 벌어서 해결하는 방법을 생각해 낸다. 그러다 보니 시간만 흐르고 지출은 줄줄 샌다. 결국 당장 할 수 있는 것은 하지 않으면서 바꾸기 가장 어려운 일에만 집중하는 형국이다.

돈으로부터 자유롭기 위해서는 시간을 잘 활용해야 한다. 인생의 타임라인을 직시하고 나면 시간과 지출을 활용할 지혜가 떠오른다. 하루라도 빨리 시작하는 것이 답이다. 다가오는 인생의 이벤트를 시간과 연결시키지 않고 넋 놓고 있기 때문에 항상 시간에 좇기는 것이다. 준비하지 않아 막상 닥쳐서 해결하려고 하면 적은 돈이 필요한 이벤트도 부담이 된다. 눈앞에 닥친 이벤트를 해결하려고 후에 쓰려고 모아둔 돈을 끌어다 쓰면 당장 급한 불은 해결되지만, 나중에 탈이 난다.

반면 다가올 이벤트를 시간별로 정리하고 내가 확보한 시간을 배치하고 나면 준비가 완료된다. 앞서 소개한 '위험 보자기 리스트'가 그 한 예이다. 계획이 마무리되면 실천에 옮기기만 하면 된다.

지금 이 시간을 그냥 보내지 말라

30세 한 직장인이 한 달에 10만원씩 적립해 30년 후 1억을 만드는 프로젝트와 마주했다. 그런데 이때 귀차니즘이 발동한다. 충분히 할 수 있는 일이지만, 10만원이 커 보이지도 않고 30년 후 1억은 먹고살기 바쁜 현실에서 보이지도 않는 먼 미래의 일일 뿐이었다. 보험과 연금도 마찬가지였다. 특별한 이유 없이 관심이 가지 않았다. 당장은 귀찮기도 하고 조금만 더 있다가 하자고 마음먹었다. 적금과 보험, 연금에 넣어야 할 돈은 어디로 갔을까? 아무도 모른다. 스펀지에 물이 스며들듯 어디론가 그냥 흔적도 없이 사라져 버렸을 것이다.

연금에 들어갈 돈이 지갑에 남아 있으면 누구나 쓰고 싶은 충동에 사로잡힐 수밖에 없다. 지금 소비를 하면서 나중에 필요한 돈을 항상 계산하며 살지는 않는다. 보이면 우선 쓰고 보는 것이 인지상정이다.

앞서 언급한 대로 수입은 단기간에 해결이 어렵지만, 시간과 지출은 당장 결정할 수 있다. 지금 당장 지출을 줄일 수 있다. 지출을 줄여 이벤트를 준비하면 된다. 사고를 전환하고 나면 너무나 쉬운 것이 이벤트 준비다. 보험과 연금도 지금부터고, 이벤트 준비도 지금부터다. 불필요한 지출도 지금 당장 줄여야 한다. 조금 더 편하기 위해, 조금 덜 움직이려고 해서 생기는 비용도 당장 없애야 한다. 소비를 먼저 하고 연금과 적금을 나중에 하는 습관을 고쳐 연금과 적금을 먼저 해결하고 소비는 남은 돈으로 해결하는 습관도 지금부터 들여야 한다.

이렇게 해서 만든 돈을 시간 위에 굴려 놓으면 굴러가는 눈덩이가 되어 다가올 이벤트가 해결된다. 얼마나 간단하고 명쾌한 방법인가? ①준비하지 않는 자신을 발견하고 ②준비를 한다.

그렇지만 사고의 전환은 쉽지 않다. 자신을 발견하는 일이 가장 어렵다. 준비하지 않는 게으름과 무계획을 바꾸기가 어렵기 때문에 대부분의 사람들이 준비 없이 살아가는 것이다. 먼저 자신의 타임라인을 설정하고 점검해 보라. 다가올 이벤트에 대해 과연 얼마나 준비가 되어 있는가. 은퇴 자금은 마련이 되어 있는가. 주택 마련에 대한 계획은 구체적으로 세워져 있는가. 이를 위해 지금 어떤 준비를 하고 있는가. 지금 준비를 하지 않고 있다면 향후 해결책은 무엇인가. 이러한 고민을 지금 하지 않으면 준비할 시간은 그만큼 줄어들고, 문제가 발생할 확률은 그만큼 높아진다. 결국 돈에 의해 인생이 좌우되는 돈의 노예가 될 수밖에 없다. 지금 당장 펜을 들고 아무 종이에나 써 보라. 다가올 이벤트와 남은 시간들, 그리고 어떤 준비가 되어 있는가.

결국 이벤트 해결에는 시간이 필요하다. 시간이 줄어들면 줄어들수록 한 방에 해결하려는 한방 심리가 솟구친다. 그것이 바로 사람의 심리고, 망하는 구조다. 너무 간단하다.

내 인생과 내 가족 앞에 다가오는 사건이 무엇인가부터 먼저 정확히 규정하고, 지금부터 얼마나 남았는가를 계산하고 나면, 이제 내가 해야 할 일들이 세팅된다. 놀고먹을 시간이 없다는 사실에 정신이 번쩍 들어야 한다. 버는 동시에 리스크와 지출 관리도 필요하다는 사실을 절감해야 한다.

다시 강조하고 싶은 점은, 인생은 너나 할 것 없이 나이가 많든 적든 반드시 다가오는 사건이 있다. 완벽하게 준비를 마쳤으면 더 없이 좋다. 준비가 되어 있지 않으면 남은 시간 동안 해결해야 한다.

지금 시작해도 현실적으로 해결이 어렵다면 어떻게 해야 할까? 솔직해져야 한다. 자녀의 결혼 자금 준비에 문제가 생길 것이라 생각된다면, 자녀에게 그 사실을 알려라. 은퇴 준비가 부족하다면 은퇴 이후 수입을 창출할 수 있는 방법을 지금부터 고민하라. 내 집 마련이 어렵다면 평수를 줄여라. 혼자 벌어서 어렵다면 배우자도 돈을 벌어야 함을 알려라. 그렇게 하여 해결하는 것만이 답이다. 누구에게 의지하거나 대박을 바라지 말자.

꿈의 가격

'나는 세계 일주를 하고 싶다.' '마당이 넓은 단독주택에 살고 싶다.' '자녀를 해외로 유학 보내 전문가로 키우고 싶다.'

꿈은 누구나 꿀 수 있다. 그렇다면 그 이면의 꿈의 가치를 돈으로 계산해 보자. 계산을 해 보니 100억이 필요하다. 그런데 현실은 한 달에 200만원을 버는 월급쟁이다. 머리로는 꿈을 추구하고 있지만, 현실이 배제되어 있다. 그러다 보니 나이가 들수록 불가능한 것들이 늘어나고 결국 하늘에 떠다니던 꿈이 땅으로 떨어진다.

수입에 기반을 두지 않은 꿈은 한낱 꿈으로만 끝날 확률이 높다. 세상은 더 큰 꿈을 꾸라고 이야기하지만 재무 심리가 빠진 꿈은 그를 허황된 꿈쟁이로 만들 뿐이다. 그 꿈 때문에 있는 것마저 다 날리고 날개가 꺾이는 경우가 허다하다.

물가를 계산해서 얼마가 필요하고 현재 수입으로 가능한지 따져 보아야 꿈의 가격이 나오고, 가격을 알아야만 실현 가능한 꿈인지 알 수 있다. 너무 큰 꿈은 사이즈를 줄여서 현실에 맞게 조정해야 한다. 허황된 꿈만 꾸고 현실에 맞는 꿈을 꾸지 않기 때문에 아무것도 이루지 못한다는 사실을 알아야 한다. 현실에 기반을 두고 계산된 꿈을 꿔야만 지금부터 하나씩 준비해 갈 수 있다.

꿈의 종류는 여러 가지다. 나는 그 중에서 가장 중요한 꿈은 가정의 꿈이라 생각한다. 다가올 이벤트를 멋지게 해결하여 가족의 행복에 문제가 생기지 않게 하겠다는 결심만큼 멋진 꿈은 없다. 따라서 꿈(이벤트)에 필요한 돈도 계산해야 한다. 계산을 게을리 하면 '자녀의 결혼과 은퇴 준비는 지금 들어 놓은 적금을 타면 될 것이다'고 막연하게 생각하기 쉽다. '어림잡아 해결될 것이다'는 짐작만 있을 뿐 현실적으로 가능한지 불가능한지는 알 수 없는 상태로 시간만 보낼 뿐이다.

계산 결과, 부족하다면 다시 계산해서 채워야 하고, 지나치게 많다면 재조정하여 아직 준비하지 못한 이벤트에 배치해야 한다. 이렇게 하나씩 꿈을 세팅해 가야만 한다.

현실적으로 이룰 가능성이 없는 꿈을 갖는 것은 동화 속의 이야기다. 작더라도 내 사이즈에 맞게 꿈을 꾸고 하나씩 이뤄가는 인생이 행복하다.

마이너스를 마이너스하면 플러스

플러스의 홍수 속에 살고 있는 우리는 '마이너스'를 좋아하지 않는다. 하지만 진정한 행복과 성공으로 가는 가장 확실하고 안전한 길은 무엇일까? 바로 마이너스에 답이 있다. 막연하고 불확실한 부, 성공, 행복을 위해 플러스에 노력을 기울이는 사람들의 입에서는 언제나 '힘들다'는 넋두리가 새어 나온다. 그만큼 플러스 만들기가 어려운 세상이다. 하지만 부와 성공, 행복

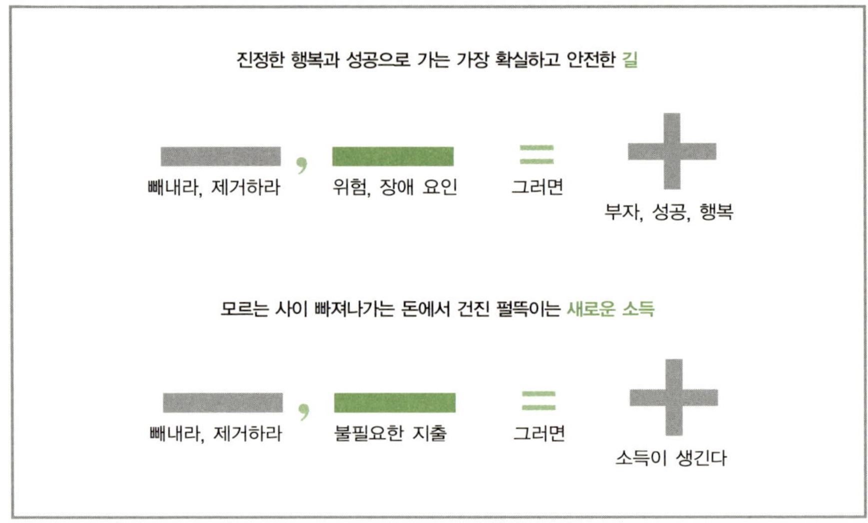

을 방해하는 보이지 않는 마이너스를 제거하는 데 집중하면 그보다 쉽게 플러스를 얻을 수 있다. 그림 7처럼 인생의 행복을 방해하는 위험과 장애요소들을 제거하고 나면 남는 것은 플러스(부자, 성공, 행복)다.

지출에 있어서도 마찬가지 플러스 효과가 발생한다. 편하고자 하는 본능과 유혹에 빠져 불필요하고, 오히려 행복과 건강을 해치는 항목들에 지출되는 돈, 예를 들어 술, 담배, 과식 등. 이렇게 나쁜 지출을 제거함으로써 새로운 소득이 창출된다. 반드시 돈을 벌어야만 소득이 발생하는 것은 아니다. 돈을 버는 것보다 빠르고 쉽게 소득을 올리는 방법은 지출을 줄이는 것이다. 즉 '마이너스(지출)를 마이너스한다(줄인다)'에 답이 있다. 월급쟁이가 돈을 벌기 위해서는 한 달을 기다려야 하지만, 절약을 통해 얻어지는 소득은 오늘 당장 수입으로 연결된다. 그런데 사람들에게 절약 정신을 강조하면 스트레스를 받는다면서, "안 그래도 아끼며 사느라 힘든데 거기서 허리띠를 더 졸라매야 하느냐."라고 볼멘소리를 한다.

그래서 사고의 전환이 필요하다. 길가에 걸어가는 사람들을 보라. 어떤 사람은 '돈이 없어서 택시도 못 타고 걸어가니 짜증나네.'라고 생각한다. 그러나 또 어떤 사람은 '걸어가니 건강에도 좋고, 택시비도 절약되네.' 하며 일석이조 효과를 즐긴다.

소비를 줄이라는 말은 돈을 아끼라는 말이 아니다. 놀고먹고자 하는 본성을 없애는 것이 그 첫 번째 목적이다. 부지런함이 생기면 돈은 저절로 절약된다. 또 한 가지 목적은 소비를 줄여 '돈을 벌기' 때문이다. 택시를 타지 않고 걸어가면 돈도 벌고 건강도 좋아진다.

이처럼 마이너스를 마이너스하면 부자, 성공, 행복이라는 플러스가 생긴다. 생활 속에서 마이너스를 실천하면 새로운 소득이라는 플러스가 창출된다. 힘들게 플러스를 좇지 않아도 쉽게 플러스가 만들어지는 삶의 지혜들이다.

더하기형 인간 vs 뉴플러스형 인간

세상에는 두 가지 인간형이 있다. 더하기형 인간과 뉴플러스 인간이다.

더하기형 인간은 돈을 많이 벌면 부자가 되고 미래 일어날 모든 경제적인 문제가 해결된다고 생각한다. 틀리지 않다. 그런데 if가 빠져 있다. 만약if 돈을 벌지 못한다면? 해결도 안 되고 문제가 온다. 그러면 마음이 급해지면서 빠른 시간 내에 돈을 크게 불려서 부자가 되고, 미래에 다가오는 모든 문제를 해결하겠다는 욕심이 생겨난다. 95%의 사람들이 이처럼 생각한다.

돈을 빨리 벌 수 있는 구조에는 위험과 불확실이 감춰져 있다. 반면 인생의 이벤트는 확실히 다가오는 것들이다. 문제는 확실히 오는데, 거기에 따르는 대처 방안은 불확실한 구조가 되는 것이다.

뉴플러스 인간은 앞으로 몇 년 뒤 어떤 이벤트가 온다는 사실을 꿰뚫고 있는 사람이다. 통장을 만들어 1대 1로 대비하면서 물 샐 틈 없는 완벽한 수비망을 쳐놓는다. 통장의 종류와 수는 사람마다 다르다. 자신의 가치에 맞게 설정하면 된다. 어떤 사람은 집이 커야 하고, 어떤 사람은 집을 소유하기보다는 캠핑카를 타고 아이들과 돌아다니는 것에 중요한 가치를 둘 수 있다. 그러면 통장의 목적도 집이 아닌 캠핑카로 설정해 자신이 원하는 인생

그림 8 ┃ 인생은 확실과 불확실의 싸움

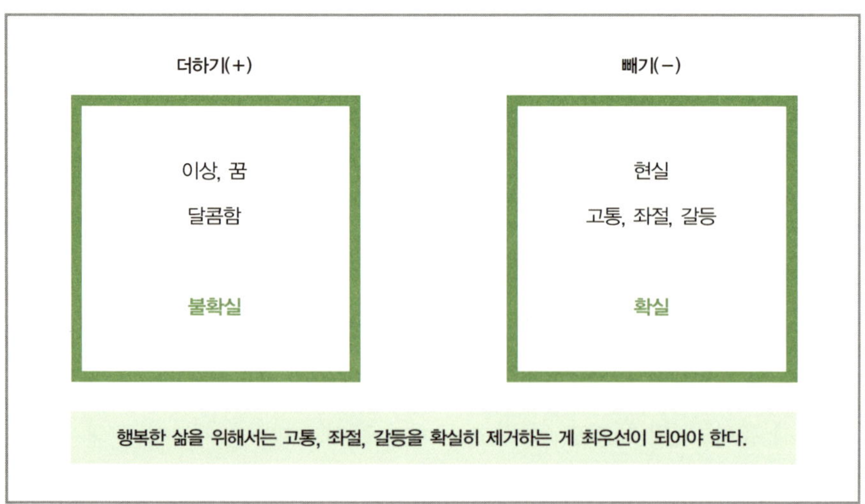

을 자기 페이스대로 살아간다.

　사람들은 누구나 행복하고 건강하고 즐겁고 풍요한 삶을 꿈꾼다. 세상의 무수한 지식 철학 이론 사상 종교들이 제각각 방법을 제시하고 있다. 하지만 모두가 원하고 노력한다고 되는 것은 아니다. 행복의 기준을 돈으로 보는 플러스형 인간들은 열심히 노력하여 원하는 만큼 돈을 벌었는데 정작 도착해 보니 진짜 행복이 아니었다고 고백한다. 돈과 행복이란 무엇인가. 꼭 필요할 때 돈에게 정복당하지 않을 만큼 반드시 있어야 한다. 가장 중요한 것은 모든 것의 핵심인 가정의 행복에 눈을 떠야 한다. 이를 모르고 돈의 양만 키우다 보면 가정이 파괴된다. 돈도 있어야 하고 가정이 우선이라는 사실을 알았더라도 가는 방법도 중요하다. 안전하게 내 삼각형대로 가야한다.

　이 모든 것을 해결하는 방법이 뉴플러스다. 부자, 성공, 행복이 궁극적인 목표라면 방해요인을 보고 제거하면 원하는 것들이 따라온다. 불필요한 지출을 마이너스하면 소득이 생긴다. 불필요한 것들이 무엇인가를 고민하고, 마이너스를 마이너스하는 습관을 들이면 인생에 큰 변화가 온다.

　플러스형 인간은 지뢰밭에서 지뢰를 피하느라 정작 행복을 간직할 마음의 여유가 없다. 하지만 행복을 발밑에 깔고 마이너스를 직시하는 뉴플러스 인간은 마이너스를 제거하면 행복한 인생이 온다는 사실을 알고 있다. 사고의 전환이 필요한 시점이다.

　나는 인생의 항로에서는 키를 잘 잡고 끝까지 잘 운전하면서 가는 것이 가장 올바른 선택이라 믿는다. 그 기쁨이 가장 크다. 배에 더 많은 물건을 실으려고 하거나 빠른 속도로 가려고 하거나 위험한 지름길을 가려고 하다가는 배가 가라앉거나 풍랑을 만날 수 있다. 그 배에는 내 가족이 타고 있다는 사실을 항상 기억해야 한다. 배를 운전하는 가장의 항해 속에서 아이들은 배 안에서 즐겁게 뛰어놀고, 부모님은 갑판에서 햇볕을 쬐이고, 아내는 향기로운 음식을 차릴 것이다. 그것이 바로 행복이고 인생이다. 풍랑 없이 잔잔한 바다를 미끄러지듯 항해하는 것, 그런 인생을 살려고 노력하는 것이 맞지 않겠는가.

4

가정 경제
종합 이벤트 설계

통장 쪼개기

다가오는 인생의 이벤트를 차질 없이 준비하기 위해서는 이벤트마다 통장을 각각 만들어 1대 1로 대응하는 것이 좋다. 이를 일컬어 '통장 쪼개기'라 한다. 시중에 나와 있는 베스트셀러 도서들은 보통 통장을 3개 혹은 4개, 6개로 쪼개기를 권유한다. 그들 나름대로의 합당한 이유가 있을 것이다. 그러나 이 책에서는 통장을 특정 개수로 정하기보다는 자신이 꿈꾸는 꿈의 개수에 따라 통장도 N개만큼 만들 것을 제안한다. 따라서 꿈이 많으면 통장의 개수도 꿈의 수만큼 늘어날 것이다. 이처럼 꿈과 통장을 하나씩 대응해 놓으면 단 하나의 꿈도 놓치지 않고 계획대로 모두 이룰 수 있게 된다. 그림 9에서 알파벳 EEvent는 통장 하나를 의미한다. 꿈의 수만큼 원통을 늘리면 그 자체로 꿈의 리스트가 된다.

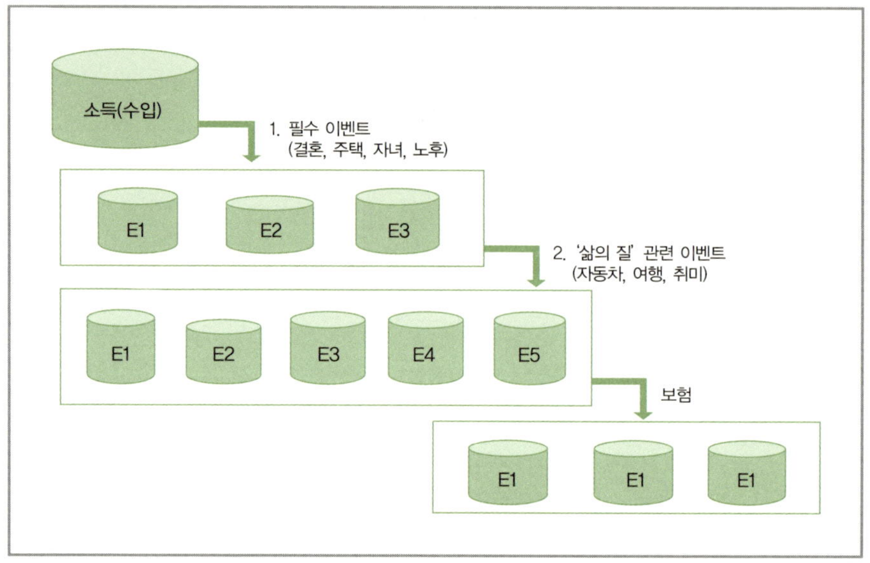

소득이 발생하면 각 단계별로 배치된 인생의 이벤트들에 골고루 돈을 분산해야 한다. 먼저 첫째 줄에는 필수 이벤트를 배치시켜 가장 먼저 돈이 흘러들어 가도록 우선순위를 매겨 놓는다. 두 번째 줄에는 삶의 질과 관련된 이벤트를 배치하고, 마지막 줄에는 보험을 배치시킨다.

앞서 위험 보자기 리스트에서 언급했던 내용으로, 장기적으로 목돈이 들어가는 이벤트는 적금, 펀드, 변액보험 등 금융권에서 발행하는 통장을 개

보험은 안전장치로만 활용하라 _ 보험은 이벤트 통장이 깨지는 것을 방지하기 위한 필수 안전장치일 뿐 이벤트 자체 통장은 아니다. 보험을 이벤트 준비로 착각해서는 안 된다.

설해 관리해 가도록 하자. 그래야만 복리 효과를 누리면서 좀 더 적은 돈으로 준비가 가능해진다. 예를 들어 결혼 이벤트는 5년 만기 적금으로, 내 집 마련은 적립식 펀드로, 은퇴 자금은 변액 보험으로 준비한다. 그 밖에 이벤트에 들어가는 돈의 액수에 따라 각각의 통장을 개설하면 된다.

세 번째 줄의 보험에 대해 잠시 언급하자면, 보험은 이벤트를 보호하는 장치다. 죽고 병들고 다치는 사건은 우리 일상에 언제라도 일어날 수 있는 일들이다. 예측 불가능한 사건들까지 커버를 해야만 애써 만들어 놓은 이벤트 통장이 깨지는 불상사를 막을 수 있다. 만약 보험을 준비해 놓지 않는다면 불의의 사건이 발생했을 때 이벤트 통장을 깨서 막을 수밖에 없다. 그러면 내 꿈도 무너지고 만다. 적은 돈으로 큰 사건을 커버할 수 있는 울타리가 바로 보험이라는 사실을 잊지 말자.

돼지 저금통을 이용하라

"저는 월급이 200만원뿐이에요. 어떻게 저 많은 이벤트를 다 준비할 수 있어요? 더구나 월 1만원 들어가는 이벤트도 통장을 굳이 만들어야 하나요?"

모든 통장을 금융권에서 개설한다는 것은 사실상 어려운 일이다. 매달 5-10만원 이상의 목돈이 들어가는 이벤트는 금융권에서 통장을 개설하고, 불입액이 너무 적거나 혹은 너무 멀리 있어서 당장은 통장 개설이 여의치 않은 이벤트는 돼지 저금통으로 통장을 대신한다. 우선 돼지 저금통으로 통장을 대신하다가 금액이 쌓이거나 본격적으로 이벤트를 준비해야 할 시기가 다가오면 금융권 통장으로 대체하면 된다. 처음에는 돼지 저금통 하나당 100원도 좋고, 5000원도 좋고, 만원도 좋다. 돈이 생길 때마다 넣는 습관을 들이자.

통장이 10개인 사람과 4개인 사람이 다른 것은 꿈이다. 10개인 사람은 구체적이고 현실 가능한 꿈을 가진 사람이지만, 4개인 사람은 남들과 똑같은 꿈을 꾸는 평범한 사람에 머물기 쉽다. 지금은 돈이 부족해 많은 돈을 넣을 수는 없지만, 월급이 오르거나 새로운 수입이 발생하여 여유가 생기면 그때 다시 조정하면 된다.

처음부터 통장 4개만 가지고 출발하면 꿈도 4개로 줄어든다. 꿈이 20개인 사람은 통장도 20개를 만들어야 한다. 꿈의 개수만큼 통장을 만들어 하나도 빼놓지 않고 이뤄가겠다는 마음이 중요하다. 이것이 바로 현실에 기반을 둔 꿈이다. 20개 중 7개는 금융권에서 13개는 돼지 저금통으로 통장을 만들었다고 가정해 보자. 책상 위에 꿈의 통장을 펼쳐놓는 것만으로도 가슴이 뿌듯해지는 것을 느낄 수 있다. 책상 위에 줄지어 놓인 통장은 꿈의 실체를 매일 보여주면서 당신을 격려하고 자극하는 역할을 훌륭히 수행할 것이다.

여러 개의 수도꼭지로 미래를 대비하라

수도꼭지에서 나오는 물은 수입을 의미한다. 수도꼭지가 크면 클수록 나오는 물의 양도 많아질 것이다. 누구나 자신의 수도꼭지에서 물이 콸콸 쏟아지기를 바라겠지만 작은 수도꼭지 하나로 어렵게 살아가는 서민들이 대다수다. 하지만 수도꼭지가 작아서 물이 졸졸 나온다 하더라도 이러한 수도꼭지가 2개, 3개라면 아래 대야에 담기는 수입의 총량은 결코 적지 않을 것이다.

어느 날 한 회사의 사장이 A와 B에게 "회사가 어려워졌으니 어쩔 수 없이 두 사람이 회사를 떠나줘야겠소!"라는 통보를 해 왔다. A는 해외 유학을 다녀온 연구원으로 큰 수도꼭지를 보유하고 있었고, B는 말단 직원으로 작은 수도꼭지를 소유하고 있었다. 하지만 B는 회사에서 들어오는 수도꼭지 외에 2개의 수도꼭지를 더 보유하고 있다.

두 사람 중 누가 더 큰 타격을 입을까? A는 비록 크기는 하지만 수도꼭지 하나에 의지해 살아가는 사람이고, B는 작지만 여러 개의 수도꼭지를 보유한 사람이다.

이 사실을 모르는 사람들이 볼 때, A는 매달 1000만원이 들어오는 대형 수도꼭지를 보유하고 있어서 돈 걱정 없이 잘살 것이라 단정하는 반면, B는 근근이 살아가는 전형적인 서민이라 생각할 것이다. 하지만 수도꼭지가 닫히고 나면 상황은 달라진다. 사람들의 예상과는 달리 A는 전적으로 의지하던 수도꼭지가 잠겨 물이 뚝 끊긴 상태가 되어 어려움에 봉착할 것이다. 반면 B는 상황이 악화되기는 했지만 다른 2개의 수도꼭지가 있어서 가정 경제를 유지하는 데 어려움이 없다.

정리하면 아무리 큰 수도꼭지를 가졌더라도 그것이 하나뿐이라면, 물이 졸졸 나오는 수도꼭지 3개를 보유한 가정보다 재무적인 관점에서 허약한 상태로 봐야 한다. 수도꼭지는 언제라도 잠길 수 있기 때문이다.

수도꼭지 비유에서 큰 수도꼭지를 가진 사람이 불리한 이유는 또 있다. 젊은 나이에 큰 수도꼭지를 확보한 사람일수록 시선은 소비 쪽으로 돌아가게 마련이다. 대야에 담긴 물을 아낌없이 써도 물이 콸콸 들어오기 때문에 대야가 빠른 시간에 다시 채워진다. 물을 마구 쓰다가 대야에 물이 떨어지면 쉽게 빚을 낸다. 투자도 과감하다. 비워도 곧 채워진다는 심리가 이 사람의 재무 심리를 지배하여 지출 부분에서 문제가 발생하는 것이다.

　반면 수도꼭지가 작은 사람들은 물은 아껴야 하는 것으로 인식한다. 마구 쓰면 대야가 텅 비어 버린다는 사실을 잘 알고 있다. 그래서 조금씩 물을 쓰다 보니 대야에 물이 항상 차 있다. 아무리 많은 물이 들어와도 물을 함부로 쓰면 대야는 비게 되는 반면, 적게 들어와도 아껴 쓰면 가득 찬 대야에서 위에 있는 물을 조금씩 쓰며 살 수 있다.

　가장 좋은 수도꼭지 상태는 큰 수도꼭지를 여러 개 보유하면서 물을 아껴 쓰는 것이다. 그러면 누구보다 빨리 부자가 될 수 있다. 물이 콸콸 들어오는 수도꼭지를 하나씩 늘려가다 보면 어느 시점에는 대형 물탱크가 필요해진다. 만약 당신이 현재 큰 수도꼭지를 보유한 사람이라면, 그 복을 더 큰 복으로 키우기 위해 노력해야 한다. 현재의 수입에 만족하지 말고, 지금 크기의 수도꼭지를 2개, 3개로 늘려가겠다는 목표를 세워 보라. 그러면 정말 큰 부자가 될 수 있다.

　하지만 지금 내가 가진 수도꼭지가 작다고 하여 실망하거나 좌절할 필요는 없다. 물이 들어오고 나가는 구조를 잘 조절하면, 월급보다 더 큰 수도꼭지를 얼마든지 보유할 수 있다. 이를 실천한 한 직장인의 이야기를 보자.

　모대학의 전산과에 근무하는 40대 중반의 J씨. 그는 고등학교를 졸업한 후 이곳저곳을 옮겨 다니다가 15년 전 현재의 직장에 취직했다. 홀어머니 밑에서 불우하고 가난한 어린 시절을 보냈던 그는 직업이 안정되자 '돈을 벌겠다'는 목표를 설정했다. 엄청난 독서량과 정보를 끝까지 파고드는 열정, 발품을 팔아 투자 대상을 면밀히 검토하는 정확성을 기르면서 투자를 시작했다. 투자에 대해 그가 가진 대전제는 '절대 잃지 않는다'였다. 반지하에 온가족이 모여 사는 그로서는 돈을 절대 잃어서는 안 되었다. 따라서 안전하면서도 수익이 높은 투자처를 발굴해 자산을 불렸다. 그렇게 15년이 흘러 그는 50억대 자산가가 되었다. 물이 콸콸 쏟아지는 여러 개의 수도꼭지를 보유하고 있어서 매달 들어오는 돈이 월급의 몇 배 이상이다. 그는 직장 생활도 게을리하지 않았다. 웹마스터 자격증을 조기에 취득해 그 분야의 전문가로 성장했다. 대학을 졸업한 이들이 그에게 풀리지 않는 문제를 들고 올 정도였다. 실력을 인정받자 연봉이 오르고, 이제는 스카우트 제의를 받는 입장이다. 그는 직장 생활에 대해 다음과 같이 정의한다. "월급만큼 안정적인 수입이 없습니다. 투자 수익은 언제나 위험이 뒤따르지요. 그런데 월급은 그렇지 않습니다. 매달 고정적으로 들어오는 월급만큼 좋은 게 없습니다. 튼튼한 수입이 뒷받침되어야만 투자도 가능합니다. 그래서 저는 앞으로도 일을 더 열심히 해서 연봉을 올리려고 합니다."

남부럽지 않은 재산을 가졌지만 그의 자기계발은 아직도 열정적으로 진행되고 있다. 주경야독하면서 대학과 대학원 학위를 취득했고, 주말에는 인맥을 넓히거나 투자처를 방문하거나 투자법을 강의하는 데 활용한다. 그가 강의에서 단골로 하는 말이 있다. "저는 15년 전만 해도 제가 부자가 될 거라고 상상하지 못했습니다. 하지만 저는 철저한 기본을 바탕으로 안전한 투자법만으로도 이 자리에 설 수 있었습니다. 직장 생활을 하는 여러분도 시간과의 싸움에서 승리하면 저만큼 부자가 될 수 있습니다. 절대 직업을 버리지 마십시오. 그리고 돈을 벌고야 말겠다는 의지를 키우세요."

직장인 J씨는 작은 수도꼭지를 이용해 그보다 더 큰 수도꼭지 여러 개를 만드는 데 성공한 인물이다. 그는 누구보다 철저하고 검소하다. 그의 수첩에는 수입과 지출 관련 목록들이 빼곡히 적혀 있다. 또한 그는 겸손한 자세로 누구나 자신처럼 자산가가 될 수 있음을 역설한다.

당신의 수도꼭지가 작다고 하여 의기소침하지 말라. 작은 수도꼭지를 한탄만 하고 있어서는 그 작은 수입도 소비로 다 빠져나가고 만다. 손톱만한 수도꼭지라도 일단 만들어서 점차 키워 가려는 목표를 세워야 한다. 집채만한 눈사람도 작은 눈뭉치에서 시작했다는 사실을 잊지 말자.

결혼을 앞둔 젊은이들에게 나는 이렇게 말한다.

"수도꼭지를 반드시 2개 만들어라. 젊을 때는 와이프도 버는 게 좋다."

비단 수도꼭지를 여러 개 만들어 부의 일가를 이루는 데만 목적이 있는 것은 아니다. 미래에는 어떤 일이 벌어질지 아무도 모르기 때문에 가정의 소득원을 다양화시켜 놓으면 그만큼 안정적인 가정 경제를 꾸려갈 수 있다. 수도꼭지의 크기를 떠나 하나에 의지해서 사는 것은 위험천만이다. 미래의 사건에 외통수로 걸리지 않으려면 지금부터라도 수도꼭지 하나를 더 만드는 작업을 시작하는 것이 좋다.

이때 경계해야 할 한 가지는 와이프의 수입에 남편이 의존하는 경우다. 결혼 초기에는 변함없이 노력하지만 시간이 지나면서 아내가 벌어오는 돈의 치마폭에 남편들이 적응하는 경우가 발생한다. 게을러지고 회사를 함부로 박차고 나오고, 아내의 수입이 있다는 이유로 쉽게 창업을 결정한다. 이처럼 초심이 흔들려서는 수도꼭지를 여러 개 확보한 의미가 퇴색되고 말 것이다. 아래 이야기는 좋은 수도꼭지를 보유하고도 재정적인 문제를 겪고 있는 한 부부의 고백이다.

40대 초반의 한 부부. 남편은 대기업 부장, 아내는 치과의사다. 재무적인 관점에서는 남부러울 것이 없는 부부다. 남편과 아내가 매달 각각 600만원 이상의 수입을 올린다. 그런데 안을 들여다보니 상처투성이다. 강남에 10억을 투자해 사 놓은 아파트는 가격이 떨어져 팔기도 어려울 뿐더러 매달 이자로만 300만원 이상 지출된다. 자녀는 3명. 자녀 교육 욕심에 한 아이당 매달 들어가는 돈이 100만원 이상이다. 막내는 아직 어려서 베이비시터를 고용해야 한다. 많이 벌다 보니 직장에서도 집에서도 주위 사람들과 눈높이를 맞춰야 한다. 겨울이면 스키장, 여름이면 해외여행, 봄가을에는 온가족이 해외여행을 추가로 다녀온다. 가족 여행에만 매년 2000만원 이상 소비된다. 강남에 사 놓은 아파트 외에 지금 살고 있는 집도 대출이 끼어 있다. 이곳으로도 매달 이자가 나가고, 원금도 갚고 있다. 여기에 남은 돈은 몽땅 생활비로 충당하는데, 생활비만 해도 매달 빠듯하다.

한 달 수입이 1000만원이 넘는데도 이 가족은 매달 적자 아니면 다행이다. 미래를 위해 준비해 둔 아파트마저 가격이 떨어져 사실상 벌어 놓은 돈은 제로에 가깝다. 남편은 주식으로 날린 돈이 5000만원, 지인들에게 빌려 줬다가 못 받은 돈도 1억이 넘는다.

남편은 현재 대기업 부장이지만 최근 입사하는 신입 사원들은 스펙이 놀라울 정도다. MBA는 기본이다. 해외 유학 없이 그 자리를 지키며 국내파 성공 스토리를 써 왔던 남편은 치고 올라오는 후배들의 기세에 날마다 전전긍긍이다. 언제 수도꼭지가 잠길지 불안하기만 하다. 아내도 마찬가지다.

여자에게 치과의사란 힘든 직업이다. 나이가 들면서 치료가 점점 힘겹다. 할 수만 있다면 몇 년 안에 일을 그만두고 싶다. 하지만 자라나는 아이들을 생각하면 부부가 앞으로 20년 이상은 족히 더 일을 해야 한다.

이 부부는 큰 수도꼭지 2개를 훌륭히 준비하고도 대야에 물이 남지 않을 정도로 소비하는 바람에 한 달에 300만원을 벌어서 100만원을 저축하는 가정보다 미래에 대한 준비가 부족한 상황이다. 혹자는 이 부부를 보고 배부른 고민을 한다고 생각할 수도 있다. 하지만 이 부부가 재무 심리를 고치지 않는 한 상황은 더 악화될 가능성이 크다. 이제껏 살아온 생활의 패턴과 삶의 수준이 있기 때문에 소비를 바꾸기가 더욱 어려우며, 현재 맺어진 관계 속에서 갑자기 소비를 줄이기가 만만치 않다. 하지만 그렇다 하더라도 지금이라도 다가오는 인생의 이벤트를 직시하고, 계산기를 들어 미래에 일어날 일들을 돈으로 계산해 보아야 한다. 수도꼭지의 크기만 믿고 가다가는 그 수도꼭지가 잠기기라도 하는 날에는 인생의 실패를 경험하게 될지도 모른다.

수도꼭지 현상은 기업에도 적용된다. 기업의 포트폴리오는 하나에서 문제가 생기면 수도꼭지를 빨리 닫아야 한다. 물이 잘 나오는 수도꼭지를 여러 개 만들어가는 기업이 좋은 기업이다. 삼성이 강한 이유는 어느 한 분야에서 강하기 때문이 아니다. 가전도 잘 만들고, 휴대전화도 잘 만들고, 반도체도 잘 만들고, 여타 금융 업종 등에서도 두각을 나타내기 때문이다. 예를 들어 반도체 가격이 폭락해도 삼성이라는 회사는 반도체 하나만 만드는 회사보다 타격을 훨씬 덜 받는다. 다른 수도꼭지에서 물이 잘 나오는 구조를 이미 세팅해 놓았기 때문이다.

현명한 수도꼭지 관리

사업이나 자영업을 하는 사람들은 전재산을 투여해 사업에 올인하는 경우가 많다. 수도꼭지가 하나인 상태로 만들어 놓고 위험한 외줄타기를 하다가 사업에 문제가 생기면 수도꼭지가 완전히 막혀 버린다. 사업 때문에 집 안이 송두리째 풍비박산이 났다는 이야기는 너무 흔해서 이야깃거리도 되지 않는다. 더구나 사업 초기에는 수익이 발생하지 않기 때문에 생활에 곤란을 겪기 쉽다. 부부 중 한 명이 사업이나 자영업을 할 경우 배우자는 그와는 별개로 수입을 지속하는 것이 좋다. 부부가 사업 한 곳에 몸을 싣는 것 자체가 수도꼭지를 하나로 좁히는 결과를 가져온다. 부부가 함께 일을 해야 할 상황이라면, 사업에서 수입이 발생하지 않아도 가정 경제에 문제가 생기지 않을 장치를 반드시 따로 마련해 두어야 한다. 이때 최소 1년은 사업에서 수입이 발생하지 않는다고 가정하는 것이 좋다. 이처럼 준비가 되어 있지 않는 경우라면 사업에 대한 계획을 미루거나 전면 수정해야 한다.

한편 가계 부채는 수도꼭지에서 나오는 물의 양을 축소시키는 역할을 한다. 빚이 있는 가정은 수도꼭지 하나로 생활비, 이벤트 준비, 이자 상환까지 모두 해결해야 한다. 특히 빚 때문에 발생하는 이자는 수도꼭지에서 물이 나오기도 전에 증발하고 마는 휘발유와 같다. 조금만 생각해 보면 이자가 수입을 갉아먹고 있다는 사실을 깨달을 수 있다. 빚의 원인이었던 자동차를 없애고 집을 줄이고 나면 어떤 결과가 나올까? 수도꼭지에서 물이 제대로 나와 가정의 미래에 사용될 것이다. 이뿐만 아니라 또 다른 수도꼭지를 만드는 데에 사용될 것이다.

이처럼 빚을 지느냐 투자를 하느냐는 가정의 수입 구조를 완전히 바꿔 놓는다. 수도꼭지 하나로 빚까지 해결하느냐, 빚을 해결하고 수도꼭지 2개를 세팅하느냐는 시간이 지날수록 두 가정의 경제력에 큰 차이를 가져온다.

은퇴 후의 수도꼭지

길어진 수명을 감안하면 은퇴 후에도 수도꼭지가 필요하다. 나이가 차면 누군가 "이제 그만!" 하면서 평생 동안 생명줄 역할을 해 온 수도꼭지를 잠가야 할 시점을 알려준다. 보통의 은퇴자들은 첫 번째 수도꼭지가 잠겨도, 연금이라는 수도꼭지가 곧 열린다고 말한다. 물론 틀린 말은 아니다. 그런데 앞서 언급한대로 우리가 생각하는 수도꼭지의 범위는 길어야 80세까지다. 그것도 물이 졸졸 나오는 수도꼭지에 의지해서 살아가야 한다.

반면, 은퇴 후에도 물이 잘 나오는 수도꼭지를 보유한다면 이는 더욱 보람된 인생이다. 재무적으로 튼튼할 뿐만 아니라 인생의 나머지 반을 은퇴 전과 똑같은 열정으로 살아가는 원동력이 되기 때문이다. 은퇴 후의 수도꼭지는 지금부터 만들어가야 한다. 20대 직장인도 예외는 아니다. 일찍 시작할수록 더욱 물이 잘 나오는 수도꼭지를 준비할 수 있다. 100세 시대를 살아가기 위해 은퇴 후의 수도꼭지는 선택이 아닌 필수라는 사실을 잊지 말자.

5

소비 권하는 사회,
빚 권하는 사회

소비 권하는 사회

많은 사람들이 좋은 것, 화려한 것 등 플러스만 보고 숨겨진 마이너스를 보지 못하는 이유는 무엇인가. 우리가 더하기 정보의 홍수 시대에 살고 있기 때문이다. 거기에는 '하면 된다'고 외치는 더하기 전문가들이 있고, 성공 스토리가 있고, 체면과 욕심이 있다. 결정의 순간에 더하기 전문가가 나타나 더하기의 방법으로 하면 해결이 된다고 귀에 대고 속삭인다. 더하기 성공 스토리가 언론과 책을 통해 홍수를 이루면서 '하면 된다'고 부추긴다. 또 한편으로는 '내 친구는 저만큼 사는데', '나도 그 정도는 살아야 하는데'라는 체면과 욕심이 시야를 가린다. 이렇게 다양한 이유들이 우리를 플러스만 바라보는 플러스 인생으로 이끌어간다. 실제로 플러스 인생이 멋지고 근사하고 화려하고 밝게 보이는 것도 사실이다.

우리가 사는 세상은 돈만 있으면 만사가 OK, 돈이 없으면 위축되고 좌절하는 세상이다. 세계화, 정보화, 기술의 발달, 마케팅의 지능화로 인해 유행, 여행, 레저 정보가 끊임없이 쏟아져 나온다. TV를 켜기만 해도, 지하철을 타려고 주변을 둘러보기만 해도 '자신을 소비해 달라'는 광고가 차고 넘친다. 그래서 돈이 있으면 충동구매에 쉽게 사로잡힐 수밖에 없다. 당장 돈이 없다면 이는 잠재적인 욕구로 남아 있다가 돈이 생기자마자 이전에 점찍어 뒀던 물건을 사기 바쁘다.

세상은 온통 우리의 지갑을 열기 위해 혈안이 되어 있다. 이를 인식하지 못하는 순간 내 지갑은 이미 내 것이 아니라 그들이 마음 놓고 열고 닫는 그들의 지갑이 되고 만다. '어디에 쓸까'를 고민하기 이전에 '내 지갑을 어떻게 잠가야 할까'가 더 중요한 시대다.

빚 권하는 사회

두 남자가 한날한시에 같은 장소에서 결혼식을 올렸다. 남자 A는 3억짜리 아파트를, 남자 B는 5000만원짜리 전셋집을 얻었다. 하객들은 A에게 시집가는 처자가 남자를 더 잘 만났다며 수군거렸다. 반면 B에게 시집간 처자를 두고는 고생길이 열렸다며 혀를 끌끌 찼다.

이날 결혼한 두 남자는 같은 회사에 다니는 입사 동기로 연봉도 동일했다. 이후 두 부부의 인생은 어떻게 달라졌을까? 남자A 부부가 사는 집은 반 이상의 금액이 빚이었다. 신혼 첫 달부터 대출금 이자가 빠져나갔고, 자동차 보험료와 각종 외식비, 생활비 등에 지출을 하고 나면 돈이 남지 않았다. 현 상황에서 남자A 부부는 빚을 다 갚고 나서야 비로소 본전인 인생이었다. 그런데 거기에 마이너스 통장까지 손을 대면서 빚은 오히려 늘어나는 추세였다.

반면 남자B 부부는 신혼 첫 달부터 남는 장사였다. 비록 집이 작고 자동차도 없어 생활의 불편함은 있었으나, 그에 반해 매달 차곡차곡 돈이 쌓여갔다. 집을 구하고 남은 돈은 펀드에 투자하여 미래에 대비했다. 또한 지출을 잘 통제해 종자돈을 만들고, 이 돈을 투자해 조금씩 불려 가는 일도 게을리하지 않았다.

10년 후, A부부는 여전히 똑같은 인생을 살고 있다. 그동안 남편의 월급이 올랐음에도 불구하고 두 자녀의 교육비가 추가되면서 매달 근근이 적자를 면하는 상황이 지속되었고, 여전히 은행에 빚을 갚는 중이다. 집 평수가 늘었으나 그건 어디까지나 빚을 더 냈기 때문이다. 덕분에 빚은 더 늘어났다.

반면 B부부의 집 평수는 이미 A부부를 넘어섰다. 빚 한 푼 내지 않고 현금만으로 내 집을 마련했다. 크고 멋진 자동차도 생겼으며, 두 자녀의 교육에도 문제가 없다. 신혼 초부터 넣어 왔던 펀드에는 이미 1억원이 넘는 돈이 들어가 있다.

A부부의 인생은 언제나 본전 인생이다. 더 냉정히 말해 '빚을 갚는 인생'이다. 집 평수를 늘리거나 좋은 차를 구입하려면 빚을 내야 한다. 이벤트를 위해 돈을 모으지 않았기 때문에 빚을 내는 것 외에는 선택의 여지가 없다. 소비 여력도 바닥까지 떨어진 상태다. 이 가정은 남편이 직장에서 퇴사 통보를 받아도 안 되고, 자녀가 갑자기 아파도 안 되며, 가족 중 누군가 병이 들어도 안 된다. 하늘에 가정의 운명을 맡겨야만 한다. 또한 부자가 될 길은 사실상 막혀 있다고 할 수 있다.

반면 B부부는 꿈이 있는 인생이다. 10년 후, 20년 후, 30년 후에 꿈꿨던 일들을 하나둘씩 이루고 있다. 튼튼한 수도꼭지를 여러 개 확보해 가면서 가정 경제도 더욱 견고해지고 있다. A부부가 은행으로부터 '빚 갚으세요'라는 독촉을 받는 동안 B부부는 은행에 가면 차 대접을 받는다.

빚 권하는 세상이다. 대한민국의 가계 부채가 1000조를 넘어서고 있다. 우리의 어긋난 자화상을 되돌아봐야 할 때다. 체면과 욕심을 채우고, 남들 사는 만큼 수준을 맞추기 위해 빚으로 만들어 가는 신기루, 빚을 내서라도 외형을 부풀려야만 '사는 것처럼 사는 인생.' 그것이 바로 우리의 현주소다.

상담을 하면서 계좌를 확인해 보면 심각한 수준을 넘어 뿌리가 썩어가는 상황에서도 그 문제의 심각성을 인식하지 못하는 사람들이 태반이다. "다른 집도 우리만큼 빚을 지고 있다"고 항변한다. 하지만 나와 비슷한 사람이 많다고 하여 문제가 사라지는 것은 아니다. 남과의 비교를 떠나 빚 때문에 가정의 미래가 잠식당하고 수입의 많은 부분이 이자와 원금 상환으로 흘러들어가 정작 돈이 필요한 곳에 제때 공급이 되지 않는 현재의 상황에 문제의식을 느껴야 한다. 이자가 원금을 넘어 결국 원금보다 많은 돈을 이자로 지불하는 경우도 매우 많다. 이렇게 가다가는 전국민이 은행에 인생을 저당 잡힌 채 은행의 노예로 전락할 상황이다. 당신이 피땀 흘려 번 돈이 은행의 배를 불리는 데 사용되고 있다는 사실을 뼈저리게 느껴 보라. 더구나 국내 대형 은행 대부분은 외국계 자본이다. 엄밀히 말해 한국인의 인생이 외국계 자본의 포로로 잡혀 있는 셈이다.

빚을 제외하고 나면 당신의 인생에 남는 돈은 얼마인가? 지금부터라도 거품을 제거하고 현실에 맞게 모든 사이즈를 줄이고 다시 시작할 계획을 세우라. 당신의 가족이 40평 아파트를 나와 10평밖에 되지 않는 단칸방에 들어

간다고 하여 부끄러워하거나 인생의 실패로 스스로를 몰아가지 않아도 된다. 오히려 이제라도 올바른 길을 선택했으니 바닥은 찍은 셈이다. 거기에서 다시 시작해 40평대 아파트로 돌아오겠다는 꿈과 목표를 세우고, 가족이 힘을 모아 노력해 보라. 최악을 먼저 만들고 다시 최선을 향해 나아가야만 행복한 인생으로 전환될 수 있다.

6

플러스와
마이너스를 분리하라

그림 10을 보자. 무엇이 보이는가? 플러스는 수입을 마이너스는 지출을 의미한다. 플러스와 마이너스가 매우 복잡하게 엉켜있다. 이 상태에서는 뭔가 하기는 하는 것 같은데 언제나 계획이 어긋나고 차질이 생긴다. 벌어도 벌어도 그 돈이 다 어디로 빠져나갔는지 도무지 알 수 없는 상태다. 따라서 돈이 항상 부족하다. 앞의 두 부부 비교에서 A부부의 머릿속이 위와 같다.

이처럼 플러스와 마이너스가 혼재된 상태에서 돈이 부족하고 계획이 어긋나는 현상은 당연하다. 수입과 지출에 대한 통제가 제대로 될 리 없다.

그림10을 그림11과 같이 정리해 보자. 타임라인 위에 플러스와 마이너스를 정리하고 나니 들어오는 돈과 나가는 돈이 정확히 분리된다. 우리의 인생에서 수입이 발생하는 시기와 지출이 발생하는 시기도 한눈에 들어온다.

무질서하게 엉킨 플러스와 마이너스를 정리하려면 먼저 '가정 경제 종합 설계안'을 세워야 한다. 플러스와 마이너스를 나누는 것만으로도 큰 의미가

그림 10 ▎복잡하게 엉켜 있는 +와 −

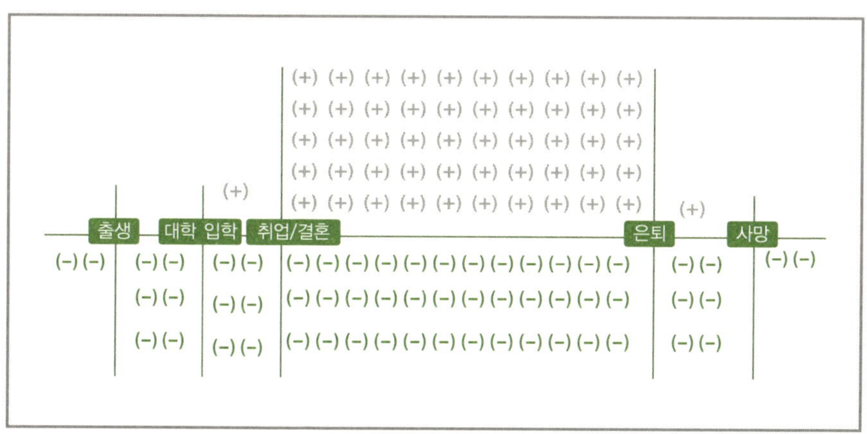

그림 11 ▎정확히 분리된 +와 −
출생
대학 입학
취업/결혼
은퇴
사망

있지만, 이를 통해 가정 경제에 획기적인 변화를 꾀하려면 계획과 목표하에 플러스와 마이너스의 분리가 필요하다. 그래야만 플러스를 어떻게 늘릴 것인가와 마이너스를 어떻게 줄일까, 줄인 마이너스를 어떻게 활용할 것인가를 종합적으로 설계할 수 있다. 쇠뿔도 당긴 김에 빼라고 했다. 이번 기회에 가정 경제의 판을 새롭게 짜 보라.

플러스와 마이너스가 정리되고 나면 혼잡했던 정신이 깨끗하고 명쾌한 상태로 돌아선다. 마이너스 수를 무책임하게 늘려 놓은 자신의 잘못된 소비 패턴을 그 즉시 느끼는 사람도 많을 것이다. 이뿐만 아니라 실제 행동에도 변화가 온다. '이대로 살아서는 안 되겠다'는 긴장감이 당신의 수입과 지출'의 생활 패턴에 긍정적인 신호를 보낼 것이다.

플러스를 플러스하고, 마이너스를 마이너스하라

부의 진리는 매우 단순하다. 플러스를 늘리고 마이너스를 줄이면 된다. 플러스에 비해 마이너스 개수도 많고, 마이너스가 지속되는 기간 또한 길다면 돈이 부족한 인생을 지속할 수밖에 없다. 그런데 플러스 숫자가 마이너스 숫자를 압도할 정도가 되면 부자가 된다. 곧 플러스와 마이너스의 싸움이다. 플러스를 몇 개 늘리고, 마이너스를 얼마나 줄이느냐에 따라 부와 가난이 나뉜다.

나는 99%의 사람들이 플러스가 넘치는 인생을 살 수 있다고 믿는다. 비록 99%의 서민들이 월급이라는 하나의 플러스로 타임라인 아래에 펼쳐진 수많은 마이너스를 감당하며 살아가는 것이 현실이지만, 그건 어디까지나 플러스를 늘리고 마이너스를 줄이려는 노력을 게을리했기 때문이다. 정리만 잘 되어도 당장 마이너스 몇 개는 충분히 줄일 수 있다. 늦었다고 생각하는 지금이 결코 늦지 않은 타이밍임을 알아야 한다.

실수투성이의 지혜로운 아버지

인생의 시간표가 마이너스로 뒤덮힌 적자 인생의 한 아버지가 있었다. 아들의 결혼이 몇 년밖에 남지 않았다. 아들은 아버지가 결혼에 필요한 자금을 어느 정도는 해결해 줄 것이라 기대했다. 그런데 사실 아버지의 통장은 바닥을 드러내고 있었다. 어느 날 아들은 아버지에게 '결혼 비용으로 총 1억을 예상하고 있으며, 아버지의 부담을 덜어 드리기 위해 5000만원은 자신이 해결하겠다'고 밝혔다. 그러나 아들의 결혼 비용으로 아버지가 줄 수 있는 돈은 1000만원뿐. '주식을 해 볼까?' '어디 대박 나는 곳 없나?' '빚이라도 낼까?' 아버지의 고민은 깊어갔다.

1주일 후 아버지는 아들을 불러 놓고 자신의 부끄러운 과거와 함께 당면한 현실을 털어놓았다.

"아들아, 미안하구나. 아버지가 능력이 없어서 너의 결혼 비용으로 줄 수 있는 돈은 1000만원이 전부다. 아버지도 열심히 살아왔는데, 근사한 집 하나 얻어 줄 형편이 안 되는구나."

그 말을 들은 아들은 잠시 침묵하더니, "아버지, 괜찮아요. 아버지가 열심히 살아오셨다는 거 저도 잘 알아요. 저를 이 정도로 잘 키워 주신 은혜만 해도 고맙습니다. 걱정하지 마세요. 제가 다 준비할게요. 대신 결혼식에는 참석하실 거죠?"

"허허 녀석. 당연하지!"

아버지의 솔직한 고백으로 인해, 아버지는 무리하게 투자를 하거나 빚을 질 필요가 없어졌다. 아들은 결혼을 위해 모아야 할 돈이 5000만원이 아니라 1억원이라는 사실을 알게 되었다.

여기서 두 사람의 인생에 극적인 변화가 발생한다. 먼저 아버지는 자신의 노후 자금을 온전히 지켜냈으며 빚을 질 필요가 없어졌다. 아들의 결혼을 위해 그 돈마저 위험하게 불리려고 했다면 십중팔구 실패의 길로 들어섰을 가능성이 크다. 조급함이야말로 투자를 실패로 이끄는 지름길이다.

아들의 경우 '아버지의 도움은 없다'는 사실을 알게 됐다는 데 소득이 있다. 결혼에 성공하려면 스스로 1억원을 모아야 한다. 5000만원을 더 모으려면 더 많이 벌고 더 적게 써야 한다. 혹은 최악의 경우 결혼식을 1~2년 늦춰야 할지도 모른다. 그렇다 하더라도 결혼에 문제가 발생하지는 않는다. 아버지의 고백이 없었다면 아들은 5000만원의 계획을 세우고 그만큼만 노력할 것이고, 결혼식을 얼마 앞두고 난감한 상황에 직면할 것이다.

'아들의 결혼'이라는 이벤트를 미리 준비하지 못한 아버지의 준비성에는 분명 문제가 있다. 하지만 체면에 얽매이지 않고 현실을 솔직하게 고백하여 다가올 이벤트에 문제가 생기지 않도록 한 점은 지혜로운 대처다.

가정 경제를 책임진 가장들은, 돈이 필요할 때 없거나 부족하면 우리 가족에 어떤 문제가 발생할 수 있는지 미리 보는 눈을 가져야 한다. 부족한 부분은 지금부터라도 준비를 시작해야 한다. 불가능한 일은 무리하지 않는 선에서 현실적인 해결책을 찾아야 한다. 그것이 바로 가장의 역할이다.

내가 시간표에서 어느 위치에 있느냐, 어느 정도의 경제력을 갖고 있느냐는 두 번째 문제다. 현재의 경제 상황과 미래에 닥칠 일을 정확히 보고 줄일

부분은 줄이면서 새로운 미래를 설계하는 것이 중요하다. 미래의 설계는 안전을 최우선으로 해야 한다.

은퇴를 하면 은퇴 이후 플랜을 짜야 한다. 과거를 먼저 점검한다. 인생의 성적표가 출력될 것이다. 가진 돈이 얼마인가. 금액보다 중요한 것은 가진 금액에 맞춰 현실적인 계획을 세우는 일이다. 부족하다면? 미래에 대한 기대치를 낮춰야 한다. 그리고 현실적인 계획을 다시 세운다.

월 200만원의 삶을 살고 싶은데, 현실은 100만원밖에 되지 않는다고 하여 월 200만원의 가치를 만들어 준다는 곳에 투자해서는 안 된다. 일반적으로 100만원의 인생을 설계하기보다는 월 200만원의 인생을 살게 해 준다는 곳에 투자하기 쉽다. 그렇게 해서 있는 것마저 날리고 하소연하는 안타까운 사연들이 많다.

요약하면, 플러스를 플러스하고 마이너스를 마이너스하기 위해서는 ①플러스와 마이너스를 정리하여 수입과 지출의 현황을 정확히 파악하고 ②인생의 꿈과 목표에 따라 가정 경제 종합 설계안을 세워 플러스를 늘리고 마이너스를 줄일 대책을 강구하며 ③불가능한 일들은 자신의 부족함을 인정하고 현실적인 계획으로 재수정하여 가정 경제의 악화를 막고, 최악에서 최선의 길로 나아가는 방향 안에서 가족 구성원 모두 노력한다.

7

삼각형의 비교

그림 12 두 개의 삼각형을 보자. 삼각형 A가 더 크다. 세상은 A가 B보다 훨씬 더 부자라고 생각한다. 그런데 삼각형을 관통하는 부채 라인을 그어 보자. 라인 아래는 부채를 의미한다. 라인을 그어 보니 더 커 보이던 A의 순자산은 B보다 작다. A가 가진 돈은 마치 빙산의 일각처럼 전체 사이즈의 극히 일부분일 뿐이다. 반면 B는 보이는 사이즈와 실제 사이즈에 큰 차이가 없다.

사람마다 돈 버는 능력은 다 다르다. 한 달에 500만원을 버는 사람도 있고, 300만원을 버는 사람도 있다. 그런데 300만원 버는 사람은 500만원 버는 사람을 부러워하고, 따라가고 싶어 한다. 그것만이 아니다. 월수입과는 상관없이 전체 크기가 B삼각형인 사람은 A삼각형을 가진 사람을 좇아간다. A삼각형이 빚으로 만든 빙산이라 할지라도 B는 항상 A가 부럽다. 내실을 따지기 전에 크기만 보고 B는 자신이 A보다 가난하다고 생각한다. 더 위험

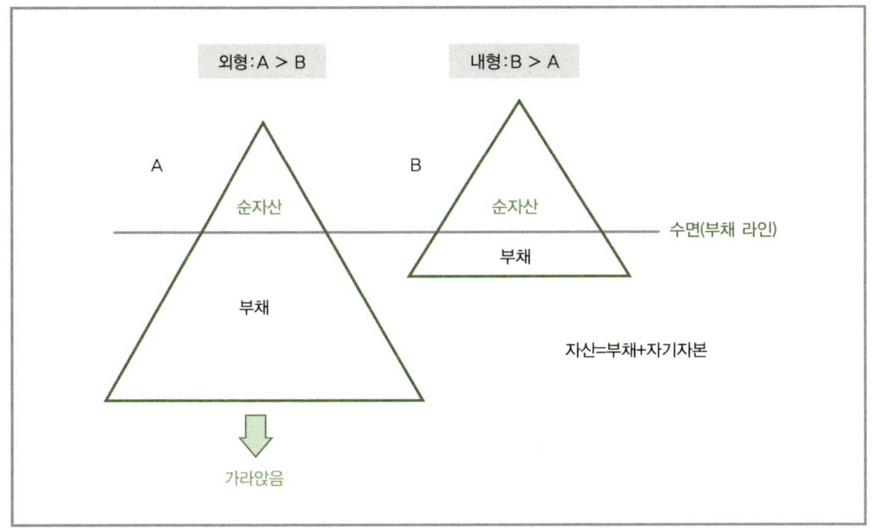

한 방법을 써서라도 A와 크기를 맞추고 싶어 한다.

300만원은 500만원의 삼각형 크기를 좇아가고, 500만원은 1000만원의 삼각형 크기를 좇아간다. 그러다가 결국 자기 것도 지키지 못하는 상황이 온다. 하우스푸어들은 남의 집 크기만 보고 좇아가다 현재의 어려움에 빠지게 된 케이스이다.

남들이 40평을 사든 50평을 사든 나와는 아무 상관이 없다. 나의 사이즈에 맞는 20평을 설계하면 그만이다. 남들은 중형차를 몰지만 나는 소형차를 타면 된다. 빚 없는 집, 비록 작지만 쌩쌩 달리는 차, 사고 싶은 것은 빚 없이도 얼마든지 살 수 있는 여유 자금, 무엇이 문제인가.

그런데 체면과 욕심이 발동하면 어떻게 변하겠는가? 40평짜리 집도 살 수 있고, 중형차도 몰 수 있다. 빚을 내거나 이벤트를 위해 준비해 둔 자금을 끌어다 쓰면 삼각형의 크기를 키울 수 있다. 하지만 그 순간, 가정 경제는 점차 침몰하는 배가 되고 만다. 빚에 매이고, 이벤트 준비에 허덕이면서, 한편으로는 삼각형 유지에 가진 돈을 다 태우면서 고난의 행군이 시작되는 것이다.

아내들의 모임을 보자. 작은 집에 사는 아내는 평수가 큰 집에 사는 아내들이 부럽다. 차도 좋고 남편이 사업도 하고… 내 남편은 쥐꼬리만한 월급을 받는 월급쟁이 신세다. 그런데 실제로는 큰 집에 사는 아내가 작은 집에 사는 월급쟁이 아내를 부러워해야 한다. '나도 좀 편안하게 살았으면.' '빚 좀 없었으면' 하고 말이다. 세상의 잣대로 보면 작은 집이 큰 집을 부러워해야 하지만, 뉴플러스 인생의 관점으로 보면 반대가 되는 것이다.

32평, 4억짜리 집을 소유하기 위해 대출로 1억 5000만원을 받았다고 가정해 보자. 1억 5000만원 때문에 이자 명목으로 추가적인 지출이 계속 발생한다. 전세로 옮기거나 자신이 가진 돈 2억 5000만원에 맞게 내 집을 마련했다면 어떻게 달라지는가?

큰 집을 소유하려는 체면과 욕심이 적자를 발생시킨다. 체면과 욕심을 버리는 순간 캐시플로우Cash Flow가 플러스가 되면서 미래를 준비할 여력이 생긴다. 아주 건강한 상태로 돌아서는 것이다.

확실한 것을 잘 준비하는 사람은 부자가 될 수밖에 없다. 인생에 위험이 없기 때문에 나머지는 모두 플러스로 작용한다. 이런 사람들은 재무 심리도 건강하여 돈이 들어오면 남들보다 키우는 능력도 배가 되어 있다. 부자는 이렇게 안전한 방법으로 되는 것이다. 실제로 부자된 사람들의 고백을 찾아

보라. 위험한 방법으로 부자가 된 사람은 많지도 않거니와 부자였다가도 언젠가 다시 가난해져 있다. 심지어 감옥에 가 있는 경우도 많다. 위험한 방법을 쓰는 사람은 계속 그 방법만 고집하기 때문에 기복이 심할 수밖에 없다. 그러다가 한방에 다 날리고 만다.

당신이 한 달 술값으로 50만원을 쓴다고 가정해 보자. 그 돈을 아끼면 자녀들의 미래를 위한 돈, 은퇴 후 자금 등으로 흐르게 된다. 술을 마시면 몸도 상하고 가정 경제도 망친다. 그것이 바로 소비암이다. 그러면 남편들은 호기롭게 말한다. "술도 마시고 대신 돈도 더 벌면 되잖아!" 하고 말이다. 하지만 더 많이 버는 것은 어렵기도 하거니와 불확실한 방법이다. 마이너스를 마이너스하면 플러스가 되는 100% 확실한 방법을 두고, 불확실한 방법으로 외줄타기를 할 이유가 무엇인가. 결국 '아니었구나!' 하고 깨우치기까지 시간만 허비할 뿐이다.

주식 거부 워런 버핏은 남들이 다 좋다고 하는 IT에 투자를 하지 않는다. 대박을 꿈꾸는 대신 안정적이고 지속적인 수익을 노린다. 식품, 철강, 철도 등 이미 한물갔다는 산업에 투자한다. 이미 한물간 것은 맞지만, 인간이 살아가는 동안 없어서는 안 되는 필수 산업에 투자한다. 최소한 망할 염려가 없는 산업에서 수십 년 동안 한 종목으로 수익을 노린다. 이뿐만 아니라 워런 버핏은 위험한 상황에서는 투자를 일단 멈춘다. 글로벌 금융 위기가 발생하기 이전 버핏은 투자금을 모두 현금으로 돌렸다. 위험이 지나가자 다시 공격적으로 투자했다. 즉 투자의 신이라는 버핏도 안전할 때만 하고 안전한 종목만 손댄다는 것이다. 안전하게 복리처럼 반복하여 굴리면 반드시 부자가 된다는 진리를 이미 수십 년 전부터 깨닫고 실천한 것이다.

인생은 균형이다. 불나방처럼 보이는 것만 좇아가는 세상에서 안 보이는 세상을 보여 주는 것이 바로 두 개의 삼각형이다. 돈의 화려함과 편리, 많으면 많을수록 좋고, 조금이라도 더 가져야 하고, 하루라도 빨리 가져야 한다는 욕심들, 끊임없이 회자되는 성공 스토리, 대박을 맞았다는 운 좋은 사람들의 인터뷰…. 그 이면에 도사리고 있는 엄청난 위험들을 볼 수 있어야만 나보다 커 보이는 삼각형의 위험성을 깨달을 수 있다.

보이는 독과 보이지 않는 독

달콤한 것들은 모두 보이지 않는 독이다. 보이지 않는 독은 우리를 유혹하여 편하고 싶고, 즐기고 싶게 만든다. 보이지 않는 독은 사람에게 흥분을 주고, 사람들은 그 흥분에 취해 계속 빨려 들어간다.

술과 담배를 보자. 대표적으로 보이지 않는 독이다. 지금 당장 눈에는 보이지 않지만 뒤에서부터 당신의 수명을 줄여 오고 있다. 보이는 독은 아무도 먹지 않는다. 그런데 담배처럼 보이지는 않지만 수명을 뒤에서부터 끊어 오는 독은 알아보지 못한다. 만약 당신이 하루 한 갑 이상의 담배를 피우고 있다면, 이미 당신의 수명은 뒤로부터 10년 이상 줄어든 상태다. 다만 보이지 않을 뿐이다.

과식, 과음, 과소비 등은 모두 소비암이다. 돈이 계속 지출되지만 내 몸에는 좋지 않은 것들, 우리 삶에서 지나친 것들은 모두 보이지 않는 독, 즉 소비암이다.

보이는 것이 전부가 아니다. 삼각형 비교처럼 실제로는 작은 삼각형이 더 큰 삼각형이다. 더 커 보이게 하려는 것들이 나중에는 되돌아와서 비수로 꽂힌다.

　주어진 환경 속에서 내 삼각형을 최선으로 설계하고 천천히 모아갈 때 이를 기반으로 커지는 것이 인생이다. 하루아침에 삼각형 크기를 키우려고 하다가는 가진 것마저 모두 날리고 만다.

　안 보이는 것들을 보는 것이 바로 사고의 전환이다. 인생의 심미안을 가져 보라. 그리고 균형을 찾으라. 어두운 면만 보라는 것이 아니다. 실체와 현실을 보아야 한다. 보이는 것 위주로 돌아가는 세상에서 한쪽으로 휩쓸리지 않아야 한다.

　부자가 되려면 돈이 있어야 한다. 그런데 잘못 불리면 오히려 가난해질 수도 있다. 이 현상이 보이는 순간, 안전한 방법을 고민하게 된다. 부자가 되고 싶지만 그렇다고 가난해지고 싶지도 않다. 그러면 안전한 방법을 고려하게 된다. 그러다 보면 재테크의 원칙이 나온다. 장기 목표를 세우고, 분산 투자로 위험을 줄이면서 가는 것이 가장 좋다는 진리를 깨닫게 된다.

　알면서도 안 되는 이유는 보이는 것만 믿고, 보이지 않는 것에 눈을 뜨지 못했기 때문이다. 지금이라도 당신이 가질 수 있는 삼각형의 크기를 판단하고, 삼각형의 사이즈 재조정을 시작해 보라.

8

지금 1등이
나중 1등은 아니다

고등학교 시절 시골에서 같은 반이었던 두 친구가 30년 만에 만났다. 한 친구는 서울에서 직장 생활을 하고, 한 친구는 시골에서 농장을 경영했다. 서울에서 내려온 친구는 학창 시절 전교 1등을 놓쳐 본 적이 없다. 서울대에 진학하면서 친구들의 부러움을 한 몸에 받았다. 반면 농장을 운영하는 친구는 대학에 진학할 실력이 되지 않아 시골에 남아 농사를 지었다. 오랜만에 만난 두 친구는 그동안 겪어온 삶의 이력들을 교환하면서 즐거운 시간을 보냈다. 친구와 헤어지면서 서울에서 내려온 친구는 한없이 꺼져가는 마음을 가눌 길이 없었다. 학창 시절만 해도 모든 면에서 뛰어났던 자신이 농장을 운영하는 친구 앞에서 한없이 초라해지는 것을 느꼈기 때문이다. 친구는 최고급 세단을 타고 나타나, 서울에서 오랜만에 친구가 내려왔다면서 최고급 음식점에서 한턱 크게 쏘았다. 주말이면 골프를 치러 다니고, 시간도 마음대로 쓰고, 언제 잘릴까 전전긍긍하지도 않았다. 앞으로도 자신이 해야 할 일이 많다면서 인생의 청사진도 제시했다. 반면 자신은 남들 부러워하는 직장에 다니며 열심히 살아왔다고 자부했건만 현실은 냉정했다. 정년이 눈앞인데다 퇴직을 하고 나면 남는 것은 퇴직금뿐이었다. 점심값이 7000원으로 올랐다며 한숨짓던 지난주 일도 기억났다. 떨어지는 집값 걱정에 자녀들 결혼 시킬 일도 막막하고, 은퇴 이후 삶도 안개 속이다.

세상일이란 시작이 좋다하여 끝도 좋다는 보장이 없다. 우리는 처음 1등은 언제까지나 1등일 것이라 단정하곤 한다. 인생의 기나긴 여정에서, 학창 시절의 성적이 출발점에서 유리하게 작용하는 것은 사실이지만, 그것만으로 인생의 순위가 영원히 결정되지는 않는다. 오히려 부와 가난을 결정하는 것은 그 이후의 노력들이다.

농사로 사회생활을 시작한 시골 친구는 열심히 일하고, 부지런히 모아서 현재는 큰 농장을 운영하며 고향 유지로 불린다. 자신의 것을 이웃들과 나누면서 존경받는 부자가 되어 있다. 하지만 서울대를 나와 대기업에 들어간 친구는 비록 어려움 없이 인생을 살아왔지만, 거기에서 인생은 '멈춤'이었다. 떨어지는 집값과 오르는 밥값을 걱정하는 월급쟁이 신세 그 이상도 그 이하도 아니었던 것이다.

똑같이 직장에서 사회생활을 시작한 사람들 간에도 순위가 역전되는 현상은 자주 발생한다. 멋쟁이와 홍길동, 공성실이라는 세 명의 친구가 월급쟁이로 인생의 첫 발을 디뎠다. 멋쟁이는 대기업을 다니며 한 달에 500만원을 받고, 홍길동은 중견 기업에서 300만원, 공성실은 고등학교만 졸업하고 중소기업에서 150만원을 받았다. 월급만으로 순위를 매기면 멋쟁이, 홍길동, 공성실 순이다.

30년 뒤 이들의 순위는 어떻게 되었을까? 정답은 알 수 없다. 현재 상태로 보면 수입이 가장 많은 멋쟁이가 1등이 되어야 할 것이다. 하지만 지금 많이 버는 친구가 가장 잘살 것이라 생각하는 건 착각이다. 고등학교만 나와도 잘사는 경우가 있는가 하면, 좋은 직장을 다녀도 망가지는 경우도 허다하다. 인생에 여러 가지 위험들이 있기 때문이다. 어떻게 관리하느냐에 따라서 순서가 실제로 바뀐다는 사실이 핵심이다.

혹자는 이를 두고 운명이라고 한다. 하지만 순서를 바꿔 놓은 원인은 운명이 아니라 위험 관리에 있다. 위험 관리가 경제 상황을 바꿔 놓고 순서를 뒤집은 것이다. 그 이유를 인식하지 못하기 때문에 운명론을 꺼내는 것이다.

사람들은 멋쟁이가 잘되어 멋진 인생을 살 것이라고만 생각했는데, 멋쟁이는 앞서 예를 든 수도꼭지 비유처럼 물이 콸콸 나오니까 마구 쓰며 살았다. 마구 써도 물이 콸콸 나오니까 한때는 멋진 인생이었다. 그러다가 누군가 꼭지를 잠가 버리면 어떻게 될까? 사업을 하다가 부도가 나거나 혹은 사기를 당한다면? 그 많던 물이 어디론가 다 사라지고 만다.

샐러리맨들은 보통 회사가 망해도 갈 곳은 많다고 생각한다. 하지만 그것도 젊을 때 이야기다. 늦은 나이에 직장을 구하는 사람들을 보라. 이구동성으로 "내가 이렇게 될 줄 몰랐다."고 말한다. 닥치고 나면 정말 막막해진다.

멋쟁이와 홍길동, 공성실 중에서 결국 1등은 수입의 순서대로 결정되지 않는다. 수입은 두 번째 문제다. 수입이 가장 많은 멋쟁이는 출발선에서 약간의 어드밴티지를 얻었을 뿐이다. 세 사람 중 자신의 부족한 점을 알고 성실히 위험 관리를 하면서 소비를 바짝 조이는 사람이 결국 승리자가 된다. 수입에 상관없이 차근차근 모아가는 사람을 누구도 이기지 못한다. 성실함에 복리 효과가 더해지면서 시간이 지날수록 순위가 굳어지는 것이다.

현재의 수입에 실망하거나 좌절하고 있는가? 지금까지 상담을 진행해 오면서, 인생에 돈 문제가 발생하는 주요 원인은 수입의 많고 적음이 아니라, 지출과 관리의 문제라는 사실을 깨닫게 되었다. 고소득 전문직에 종사하는 사람 중에도 술과 도박, 한탕주의(주식, 부동산, 사업)로 어려움을 당하는 경우가 있는가 하면, 적게 벌고도 수십억의 재산으로 불린 사람도 있었다. 똑같이 월 300만원을 받는 사람 중에도 부자와 중산층, 가난한 사람으로 나뉜다.

여기서 우리가 주의해야 할 한 가지는 성공 스토리에 매이다 보면 '나는 대학을 안 가고 고등학교만 가도 부자가 될 수 있다'고 착각하기 쉽다. 가능성만 놓고 보면 500만원 버는 친구가 부자될 가능성은 가장 높다. 단, 관리를 잘해야 한다는 전제가 붙는다.

요컨대, 조금만 노력하면 되는 젊은이들이 책임감 없이 살다가 물이 졸졸 나오는 수도꼭지를 선택한다. 수도꼭지가 작아도 그때부터라도 정신을 바짝 차리고 미래를 잘 설계하면 그 나름대로 잘살 수 있다. 그런데 자기보다 삼각형이 큰 사람처럼 쓰고 불리려다가 있는 것마저 지키지 못한다.

가장 좋은 경우는 과거, 현재, 미래 모두 잘되는 사람이다. 과거와 현재가 좋았다면 미래에는 아름다운 부자가 되도록 노력해야 한다. 가장 최악은 과거와 현재도 좋지 않았고 운명론에 빠져 미래도 준비하지 않는 경우다. 과거와 현재가 좋지 않았더라도 실망하거나 좌절해서는 안 된다. 가장 중요한 것은 바로 미래이기 때문이다. 처음 1등이 나중 1등이 아니듯 지금부터 준비해 가면 순위는 얼마든지 바뀔 수 있다. 인생은 길다. 역전의 시나리오를 쓰기에 충분한 시간이 주어졌다는 사실을 잊어서는 안 된다.

3
—
돈으로 배우는 인생

Money

—

당신의 꿈과 목표에 가정이 빠져서는 곤란하다. 꿈에 가정이 빠져 버리면 당신과 가족이 서로 소외당할 수 있다. 가정의 꿈은 당신의 꿈일 뿐만 아니라, 배우자의 꿈도 되고, 자녀들의 꿈도 된다. 당신의 꿈과 목표를 가족과 공유하고 함께 키우라.

1

가정의 꿈부터 꾸라

꿈은 가정을 기반으로 세워지고 커간다

꿈과 목표는 내 인생의 방향이 되고, 행동의 이유가 된다. 사업을 한다면 사업으로 인해 행동이 일어나고 사업의 목표가 생긴다. 거기에 따라 인생이 달라진다. 나는 항상 사업가들을 만나면 묻는다.

"왜 사업을 더 키우려고 하십니까?" 이 질문에 많은 이들이 꿀 먹은 벙어리가 된다.

이 질문으로 듣고 싶었던 대답은 바로 "가족을 위해서요."이다.

꿈과 목표에 가정이 빠져서는 곤란하다. 꿈에 가정이 빠져 버리면 나만 좋은 인생이 되고 만다. 나는 목표도 있고 보람도 있고, 잘되면 행복한 인생일 수 있다. 그러나 내 꿈에서 제외된 가정은 당신이 잘되든 못되든 당신과 함께 갈 수가 없다.

사업을 하는 사람들은 사업을 키우면 수입이 많아지고, 그러면 가정도 부유해진다고 말한다. 당연한 말로 들린다. 그런데 사업에서 문제가 생기면 어떻게 될까? 가정은 무방비 상태로 당하고 만다. 가정을 먼저 생각했다면 아무리 자신감 넘치는 사업가라도 잘못됐을 때를 미리 생각하고 대비해 두었을 것이다. 내 꿈만 생각하느냐, 가정을 먼저 생각하느냐에 따라 가정의 운명이 달라지는 것이다. 사업을 하고 있거나 준비 중이라면 이 문제를 절대 가벼이 여겨서는 안 된다.

사업가들은 "A라는 사업을 잘 해서 B만큼 키우고 싶다. 그래서 C라는 일도 하고 싶다."고 자신감 있게 얘기하다가도 가정의 꿈을 물으면 어리둥절해 하면서 "그런 것도 있느냐."고 반문한다.

당신이 꾸는 꿈은 당신의 꿈일 뿐이지만, 가정의 꿈은 당신의 꿈일 뿐만 아니라, 배우자의 꿈도 되고, 자녀들의 꿈도 된다. 사업을 이만큼 키우겠다는 기존의 꿈을, 사업으로 돈을 벌어 가족과 함께 전원주택에 살겠다, 내 자녀로 하여금 돈 걱정 없는 인생을 살도록 돕겠다 등으로 바꿔야 한다. 이처럼 구체적인 가정의 꿈을 꿔야 가족들의 꿈이 외면당하지 않는다.

따라서 당신의 꿈이 진짜 꿈으로 인정받으려면 가족과 꿈을 함께 꾸고 공유해야 한다. 공유란 배우자와 자녀들 앞에서 "좋은 집 사 줄게, 유학 보내 줄게, 나만 믿어." 하며 선언하는 것이 아니다. 가족의 꿈을 듣고, 당신의 꿈을 말하면서 사업을 통해 가족이 어떻게 그 꿈을 이룰지 나누는 것이다. 특히 배우자와는 사업을 통해 이루고자 하는 가정의 꿈이 무엇인지 구체적으로 논의하면서 함께 꿈을 세워야 한다.

상담을 진행하다 보면 가정의 꿈을 이야기하는 도중에 마음이 무너지는 남편들을 종종 경험한다. 자신은 가족을 위해 잘해 오고 있었다고 믿었는

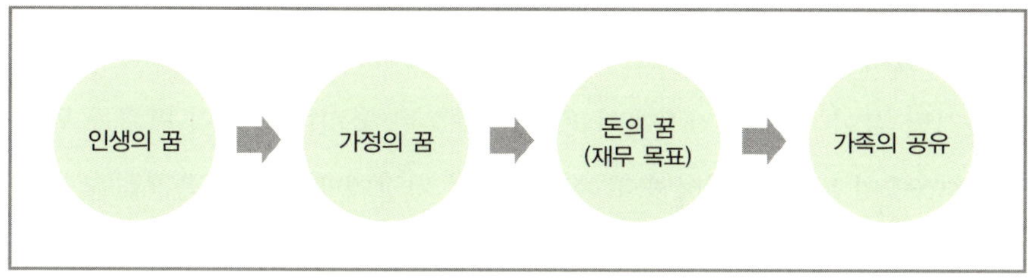

데, 꿈의 구조와 가족을 이야기하면 그제서야 자신의 부족함을 깨닫는다. 자신이 그동안 사상누각을 쌓아 왔음을 깨닫게 된다.

가정의 꿈으로 강의를 진행하면 반응이 둘로 나뉜다. "첫째도 가정, 둘째도 가정입니다. 사업이 망해도 가정 경제에는 아무 문제가 없도록 미리 대비해야 합니다. 사업의 꿈을 배우자와 상의하십시오. 그래야 가정의 꿈이 됩니다."

남편들은 자책을 하고, 아내들은 박수를 친다.

아내들이 언제 가장 불안해 하는지 아는가? 남편이 밖에서 무엇인가를 한다고는 하는데 물가에 내 놓은 아이처럼 정말 잘하는 건지 모를 때이다. 가족을 생각이나 하는지 모르겠다고 실토한다.

이때 남편이 아내에게 "모든 것을 가정을 위해 하겠다."고 자신의 바뀐 생각을 말하면 곧이어 가정에 평화가 온다. 덩달아 남편도 일이 더 잘된다. 이것이 바로 가화만사성家和萬事成이다.

보통 남편들이 은퇴를 하고 가정으로 돌아가면 가족 중 아무도 반겨 주지 않는다며 외로움을 하소연한다. 가족을 위해 평생 몸 바쳐 일해 온 가장을 왜 가족이 반기지 않을까. 그 이유는 가장이 가정을 위해 일한다는 공유가 되지 않은 상태였기 때문이다. 가장이 자신의 꿈만 꾸고 가정의 꿈과는 따로 걸어왔기 때문이다.

하지만 꿈이 공유된 가정에서 은퇴한 가장은 열렬한 환영의 박수를 받는다. 온가족이 1라운드에서 수고하고 노력한 가장에게 격려와 존경심을 보낸다. 집으로 돌아온 가장이 외로울 이유가 없다.

여자는 강하다

결혼을 1년 앞둔 한 젊은이가 결혼 자금으로 모아둔 1억원으로 주식 투자를 시작했다. 어릴 적 죽마고우가 작전이 걸려 6개월 내에 최소 2배는 간다고 살짝 귀띔해 준 터였다.

'2배까지는 욕심낼 필요도 없고, 딱 50%만 먹고 나와야겠다.'

50%면 5000만원, 그 돈만 있으면 생각보다 멋진 결혼식이 될 것 같았다.

그로부터 3개월 후 정말로 주가가 꿈틀대기 시작했다. 상한가(15% 상승)도 가고 하루 10%도 오르면서 주가는 어느새 70%가 상승했다. 젊은이는 자신이 목표했던 수익률도 이미 채웠고 이쯤에서 주식을 팔까도 생각했지만, 이 추세라면 2배도 가능할 것 같았다. 그리고 떨어져 봐야 본전이고, 원래 목표였던 50% 수익도 이미 확보한 마당이었다.

'그래 조금만 더 묻어 놓자. 결혼식도 반년 이상 남았고…'

그런데 잘 가던 주가가 어느 날 하한가(15% 하락)로 추락하더니 그 다음날도 하한가, 그 다음날도 하한가를 기록했다. 주식을 팔고 싶어도 하한가에서는 팔 수도 없었다. 하한가에서는 사려는 사람이 없어 팔려고 해도 주식이 팔리지 않는다. 결혼을 4개월 앞둔 시점, 주식에 묻어 뒀던 1억원이 '어

'어어' 하는 사이에 5000만원으로 줄어 있었다. 젊은이는 5000만원을 손해 본 상태에서는 도저히 팔 수 없었다. 5000만원으로는 집을 얻을 수도 없을 뿐만 아니라, 결혼식도 제대로 치르기 어려운 금액이었다.

"전셋집을 미리 얻어 두면 어떨까? 결혼 전에 가구도 넣어야 할 것 같은데…."

피앙새의 말에 젊은이는 화만 낼 뿐이었다.

"우리가 아직 부부도 아닌데, 집을 왜 벌써 얻어!"

젊은이는 혼자 끙끙 앓으면서 주가가 다시 제자리로 돌아와 본전이라도 찾기를 바랐지만, 주가는 오히려 더 떨어지고 말았다.

젊은이는 결국 결혼식을 얼마 앞두고서야 피앙새에게 사실을 털어놓았다.

청천벽력과 같은 소리를 들은 피앙새는 과연 이렇게 무책임한 남자와 결혼해도 되는지, 부모에게는 뭐라 거짓말을 해야 할지 막막했다. 결국 피앙새의 지혜로 둘은 무사히 결혼식을 올렸지만, 젊은이는 결혼도 하기 전부터 아내에게 신뢰를 잃고 말았다.

실제로 남자들 중 일부는 절대 잃어서는 안 되는 돈으로 리스크가 큰일을 저지르고는 한다. 더 멋진 결혼, 더 나은 집, 더 풍족한 삶을 위해 그랬을 것이다. 목적이 선하다고 하여 수단마저 용서되는 것은 아니다. 돈을 더 벌어서 얻어지는 행복은 '조금 더 큰 행복'에 그치지만, 꼭 필요한 돈을 잃어서 생기는 불행은 훨씬 크고, 상처도 오래가고, 심하면 가정 경제에 돌이킬 수 없는 치명타를 입히기도 한다.

남자들은 여자들을 약한 존재로만 생각한다. 하지만 절대 남자보다 약하지 않다. 특히 위험 상황에서 여자는 남자를 능가한다. 그런데 남자들은 모든 문제를 나 혼자 해결해야 한다고 생각하고, 어려움이 생기면 아예 입을 닫거나, '신경 쓰지 마, 내가 다 해결할 테니까'라고 호언장담을 늘어놓는다. 특히 모험적이고 사업가적인 남자들일수록 이런 성향이 강하게 나타난다. 일에 대해서는 더더욱 아무 이야기도 하지 않고 자신이 슈퍼맨처럼 알아서 척척 해결할 수 있다고 착각한다.

문제는 남자의 이런 선언 속에서도 문제가 계속 커진다는 데 있다. 결국 문제가 너무 커져 남자 혼자 해결할 수 없는 지경에 이르러서야 여자에게 고백한다. 하지만 상황은 이미 너무 늦은 뒤다. 그때 여자들이 하는 말이 있다.

"왜 이렇게 될 때까지 말하지 않았어. 미리 이야기하면 어디 덧나?"

문제 해결도 문제지만 상호 신뢰에도 문제가 생긴다. 여자는 자신이 무시당한 것 같고 과소평가 받는 것 같아 속이 상한다. 남자에 대한 믿음에도 금이 간다.

그래서 가족과의 공유가 중요하다. 문제가 발생한 시점부터 남자가 여자와 터놓고 상의했더라면 문제 해결은 둘째 치고, 신뢰는 오히려 단단해질 수 있다. 또한 백짓장도 맞들면 낫다는 속담처럼 문제 해결도 쉬워질 것이다. 강한 여자의 표본을 보여준 한 가지 사례를 보도록 하자.

50대의 한 가장이 직장 생활을 그만 두고 중국에서 사업을 시작했는데, 얼마 못가 사업에 실패하고 말았다. 생계가 막막했다. 아이들 교육비도 걱정이었다.

궁리 끝에 남자는 광주에 있는 아파트를 담보로 추가로 5000만원을 대출받아 선물 옵션을 시작했다. 당장 가족의 생계를 유지할 방법은 그것뿐이라 생각했다. 자격증은 모두 갖춘 상태였다. 학창 시절에는 전교 1등을 놓치지 않았고, 직장 생활 당시에도 초고속 승진을 거듭한 능력자였다.

'나는 반드시 이긴다!'

남자는 자신을 굳게 믿었다. 비록 사업에 실패했지만, 실패를 만회하고도 남을 방법이라고 믿었기에 자신감이 넘쳤다.

그즈음 그를 만나 사정을 들어보니 논리는 간단했다.

"한 달에 주식 시장이 열리는 날은 20일이다. 5000만원으로 하루에 30만원만 벌면 한 달에 600만원. 원래의 생활로 돌아갈 수 있다."

내심 그는 하루 30만원 수익은 누워서 떡 먹기쯤으로 생각하는 듯했다. 주변을 안심시키기 위해 애써 수익률을 낮추고 있다는 인상마저 풍겼다. 극구 말려도 봤지만 이미 굳어 버린 마음을 돌이킬 수는 없었다.

반대하는 나에게 그가 했던 말이 걸작이다.

"옵션은 인간이 만든 최고의 걸작품이다!"

선물 옵션에서는 하루 수십퍼센트의 수익률이 자주 발생한다. 옵션 만기일에는 하루 만에 몇 배의 수익이 나기도 한다. 그렇게 무시무시한 투자 상품에서 하루 30만원 수익은 나름대로 안정적인 방법을 구사하겠다는 다짐일 터였다.

선물 옵션을 시작하면서 매일 새벽같이 일어나 시장 상황을 둘러보고, 몸과 마음을 정결히 한다면서 아침 운동과 명상도 빼놓지 않았다. 컴퓨터 옆에는 자신의 행동지침 20개를 적어서 보란 듯이 붙여 놓았다.

처음에는 수익률이 괜찮았다. 수익이 나면 자녀들에게 용돈도 두둑이 주고, 아내에게는 월급이라며 600만원이 넘는 돈을 안겨 주었다.

그러나 공든 탑도 무너지는 곳이 바로 선물 옵션이다. 애써 벌어 놓은 돈이 하루 만에 몽땅 날아갈 수도 있다. 평시에는 적당한 수익을 올릴 수 있어도 특정일 위기가 오거나 시장이 변곡점에 오거나 시장을 흔드는 사건이 발생하면 날개 없이 추락한다. 시장이 올라도 벌고, 떨어져도 버는 곳이 선물옵션이지만, 반대로 시장이 올라도 잃고, 떨어져도 잃을 수 있다. 역방향을 타는 순간 이성을 잃고 행동하기 쉽다.

결국 머지않아 문제가 터졌다. 투자금이 빠른 속도로 줄어들기 시작했다. 남편은 돈이 눈에 띄게 줄어드는 상황에서도 혼자 끙끙 앓기만 하면서 마지막 반전을 노렸다. 선물 옵션은 급할수록 투자금이 더 빨리 사라진다. 이성을 잃고 리스크가 훨씬 큰 방법을 쓰기 때문이다. 얼마 가지 않아 남은 투자금마저 모두 잃고 말았다.

노력과 실력이 부족하거나 의도가 나빠서 실패를 맛본 것이 아니다. 평소 일확천금을 노린다던지 남에게 해를 끼치는 사람도 아니었다. 대한민국에서 남보다는 좋은 성적을 거두고, 회사 생활도 열심히 하고, 가족을 생각하는 마음도 강한 평범한 가장이었다. 단지 리스크가 너무나 큰 방법을 선택했다는 데 문제가 있었다.

남편은 투자금을 모두 날린 후에도 아내에게 아무 말도 하지 않았다.

그 후 그를 만났다.

"이미 지난 일 다 털어 버리십시오!"

"아내와 가족 때문에 못 견디겠다. 정말 죽을 것 같다. 연이은 사업과 투자 실패로 평생 벌어온 돈이 다 날아갔고, 집마저도 빚 빼면 남는 것이 없다."

나는 그에게 모든 것을 아내에게 털어놓을 것을 권유했고, 결국 계속 미루기만 하던 그는 월급을 주는 날이 되어서야 사실을 털어놓았다. 아내의 마음이 과연 어땠을까?

아내에게 털어놓는 순간 아내는 '이혼하자'로 나왔다. 그런데 다행히 다음날 '모든 것 압수, 앞으로는 내가 다 한다'로 방향을 선회했다.

살고 있는 아파트 전세금을 빼서 빚을 정리하고 단칸방 지하로 이사했다. 아내는 바로 일을 시작했다. 남편에게는 차라리 집에서 놀면 놀았지 그렇게 말도 안 되는 짓은 다시는 하지 말라고 엄포를 놓았다.

회사를 다닐 때 남편은 회사 내 최고의 프로젝트 매니저였다. 우연히 예전 직장의 후배들이 찾아와 그의 능력을 인정하여 함께 사업하기를 요청했다. 회사는 빠른 속도로 성장했다. 비록 두 번의 연이은 실패로 가족을 벼랑으로 몰고 갔던 그였지만, 그 이후 그는 성실히 일하면서 가정을 다시 일으켜 세웠다.

남편의 재기에 결정적으로 공헌한 사람은 바로 아내였다. 바닥으로 다시 가서 처음부터 시작한 아내의 결단력과 지혜가 남편을 살리고 가정을 살렸던 것이다.

한편 그의 친동생 이야기도 걸작이다. 그의 동생은 한때 옵션으로 100배의 수익을 올렸다. 두 사람이 만나면 세계 경제에 대한 평가로 시작해 자신의 투자 실력을 자랑하면서 끝이 난다.

대기업의 외환 관리 책임자로 일하고 있던 동생은 수출 대금으로 들어온 달러를 이용해 헷지의 목적으로 선물과 옵션에 투자했다. 회사의 대규모 자금을 운용했기 때문에 시장에 대해 잘 알고 있었다. 어느 날 100배의 수익을 올리자, 회사를 그만두고 아예 자신의 사무실을 차렸다. 35세 때의 일이다.

여기서 잠시 계산해 보자. 향후 20년간 안정적으로 들어올 월급이 사라졌다. 사무실을 차렸고, 옵션으로 수익을 거둬야 한다. 자신의 목적을 이루려면 과연 얼마나 높은 수익률을 거둬야 할 것인가? 100배의 수익을 맛봤으니 아마도 100년치 월급 정도는 벌어야 기본은 했다고 느낄 것이다. 동생도 만날 기회가 있었다.

"그렇게 투자를 해야겠다면 일단 먹고살 돈은 따로 묻어라. 그리고 남은 돈으로만 투자해라."

같은 피를 타고난 형제라서 그랬는지 도무지 닫힌 귀를 열 수 없었다. 그도 결국 수익금과 은퇴 자금을 몽땅 날리고 말았다. 그 역시 아내와는 한 마디 상의도 없이 시작했다가 평생 모아온 돈을 다 날렸을 뿐만 아니라, 아내와 이혼 위기까지 겪었다.

남자들이여! '제발' 아내와 미리 상의하라. 혼자 이고 지고 끌고 가면서 끙끙 대지 마라. 여자들은 강하다. 미리 상의하면 해결도 쉽고 사건이 터지지도 않는다. 가정의 경제 문제는 숨기고 키우다 보면 해결이 불가능한 쪽으로 기울기 마련이다. 남자들은 여자는 약하고, 경제 문제를 아내에게 털어놓으면 아내가 힘들어 할 것이라고만 생각한다. 자존심도 상하는 것 같다. 하지만 그것은 아내를 위한 길이 아니라 함께 고통 속으로 들어가는 잘못된 판단이다.

아내의 말을 잘 들어라. 그만큼 가족과의 공유는 중요한 문제다. 남자의 입장에서도 모든 문제를 혼자 안고 가면 병이 날 수밖에 없다. 문제는 꼬이기만 하고, 남자의 수명은 줄어들기만 할 뿐이다.

여자들은 지혜롭다. 무리하지 않고 합리적인 선에서 문제를 해결하는 능력이 탁월하다. 남자들처럼 헛바람만 들어 가정을 무시하고 자기 생각대로 꿈만 꾸지 않는다.

과거에는 대범한 사람, 카리스마 넘치는 사람이 성공했을지 몰라도, 지금은 세대가 바뀌어 아내와 디테일하게 교감하는 사람이 성공한다. 우리의 뇌리에 박혀 있는 '남자는 큰 길로 다녀야 한다, 대범하고 용감해야 한다, 자립심이 강해야 한다'는 생각들을 지워 버려야 한다. 이런 말들이 남자들을 위험에 노출시키고 있기 때문이다.

가정의 꿈을 주제로 강의를 진행하면 누구보다 아내들이 좋아한다. 자신도 잘 해낼 수 있는데 남편들이 상의하지 않아 고민이고, 남편들이 자기 말을 듣지 않아 속상하다고 이야기한다. 과거처럼 배움을 차단당한 채, 집에서 살림이나 하고 아이들이나 신경 쓰는 아내들이 아니다.

세계적인 석학이자 미래학자인 다니엘 핑크는 그의 저서 《새로운 미래가 온다》에서 미래를 지배할 인간의 6가지 키워드로 디자인, 스토리, 조화, 공감, 놀이, 의미 등을 꼽았다. 지식보다는 감성이 지배하는 세상을 예견하면서 우뇌적 특질의 중요성을 강조하고 있다. 세상은 이처럼 여자들에게 유리한 쪽으로 발전하고 있다. 여성의 능력이 절대적으로 필요한 시대다.

하우스푸어, 어떤 결정을 내려야 하나? _ 당신의 아파트가 사실은 빚으로 쌓아 올린 신기루라면? 할 수 없다. 당장 아파트를 팔고 가진 돈에 맞는 집으로 이사를 가야 한다. 빚더미 아파트에 살면, 매달 빚을 갚느라 소비도 제대로 하지 못하고, 미래를 준비할 여력도 사라지고 만다. 빚을 청산하고 바닥으로 다시 가는 것은 매우 어려운 일이다. 부끄럽고 가족 볼 면목도 없다. 그래도 실천하자. 작은 집에 살면서 다시 처음부터 쌓으라. 마이너스 인생에서 벗어나 플러스 인생으로 전환되는 계기가 된다. 마음의 평화도 얻을 수 있다. 빚을 움켜쥐고 다른 방법으로 해결하려고 하는 데서 무리수가 따르고 리스크가 커지는 것이다. 제로에서 다시 시작하는 방법이 가장 빠른 길이다. 운수 좋은 날을 꿈꾸지 마라.

가정도 마찬가지다. 과거처럼 바깥세상과 정보가 차단된 채 남편에게만 의지하던 시대가 아니다. 아내와 공유하지 않는 남편, 남편의 일에 신경 쓰지 않는 아내 모두 문제다. 서로 터놓고 계획을 세우고 꿈과 목표를 공유하라. 과거의 고지식한 고정 관념을 버려라. 공유하는 부부가 가장 멋진 부부다.

2

돈으로 푸는 자녀 교육

자녀를 전문가로 키우라

지금은 전문성(기술)의 시대다. 기술이 있으면 평생 돈 걱정 없이 살기가 쉬워진다. 그럼에도 불구하고 여전히 대부분의 부모들은 모든 과목을 잘하는 아이로 키우는 데에만 경쟁적으로 열을 올리고 있다. 그래서 아이가 공부를 잘하지 못하면, 아이의 또 다른 능력은 보지 않고 '공부를 못해 걱정'이라고만 한다.

진로의 선택은 그림 14처럼 4개의 방Room 구조로 구성된다. 1번방은 기술도 없고 학력도 없는 사람들이 선택하는 방이다. 2번은 비록 학력은 짧지만 자기만의 기술을 갖고 있는 사람들의 방이다. 3번은 기술은 없지만 학력은 갖춘 방으로 대부분의 직장인들이 여기에 속한다. 4번은 기술과 학력을 동시에 갖춘 방으로 각 분야 전문가들이 이곳에 분포하며 소수의 사람들만이 도달할 수 있다.

부모 입장에서 가장 쉬운 선택은 3번이다. 공부만 열심히 시키면 자녀를 3번 방에 안착시킬 수 있다. 만약 자녀가 2번방, 즉 요리사나 미용사가 되기를 원하면 '내 눈에 흙이 들어가기 전에는…'이라는 말로 아이의 꿈을 억누르며, 자녀가 거부할 수 없는 반대표를 던진다. 사실은 부모의 체면까지 걸린 문제이기에 자녀의 적성에 맞는 줄 알면서도 반대 의사를 굽히지 못한다.

그래서 부모는 자녀를 좋은 대학에 보내기 위해 100일 기도를 드리고, 자녀는 '합격'이라는 글씨가 쓰인 머리띠를 둘러맨다. 그렇게 해서 대학원을 가고, 박사까지 따서 좋은 곳에 취직하는 것이 최종 목표가 된다. 여기에서도 탁월한 생존력을 자랑하는 아이는 3번방에서 4번방으로 자리를 이동하기도 한다.

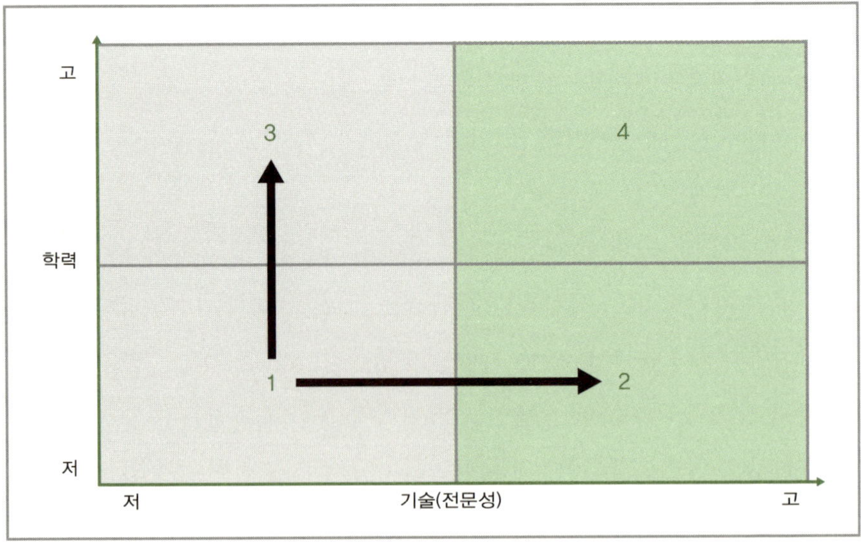

하지만 부모라면 자녀의 입장에서 좀 더 깊게 고민해야 한다. 대부분의 아이들이 가는 방향에는 경쟁자가 너무 많다. 그래서 아이들은 '세상은 너무나 힘들다, 온통 경쟁뿐이다'며 낙심하여 고개를 숙인다. 지치고 처진 어깨를 보면 안쓰러움이 앞선다. 그곳은 열심히 해도 열심히 한만큼 성과가 잘 나오지 않게 되어 있다. 열심히 공부해서 실력이 좋아져도 그 다음 계단에는 또 다른 경쟁자들이 진을 치고 있다. 고시원, 학원, 도서관마다 경쟁에 내몰린 아이들이 가득하다.

내 자녀가 공부도 잘하고 전문성도 익혀서(혹은 전문가 시험에 합격해서) 4번방으로 가면 부모의 마음은 보람과 행복으로 채워진다. 하지만 거기에는 자녀와 부모의 희생이 반드시 뒤따른다. 혹여 결과가 좋지 않으면 가정 경제도 타격을 받는다.

4번방에 들어가는 법

4번방이 가장 좋다는 데에는 이견이 없을 것이다. 그런데 4번방으로 가는 길이 3번을 거쳐 가는 것일까?

투자의 기법으로 보자. 3번방은 자녀의 인생과 부모의 돈을 쏟아야 한다. 그럼에도 불구하고 소수만이 4번방으로 들어간다. 아직도 4번방에 들어가기 위해 고시원, 학원, 도서관에서 청춘을 졸업하는 아이들이 차고 넘친다. 하지만 가다 보니 목구멍이 포도청이라고 결국 눈높이를 낮춰 3번방에 머무는 것으로 일단락을 짓는다. 건진 것이 별로 없는 투자인 셈이다.

반면 2번방을 통해 4번방으로 들어가는 경우를 살펴보자. 아이가 공부에 소질이 없고, 자신이 가고자 하는 길이 뚜렷하다면 공부 대신 기술을 배우게 하고, 부모는 과외비와 대학에 들어가는 돈을 차곡차곡 모아간다. 기술 습득이 끝나면 취업을 하여 돈을 벌게 한다.

여기서 멈추면 내 아이는 3번방에 들어간 아이들보다 평생 적은 월급을 받으며 상대적으로 어려운 경제 여건에서 살아가야 한다. 따라서 이때부터가 중요하다. 아이가 일을 하면서 자신의 필요에 따라 학벌을 붙이도록 유도해야 한다. 부모는 그동안 쓰지 않고 모은 돈을 자녀의 공부와 유학비로 활용한다. 이 돈으로 유학을 다녀오면 미용사가 헤어 스타일리스트로 바뀌어 돌아올 수 있다. 돌아온 후에는 50만원짜리 파마를 하는 전문가로 바뀐다. 제빵사가 호텔 요리사가 되어 돌아오고, 촬영기사가 영화감독이 되어 돌아올 수 있다.

결국 경쟁이 치열한 3번방을 피해 자신이 하고 싶은 일을 마음껏 하면서, 4번방에 들어가 전문가로 불리며 인정받고 존경받는 삶을 살 수 있는 것이다. 2번방을 통해 4번방으로 들어가는 아이들은 이재에도 밝고 돈의 의미도 정확히 파악한다. 무엇이 인생을 위해 정말 필요한 것들인지 스스로 잘 깨닫는다. 무엇보다 자신이 원하는 삶, 하고 싶은 일과 잘하는 일이 일치하는 가장 이상적인 직업을 가질 수 있다.

표 3을 보자. 일찍부터 2번방을 택한 아이는 고등학교 사교육비와 대학 등록금, 친구들이 대학을 다니는 동안 벌어들이는 수입을 합쳐 총 1억 4400만원을 확보한 상태에서 27세의 인생을 시작할 수 있다. 취업은 오래전에 해결된 상태고, 4년이라는 시간 동안 일을 하며 일이 손에 익는 시기가 되었다. 그리고 돈을 계속 벌면서 유학을 준비하고 있다.

반면 3번방을 택한 아이는 총 9600만원의 적자 상태로 27세를 맞이했다.

• 2번방 : 초등학교 → 중학교 → 고등학교 → 취업 → 대학/대학원
• 3번방 : 초등학교 → 중학교 → 고등학교 → 대학/대학원 → 취업

항목	2번방	3번방
고등학교 사교육비	저축1(3600만원)	3600만원
대학 4년 학비	저축2(6000만원)	6000만원
4년간 소득	저축3(4800만원)	없음
기타	기술(전문성) 습득	대졸 학위 취득
합계	1억 4400만원	-9600만원
취업	취업 상태	청년 실업 상태
진로	선진 기술 유학	취업 관문(전공 불문)

언제 취직이 될지 아직 알 수 없으며, 대학에서 4년 동안 배운 전공과 무관하게 취직만 된다면 좋겠다고 생각한다.

3번방만 고집할 이유가 없다. 남들이 다 3번방으로 간다고 하여 거기에 따라가려고 하지 마라. 대신 2번방을 통해 4번방으로 들어가는 방법을 고민해 보라. 3번방을 통해 가려는 아이들은 배운 것은 많으나 차별화는 되어 있지 않아 현실에서 많은 좌절과 고통을 겪는다. 반면 2번방을 선택한 아이들은 가장 먼저 취업을 해결하고, 그때부터 인생의 진정한 꿈을 스스로 꿀 수 있게 된다. 투자의 기법으로 봐도 훨씬 안전하면서도 남는 장사다.

아이가 2번방을 선택했다면 그 일에 미칠 수 있도록 적극적으로 밀어 주라. 자녀가 그 분야에서 전문가가 되도록 힘과 용기를 불어넣어 주라. 아껴 둔 돈을 그때는 아낌없이 써라. 자녀가 포기하지 않도록 가족이 자녀의 꿈을 공유하고 이야기하면서 함께 가 주면 더 좋다.

정규직이 꿈인 아이로 키우지 말라

장래 희망을 묻는 질문에 많은 아이들이 '연예인'을 꼽았다. 한 케이블TV의 가수 오디션 프로그램에 무려 200만명이 지원했다고 한다. 단일 프로그램에 200만명이라니 정말 믿어야 할지 말아야 할지, 웃어야 할지 울어야 할지 모르겠다. 오죽했으면 한 기업이 광고를 통해 '우리에겐 과학자도 필요합니다'고 했을까. 아이들마저 화려함만 좇는 것 같아 마음 한켠이 씁쓸하다. 장래 희망이 연예인인 것도 놀랍지만, '정규직'을 써낸 아이들도 꽤 된다는 말에 한 번 더 놀랐다.

일을 선택하느냐 직장을 선택하느냐에 따라 인생이 달라진다. 일은 잡 Job, 직장은 잡플레이스 Job Place다. 요즈음 아이들은 대부분 잡보다는 잡플레이스를 중시 여긴다. 부모들도 마찬가지다. 잡플레이스는 곧 월급을 더 주거나 남 보기에 그럴싸한 정규직을 의미한다.

한 청년이 자신이 원하는 직업은 재무 관련 일이라면서 재무 일을 하기 위해 은행에 들어가야겠다고 한다. 은행이 아니면 안 된다고 잘라 말한다. 광고 일을 하고 싶다는 청년은 무조건 우리나라에게 가장 좋은 광고회사만 고집한다. 말로는 재무와 광고 일을 하고 싶다면서 정작 그 일을 하지는 않고 도서관에서 엉뚱하게 공부만 하다가 청춘을 허비한다. 잡을 원하는지 잡플레이스를 원하는지 도무지 헷갈리는 인생이다.

하지만 생각을 조금만 바꾸면 새로운 길이 열린다. 일단 작은 회사에 들어가 커리어를 쌓은 후 경력직으로 원래 가고 싶었던 회사에 들어갈 수도 있다. S전자가 목표였던 청년은 일단 합격하고 나면 '목표를 다 이루었다'는 만족감에 나태해지기 쉬우나, 돌아서 가는 길을 택한 청년은 작은 곳에서도 열심히 일해 경력을 착실히 쌓아 실력으로 S전자를 노릴 수 있다. 누가 봐도 후자가 실력도 쌓고 돈도 벌면서 훨씬 경쟁력 있는 삶을 살아갈 것이다.

그렇다고 S전자를 미리부터 포기하라는 의미는 아니다. 들어갈 수 있으면 들어가는 것이 좋다. 들어가지 못했더라도 다른 길이 얼마든지 있다는 뜻이다. 문제는 어느 길을 가든 그것은 인생의 시작일 뿐 '정규직'이라는 목표를 다 이룬 '끝'이 아니라는 점이다.

먹고살 방법은 수만 가지

젊은이들은 "우리는 기성세대와 다르다."고 주장한다. 그런데 직업을 찾을 때는 기성세대와 다를 것이 하나도 없다. 기성세대와 똑같은 기준을 적용해 편하고 안정적이고 먹고살기 좋은 곳만 선호한다.

대학에서 마케팅을 전공했다면 왜 떡볶이 장사를 하면 안 되는 것인가. 떡볶이를 사업화 하면 자신이 배운 마케팅 실력을 얼마든지 발휘할 수 있다. 스스로 개척할 생각보다는 기성세대가 기회를 주어야만 그 실력을 펼치겠다는 수동적인 자세로 일관한다.

아프니까 청춘이 아니라 아플 시간도 없고 아플 이유도 없다. 나는 대학 강단에서 학생들에게 "지금이 어느 시점인데 아프고 앉아 있는가! 지금 당장 나가 일하라!"고 소리친다.

거기에 덧붙여 "돈과 관련하여 너희에게 닥칠 세상일을 모르기 때문에 지금 머뭇거리는 것이다. 너희가 멈추면 부모는 돈 문제로 몸살을 앓는다. 좋은 직장 가기 위해 고시원에서 너희의 인생과 부모의 돈만 갉아먹을 것인가? 세상은 넓고 할 일은 많다. 무엇 때문에 남들도 다 가려고 하는 좁은 문앞에서 박 터지게 경쟁하는가. 합격하면 여생을 편하게 사려고? 바보 같은 인생이다. 편하게 살려 하지 말고, 더 높은 곳을 향해 끊임없이 도전하는 멋진 인생을 살라."고 말한다.

한 조사에 따르면 서울에 거주하며 대학에 다니는 지방 학생의 수는 12만 명, 그 중 52%의 학생들이 인간이 거주하는 데 필요한 최소의 공간보다 좁은 공간에서 생활한다. 비록 방이 작아도 큰 미래를 꿈꾸는 모습은 칭찬해 주어야 마땅하다. 하지만 거기에는 부모의 피땀이 서려 있다. 어느 부모가 자녀를 그런 공간에서 살게 하고 싶겠는가? 10억대 이상 부자가 역대 최고라고 하지만, 실상은 한 달 수십만원 하는 자녀의 방값을 해결하기 어려운 부모가 훨씬 더 많다.

'자녀를 위해 부모가 완벽하게 준비했어야 한다, 부모나 자녀나 그렇게 무리를 해 가면서 굳이 대학에 다녀야 하나'와 같은 고민은 뒤로 하고서라도 상황이 이렇게 되었다면, 부모에게 의지하려는 마음을 버리고, 세상을 향해 용감하게 자신을 던지는 청년들이 되었으면 한다.

대학에 다니던 한 청년이 2학년 1학기를 마치고 돌연 자퇴를 하였다. 전공이 적성에 맞지 않아서였다. "그놈 고집이 있다."며 박수를 쳐 주는 이도 있었다. 이후 영화감독이 되겠다는 신념으로 문화센터에서 제작 기법도 배우고, 영화판에 뛰어든 선배들을 만나 조언도 구했다.

그런데 시간이 지나도 항상 제자리였다. 사실 이 청년의 일과는 이랬다. 아침에 일어나면 늦은 아침을 먹고 도서관에 출근해 영화 관련 잡지를 읽고, 점심값을 아낀다는 명목으로 집에서 점심을 때우고, 오후에는 영화관

근처를 맴돌며 새로 나온 영화 팸플릿도 읽고, 때로는 영화도 관람했다. 저녁에는 친구들을 만나 영화에 대한 자신의 해박한 지식을 늘어놓았다.

그것이 전부였다. 주변에서는 감독이 되려면 시나리오를 쓰거나, 촬영장에 나가 허드렛일이라도 하라며 등을 떠밀었지만 요지부동이었다. 오직 하는 일은 입으로 하는 영화 평론뿐이었다. 청년의 부모는 걱정이 태산이었고, 주변에서는 "저 녀석이 꿈이 있기나 한 것인지, 감독이 되려는 것인지, 백수로 인생을 마감하려는 것인지 도무지 알다가도 모르겠다."고 혀를 찼다.

그런데 청년의 대답은 한결같았다.

"본래 영화감독이 되려면 오랜 시간 시나리오를 구상해야 해요. 다들 그렇게 늦은 나이에 데뷔한다니까요."

결국 청년은 15년 동안이나 시나리오 한편 쓰지 않는 영화감독 지망생으로 보냈다. 그러다가 부모의 지원이 끊겨 인생이 벼랑에 몰리자 아르바이트로 생계를 유지했다.

'먹고살 방법이 수만가지'라는 말에는 땀과 노력이 전제되어야 한다. 결코 쉬운 길이 아니다. 하지만 내가 좋아하고 잘하는 일을 하며 살 수 있는 멋진 인생길이기도 하다. 정규직에 얽매이지 말고 원하는 일을 하란다고 하여, 현실에서 벗어나는 도피처쯤으로 생각하면 그것은 최악의 선택이며 비겁한 행동이다.

'2번방도 좋다, S전자에 가지 않아도 좋다'고 하여 자녀를 방치하라는 의미가 아니다. 부모의 입장에서는 오히려 더 큰 관심이 필요하다. 합격만 시켜 놓으면 되는 3번방과는 비교가 되지 않을 정도로 지속적인 격려와 지원이 필요하다.

돈의 진짜 의미

밤의 종류는 3가지다. 그림 15의 가장 오른쪽 알밤을 밤으로 생각하는 사람은, 밤이란 먹으면 달콤하고 맛있는 것이라고만 생각한다. 가운데 밤을 생각하는 사람은, 밤이란 조금 귀찮게 껍질을 벗겨 먹어야 하는 것, 왼쪽 밤을 생각하는 사람은, 밤이란 먼저 가시를 발로 비벼 벗기고 껍질까지 벗겨서 먹어야 하는 것이라 생각한다. 이 사람에게 밤이란 조심해서 먹지 않으면 찔릴 수 있는 것, 힘든 과정을 거쳐야 먹을 수 있는 것이다. 그런데 부모가 까 준 알밤만 넙죽넙죽 받아먹었던 사람은 자신이 직접 수확해서 먹어야 하는 시점에 아무것도 모르고 덤비다가 가시에 찔리고 피가 난다.

자녀들에게 밤의 어떤 모습을 가르치는 것이 좋을까? 언제까지나 가시를 다 빼고 알밤을 주면 될까? 자녀들은 그것이 밤의 전부라 생각하기 때문에 어느 날 가시랑 함께 밤을 주면 혼자 까먹다가 찔리고 다치고 짜증을 낸다.

부모는 자녀가 돈을 달라고 하면 얼마를 주면 좋을지, 몇 살까지 주면 좋을지만 생각한다. 알밤을 줄지 가시 달린 밤을 줄지는 생각 밖이다. 맛있는 밤을 먹기 위해서는 가시를 제거하는 수고로움이 필요하다는 사실을 일정

그림 15 ▌ 돈의 세 가지 의미

시점에는 자녀들도 알아야 한다. 아버지의 구두를 닦아야만 월말에 알밤 5개를 얻을 수 있다는 식이다. 아니면 날씨 좋은 어느 가을날을 택해 자녀와 함께 밤을 따며 가르쳐 보라.

한편으로는 부모가 알밤을 얻기까지 찔리고 다치기도 한다는 사실을 알려 줘야 한다. 돈 버느라 힘들다는 이야기를 하라는 것이 아니라, 돈이란 그런 과정을 거쳐 들어온다는 사실을 자녀들에게 인식시키라는 의미다.

밤을 알밤으로만 생각하는 아이들은 부모가 돈을 주지 않으면 부모를 원망하거나 거짓말을 한다. 나아가 훔치거나 부모를 헤치기도 한다. 밤의 프로세스를 모르기 때문에 힘들여서 얻으려고 하지 않고, 항상 하던 대로 알밤을 손쉽게 손에 넣으려고만 한다. 이런 자녀들은 스스로 돈을 벌어야 하는 시간이 와도, 이를 거부하고 두려워하고 부모에게 계속 달라고만 할 것이다. 돈 벌 능력도 상대적으로 떨어질 수밖에 없다.

자녀 교육을 떠나 누구나 돈이 생기는 프로세스를 잘 알아야 한다. 쉽게 벌 수 있다고 생각해서도 안 되고, 쉽게 벌고자 해서도 안 된다. 반면 밤에 찔린 아픈 기억만 갖고 '돈이란 나쁜 것'으로 몰아가는 것도 편협한 시각이다. 돈을 맹신하는 것도 문제지만 맹목적으로 '악'으로 치부하는 것도 문제다. 가장 건강한 상태는 밤의 세 가지 상태를 잘 알고 있는 경우다. 돈이란 나를 찔리게도 하지만 달콤하기도 한 것, 지금은 알밤을 먹지만 어려운 과정을 거쳐 내 손안에 들어와 있는 것, 이처럼 돈 자체를 아는 것이 가장 균형 잡힌 시각이다.

3

생각을 바꾸면
인생이 달라진다

15도의 비밀

세 종류의 사람이 있다. 정면을 보는 사람, 오른쪽으로 15도가 기운 사람, 왼쪽으로 15도가 기운 사람. 오른쪽으로 15도를 기울여 보는 사람은 항상 자신에게 '왜'라는 질문을 던지고, 왼쪽 15도는 '내가 왜'라는 질문을 던진다.

사장이 직원 3명에게 워드 100장을 타이핑하라는 지시를 내렸다. 정면을 보는 사람들은 시킨 일을 있는 그대로 실행한다. 빨리 마치고 퇴근할 생각뿐이다. 왼쪽 15도는 "나한테 왜 이런 일을 시키지?" 하며 불평불만을 늘어놓는다. 오른쪽 15도는 왜 이렇게 똑같은 내용을 100장이나 쳐야 하는지 의문을 품는다.

세상은 오른쪽 15도 덕분에 발전한다. 그들 덕분에 지금은 똑같은 내용을 100장이나 타이핑할 필요가 없게 되었다. 그가 복사 기능copy & paste을 만들었기 때문이다.

우리는 불만이 있거나 "글쎄요."라는 말을 할 때는 왼쪽으로 고개를 돌린다. 반면 생각을 골똘히 할 때는 고개를 오른쪽으로 돌린다. 왼쪽이 부정이라면 오른쪽은 창의와 혁신이다.

영화에 있어서도 오른쪽 15도 때문에 볼 맛 나는 영화가 태어났다. 모두가 활을 쏘는 입장에서 찍을 때, 누군가는 날아오는 입장에서 찍었다. 그 순간 화살이 리얼하게 날아온다.

많은 사람들은 현재의 현상에 몰입되어 있다. 그러나 우리 중 일부는 '왜'라는 질문을 던진다. 그리고 세상을 반대로 본다. 그러면서 세상이 달라진다.

도전하지 말고, 경험하라

나는 까다로운 입맛을 가진 탓에 음식을 가리는 습관이 있었다. 그래서 새로운 음식은 항상 도전이었다. 그런데 어느 날 '경험하자'고 생각을 바꾸니 맛을 보는 것이 어렵지 않았다. 생각만 바꿨을 뿐인데도 안 풀리던 문제가 술술 풀렸다.

인생도 마찬가지다. 반드시 성공하고, 성과를 내야 한다고 생각할수록 주저앉기도 쉬워진다. 도전하기도 어려워지고, 도전하는 중에도 매일 압박감 속에서 살아간다. 하지만 '경험하자'고 생각을 바꾸면 큰 어려움 없이 갈 수 있다. 젊은이들에게도 도전하려고 하지 말고 새로운 일을 경험하라고 말한다. 도전하여 합격하려고만 하니 인생이 힘든 것이다.

"지금 앉아서 망설일 틈이 없다."

이 말은 내가 교단에서 아이들을 대하는 핵심이다. 그래서 나는 제자리에 머물러 있는 아이들을 보면 가만있지 못한다. 등을 떠밀어서라도 밖으로 나가 무엇이든 일단 경험해 보라고 권유한다.

이 책에서 가장 중요하게 다루는 핵심은 바로 '타임라인(인생의 시간표)'이다. 당신의 나이가 20대든 50대든 지금 당장 봐야 할 것은 무엇인가? 과거와 현재, 그리고 미래다. 과거는 지나갔으며, 현재는 과거가 반영되어 흘러가고 있다. 문제는 이 시점에서 미래를 보느냐 보지 않느냐다. 우리가 보는 미래는 돈의 문제다. 돈과 관련하여 어떤 미래가 올 것인가. 부모를 부양해야 하고, 자녀들을 보살펴야 한다. 내 인생의 미래도 설계해야 한다. 준비하지 않으면 어느덧 시간이 다 지나 돈 문제들이 한꺼번에 밀어닥친다. 부자를 논하기도 전에 인생은 돈 때문에 당하고 만다.

대학을 졸업한 30대, 좋은 직장에 가기 위해 고시원에서 도전한다. 세상도 그에게 고시에 합격해서 집안을 일으키라고 격려한다. 그럼에도 불구하고 이 고시생에게 바뀌지 않는 진실은 인생의 시간표가 가고 있다는 사실이다. 돈 없는 고시생이라 하여 돈 문제가 비켜가지 않는다. 이 문제를 인식하는 순간 펜을 놓고 일어나게 된다. 사람들은 안타까운 순간이라고 생각할지도 모른다. 그동안 공부한 것이 아까운 것도 사실이다.

그러나 나는 그렇게 생각하지 않는다. 시간이 아까운 것은 과거의 문제다. 이 젊은이가 지금부터라도 미래와 맞서 싸운다면 고시를 합격해서 얻을 것들보다 더 많은 것을 얻고, 더 많은 부를 쌓고, 더 행복한 내일을 만들어갈 수 있다. 이 고시생이 무언가를 하면서 '내가 정말 좋아하는 일, 잘할 수 있는 일은 마케팅이었구나' 하고 깨달을 수도 있다. 삼성에 가고 싶지만 상황이 여의치 않기 때문에 중소기업에 들어간다. 일이 즐겁고 성취가 빠르면 삼성에 갈 수도 있고, 삼성이 불러도 선택해서 직장을 고를 여력이 생길 수 있다.

10년간 '도전'해서 대기업을 가는 사람과 10년간 일을 '경험'하면서 돈을 벌어 온 사람의 미래가 어떻게 달라질까. 이 10년간 번 돈이 화폐의 시간 가치로 본다면 인생에 엄청난 차이를 가져온다. 10년간 모은 2억이 결국 수십 억이 될 수 있다. 복리는 빨리 굴리는 것이 핵심이다. 복리는 어느 순간부터 한 바퀴를 더 돌리느냐 아니냐에 따라 큰 차이가 발생한다. 10년이면 복리의 차이가 만들어 낼 돈의 가치는 상상 이상이다. 359바퀴와 360바퀴의 차이를 빨리 깨달아야 한다. 당신이 지금 쓰고 낭비하는 돈도 복리로 계산하면 현재의 가치 이상이라는 사실쯤 잘 알고 있을 것이다. 돈을 맹목적으로 아끼라는 것이 아니라, 아껴서 미래를 위해 투자하라는 것이 핵심이다.

여기에서 또 다시 발생하는 문제는 늦어진 시간표를 만회하기 위해 위험한 방법을 동원한다는 것이다. 혹은 부모에게 지나치게 의존하는 정신적인 장애가 발생한다. 고시원에서 공부하는 젊은이들을 보면 부모에게 의존하려는 마음이 보이지 않게 자리 잡는다. 그리고 한방주의로 흐른다. 어렵게 고시에 합격하고 나면 보상 심리가 작용해 그동안 잃었던 것들을 만회할 방법에 몰두한다.

돈의 시간표로 보면 인생은 빨리 시작할수록 더 많이 이루고 더 많이 벌 수 있다. 그런데 더 많이 버는 인생으로 시작하고 싶어서 시간을 허비하고 있다. 거기에 어떤 보장도 없다.

한 사람은 5년간 대기업을 준비하다가 결국 중소기업에 들어갔고, 그의 친구는 5년 전에 중소기업에 들어갔다. 둘이 한 회사를 다닌다. 그런데 둘의 차이는 크다. 연봉이든 직급이든 평생 따라갈 수 없는 차이가 될 수도 있다. 도전과 경험의 차이가 이렇게 큰 차이를 만들어낸다.

도전에는 실패라는 리스크가 뒤따르지만, 경험에는 실패가 없다. 도전은 시간을 허비하게 하고 스트레스를 주지만, 경험은 거부감 없이 즐기게 만든다. 행복하게 경험하는 인생을 살자.

서론을 따지지 말고 본론 인생을 살라

서론부터 맞고 틀림을 따지지 마라. 이해 안 되는 부분은 그냥 넘어가라. 부자가 되려면 본론, 즉 행동으로 빨리 넘어가야 한다. '돈 버는 지식에는 무엇이 있고, 저렇게 버는 것은 옳지 않고, 이런 부자가 되고 싶고…' 모두 서론이다. 본론은 더 많이 가지고 불리는 것이다. 돈이 많아야 부자인지 마음이 부자여야 부자인지 따질 것도 없다. 부자가 되는 본론 인생으로 넘어가라. 얼마를 모으겠다는 목표하에 움직여야 한다. 곧바로 액션이다.

사람들은 생각이 많고 액션이 느리다. 다른 사람 비평하기를 좋아한다. 부자도 마찬가지다. 자신은 부자가 되기 위해 노력도 하지 않으면서 부자들을 보면 부정한 방법이라고 손가락질을 한다. 아무 의미 없는 행동이다. 지금 밑바닥부터 뛰면서 얼마가 되든 목표한 금액을 모아보기도 하면서 계단을 하나라도 빨리 밟는 사람이 지혜롭다.

4

당신만의
명작을 그리라

청년의 하루 가치, 당신의 하루 가치

대학에서 강의를 하면서 학생들에게 물었다. 너희들의 하루 가치가 얼마인지 아느냐? 돈으로 계산해 보라. 그러면 명확하게 알 수 있다. 다들 어리둥절해 하는 표정들이었다. 아이들이 좀 더 이해하기 쉽도록 일흔 살이 넘은 우리나라 최고 그룹 회장의 목숨과 너희의 목숨을 바꾸라면 바꾸겠느냐고 물었다. 그분의 남은 생을 사는 대신 그분의 전재산도 가질 수 있다. 이렇게 물었더니 이구동성으로 '절대 안 바꿔요'라고 대답한다. 남은 인생을 수십조와도 바꿀 수 없다는 외침이다.

"그렇다면 너희의 하루 가치는 얼마일까?"

"그분의 재산을 10조라 가정해 보자. 그렇다면 10조와도 바꿀 수 없는 것이 너희의 남은 인생이다. 너희의 남은 날이 70년이라 가정해 보자. 하루에 얼마인가? 70×365=25,550일. 10조÷25,550=391,389,432. 거의 4억에 가깝다. 따라서 너희의 하루 가치는 4억인 셈이다."

그만큼 우리 인생의 하루하루는 가치가 있다. 엄청난 돈을 준다고 해도 바꿀 수 없는 것이 오늘 나의 하루다. 그렇게 소중한 하루를 어떻게 보내야 하는가?

이 질문은 비단 젊은 청춘들에게만 던질 수 있는 것이 아니다. 당신의 나이가 얼마든 똑같은 질문을 던질 수 있다. 반대로 그 회장에게 바꾸겠느냐고 하면 어떻게 대답할지 자못 궁금하다. 아마도 전재산을 버리고 청춘으로 돌아가고 싶다고 대답하지 않을까.

우리의 하루는 행복으로 채워져야 한다. 근심과 걱정, 고통으로 채워서는 안 된다. 돈으로도 바꿀 수 없는 하루를 돈 때문에 망쳐서야 되겠는가. 돈이 사람을 힘들게 하는 것은 사실이지만, 그것은 어디까지나 사람이 힘든 감정을 택하기 때문이다. 아니면 그런 감정을 벗어나는 연습이 되어 있지 않기 때문이다. '돈 때문에 감정을 상하지 않을 거야'라고 다짐해 보라. 사실 돈이 나를 힘들게 해도 내 안의 내가 그 고통을 조절할 수만 있다면 돈이 나를 어떻게 할 수는 없다. 돈 때문에 누구를 미워할 이유도 없고, 돈이 없다고 불행해질 필요도 없다. 대기업 회장 앞에 가더라도 돈이 적다는 이유로 위축될 필요도 없다. 당신에게는 그 돈을 줘도 바꾸고 싶지 않은 하루하루가 있지 않은가.

소중한 시간들을 행복하게 이끌어 가는 것도 중요하지만, 불행에 빠지지 않도록 방어하는 것도 중요하다. 돈이 당신을 불행에 빠지지 않게 하라. 위험을 버리고 안정을 택하라. 시스템을 안정적으로 구축해 놓으면 돈이 알아서 굴러간다.

나는 학생들에게 하루의 가치를 먼저 깨닫게 한 다음, 남은 시간들을 어떻게 채워 갈지 계획표를 작성하게 한다. 그것만큼 신나는 일이 또 있을까. 청춘들이 그 계획표에 써 놓은 인생의 날들을 볼 때마다 나 역시 가슴 벅차오르는 감동을 느끼고는 한다. '그래. 그렇게 채워 가는 거야. 하루도 버리지 마!' 이런 말이 절로 배어 나온다.

당신만의 유일무이한 '인생 설계서'를 작성하라

남은 인생에 대한 고민은 축복이자 행운이다. 고민할 수밖에 없이 많은 날들이 남아 있기 때문이다. 그날들을 어떻게 채워 갈지 즐거운 마음으로, 흥분된 마음으로 '인생 설계서'를 작성해 보자. 여기서 제시하는 인생 설계서는 그 어떤 꿈과 목표보다 구체적이고 현실적이다. 먼저 지나온 날들을 돌이켜보며 자신을 반성하고, 현재의 나를 객관적으로 바라보고, 미래를 계획하면 된다. 미래의 계획을 이루기 위한 자금 계획도 꼼꼼하게 짜야 한다. 이해를 돕기 위해 인생 설계서 샘플(인생 설계서 샘플은 280쪽 참조)을 공개한다.

5

퍼스트 라운드에서
세컨드 라운드를 준비하라

은퇴 안 하기 프로젝트

나는 국어사전에서 없어져야 할 단어로 '은퇴'라는 단어를 꼽는다. 은퇴라는 개념은 국어사전뿐만 아니라 우리의 머릿속에서도 지워 버려야 한다. 은퇴란 퇴장, 뒤로 물러나기, 어쩔 수 없이 집으로 돌아가기 등 부정적인 언어로만 해석된다. 은퇴가 축복인지 서글픔인지는 잘 모르겠다. 내가 아는 것은 은퇴란 없다는 점이다. 내가 있어야 할 곳이 변하고 환경이 변하는 은퇴란 더더구나 존재하지 않는다. 다만 인생의 흐름에서 발생하는 하나의 사건일 뿐이다.

우리 인생에 은퇴란 없지만, 퍼스트 라운드First Round와 세컨드 라운드Second Round는 존재한다. 은퇴가 퍼스트와 세컨드를 강제로 구분 짓는 역할을 하기는 한다. 그러나 은퇴가 우리를 어떻게 할 수는 없다. 충분히 준비한 후라면 은퇴할 날을 기다리며 '진정한 내 인생'인 세컨드 라운드를 꿈꿀 수 있다.

인생을 퍼스트와 세컨드로 나누면 은퇴 설계도 필요 없다. 은퇴 안 하기 설계가 필요할 뿐이다. 물러서야 할 필요도 없고, 오히려 적극적으로 달려들어야 할 내 인생으로 삶의 관점이 바뀐다.

역설적으로 우리는 지금 바로 은퇴를 해야 한다. 세컨드 라운드를 어떻게 그려갈지 지금부터 준비하자는 것이다. 사람들은 은퇴를 먼 훗날 일어날 관심 밖의 이야기로 덮어놓지만, 준비는 빠를수록 좋다. 당신이 20대라면 금상첨화다. 20대라서 남의 일이 아니라, 20대부터 시작할 수 있어서 다행이라고 생각해야 한다.

20대에게 세컨드 라운드를 준비하라고 했더니, "저는 퍼스트를 출발한 지도 얼마 안 됐는데요? 벌써 은퇴요?"란다.

그래서 세컨드 '라이프Life'는 어떠냐고 했더니 조금은 이해가 되는 모양이다. 은퇴가 주는 의미에 얽매여 인생이 끝나는 것, 퇴장하는 것, 이후에는 은퇴 전에 번 돈으로 살아가야 하는 인생으로 생각하니까 은퇴가 싫고 벌써부터 준비할 이유도 없다고 생각하는 것이다.

여성의 경우 24세, 남성의 경우 28세 정도에 사회생활을 시작한다. 퍼스트 라운드는 60세, 길게 봐도 65세면 마무리된다. 현실로 닥친 100세 시대를 생각하면 남은 시간은 40년이다. 바로 세컨드 라운드다. 돈을 버는 시기만 따지면, 퍼스트 라운드보다 세컨드 라운드로 보내야 하는 시간이 더 길다. 이런 상황에서 퍼스트 라운드만 생각하며 살 수 있겠는가.

퍼스트 라운드에서 세컨드 라운드를 준비하라

직장인의 경우 평사원으로 시작해서 주임, 대리, 과장, 차장, 부장… 단계를 밟으며 올라간다. 직장에서 두각을 나타내면 관리통이니 회계통이니 하지만 실력이 엇비슷한 사람들이 너무 많다. 주변의 칭찬과 인정만으로는 세컨드 라운드를 해결할 수 없다는 말이다. 그럼에도 불구하고 퍼스트 라운드에서는 인정만 받아도 그것으로 돈을 벌 수 있다. 남들보다 월급도 더 받고 진급도 더 잘할 기반이 된다.

세컨드 라운드에서는 어떨까? 별 도움이 안 되거나 아무 도움이 안 된다. 관리와 회계에 능통해도 은퇴를 한 후 집에서 쉬고 있으면 돈 벌이와는 상관없는 과거의 능력으로 남을 뿐이다.

당신은 세컨드 라운드를 몇 년 앞두고 있는가? 30세라면 30년, 40세라면 20년, 50세라면 10년 정도일 것이다. 혹은 내 의지와는 상관없이 더 빨리 세컨드 라운드가 올 수도 있다. 그것도 아니라면 내 의지대로 세컨드 라운드를 한참 앞으로 당길 수도 있을 것이다.

퍼스트 라운드란, 돈도 벌면서 세컨드 라운드를 준비하는 기간이다. 세컨드 라운드를 끌고 갈 무기를 퍼스트 라운드에서 반드시 만들어야 한다. 자기계발이다. 빠르면 빠를수록 세컨드 라운드를 책임질 전문성이 높아질 것이다. 이렇게 특기를 개발해 놓으면 은퇴 후에는 연륜과 지혜가 더해져 전문가의 반열에 오를 수 있다.

'퍼스트 라운드는 직장인으로 살고, 세컨드 라운드는 사장으로 살겠다' 는 목표를 세웠다고 가정해 보자. 무엇을 해야 하겠는가? 돈만 착실히 모으면 되는 것일까?

라면집을 하더라도 소문난 라면집을 하겠다는 꿈을 꿔야 한다. 기술을 배우고 정보도 캐고, 자격증도 따야 한다. 은퇴를 하고 나면 기술도 익히고 필요한 돈도 준비한 상태일 것이다. 그러면 퍼스트 라운드가 마무리되는 즉시 핵심 기술을 가지고 세컨드 라운드를 시작할 수 있다. 내가 살고 싶었던 가슴 뛰는 삶일 수도 있다. 은퇴가 아니라 인생의 시작이다.

강남에서 고풍스러운 분위기의 이탈리안 파스타집을 운영하는 50대 초반의 A씨. 그는 젊은 시절부터 맛집을 찾아다니는 취미가 있었다. 결혼 후 아내와 함께 파스타집에서 데이트를 즐겼다. 어느 순간 '나도 파스타집을 해보고 싶다'는 열망이 샘솟았다. 그후 그는 주말 요리사가 되었다. 전국에 소문난 파스타집을 돌며 맛을 보고, 주말에는 그 맛을 내기 위해 요리사를 자청했다. 블로그도 개설해 정보를 공유하고 인맥도 쌓았다. 때로는 사람들을 모아 놓고 자신의 파스타 품평회도 가졌다. 물론 직장 생활도 열심히 했다. 파스타를 공부하면서 멋진 가게를 차리겠다는 생각에 일도 더 열심히 하고 돈도 더 열심히 모았다. 40대에는 직장에서 휴가를 내어 이탈리아에 보름간 단기 유학도 다녀왔다. 40대 후반에는 자신의 실력에 자신감이 붙었고, 드디어 은퇴를 선언했다(사실은 은퇴가 아니라 세컨드 라운드 시작을 외친 것이다). 실력도 좋았고, 온라인에 지인들도 많아 가게를 열자마자 소문이 났다.

"제 인생의 황금기예요. 브라보 마이 라이프죠. 비법을 전수해 달라고 멀리서 찾아오기도 합니다!"

그는 직장 생활을 하는 동안에도 점심이나 외부 미팅이 있을 경우 주로 파스타집을 찾았다. 좋아하는 정도를 넘어 미칠 정도가 되니 전문가가 될 수 있었던 것이다. 퍼스트 라운드에서의 기술은 아무리 뛰어나도 60이 되면 조직에서 '필요가 없다'고 한다. 하지만 파스타집 사장처럼 자신의 취미에 빠져 살다 보면 또 다른 미래를 열 수 있는 또 하나의 수도꼭지가 생긴다.

대기업에 다녔다 하더라도 퇴직을 하고 나면 갑자기 막막해진다. 배운 것도 많고, 인맥도 좋고, 경험도 많은데…. 그렇다고 놀고먹을 수도 없다. 100만 원이라도 벌 수 있으면 좋으련만. 그러다가 지금부터라도 배워서 무엇인가를 해 보려고 한다. 그러면서 온갖 시행착오는 다 겪는다.

사진을 잘 찍는가? 그러면 앞으로는 전문가처럼 찍어 보라. 돈을 벌 수 있을 정도의 실력까지 키워 보라. 퍼스트 라운드에서는 얼마든지 가능하다. 주중에는 직장에서 열심히 일을 하고, 주말에는 카메라에 풍경이나 인물을 담아 보라. 마치 전문가처럼 말이다. 사진을 취미로만 생각하면, 그저 사진을 좀 잘 찍는 사람에 머물고 만다. 그래서는 돈이 되지 않는다.

돈은 죽을 때까지 필요하다. 돈 문제를 덜 겪으려면 돈을 창출시키는 제너레이터가 되어야 한다. 그러려면 무기가 있어야 한다. 그래서 지속적으로 돈을 만들어 낼 수 있는 전문성이 필요한 것이다.

당신의 그 전문성이 퍼스트 라운드와 세컨드 라운드에 모두 사용할 수 있는 것이면 가장 좋다. 회계사는 퍼스트 라운드도 세컨드 라운드도 회계라는 전문성으로 돈을 벌 수 있다. 퍼스트 라운드에는 회계사무소에서 일을 하고, 세컨드 라운드에는 회계사무소를 차리면 된다.

요리사도 마찬가지다. 퍼스트 라운드는 요리사로 일하면서 학벌을 붙이고 부단히 노력해 100%까지 전문성을 높이면 전문가가 될 수 있다. 세컨드 라운드에서는 교수가 되거나 레스토랑을 경영할 수도 있다.

그런데 모두가 회계사나 요리사가 될 수는 없으므로 퍼스트 라운드에서 세컨드 라운드에 사용할 전문성을 익히라는 것이다. 퍼스트 라운드에 한껏 벌어서 세컨드 라운드에는 해변에 별장을 짓고 안락한 삶을 살겠다는 꿈은, 더 이상 일할 힘조차 남아 있지 않을 때 가져도 늦지 않다.

100점이 되어야 전문가이다

나는 퍼스트 라운드에서 회사가 주는 돈으로 유학을 가는 행운을 누렸다. 가족과 함께 미국으로 건너가 MBA를 취득했다. 이뿐만 아니라 현재 나의 세컨드 라운드를 지탱하는 전문성도 배울 수 있었다. 물론 그 과정에서 숱한 어려움이 있었지만, 이를 악물고 세컨드 라운드를 준비하여, 주변 친구들이 은퇴를 걱정하는 나이에 가장 바쁘고, 열정적이고, 행복한 인생을 보내고 있다.

100점이 되어야 '전문가'라는 단어를 이름 앞에 붙일 수 있다. 90점은 주변에서 잘한다는 소리는 들을 수 있어도 전문가로 인정받을 수는 없다. 즉, 돈과는 상관없는 실력으로 남는다는 것이다.

사진을 아무리 잘 찍어도 전문가가 되지 않으면 작품집을 낼 수 없다. 취미로 잘 찍는 사람의 작품전에 과연 몇 명이나 관람을 오겠는가. 세무를 잘하는 사람은 돈을 벌 수 없지만, 세무사가 되면 돈을 벌 수 있다. 세무사 자격증을 따야 100점이 될 수 있다.

남들보다 조금 똑똑한 사람, 어떤 일이든 남들보다 다양하게 잘하는 사람이 굶어죽기 딱 좋다. 재주가 없어도 하나만 잘하는 사람은 그것만 판다. 재주가 좋은 사람은 이것을 해도 될 것 같고, 저것을 해도 될 것 같다. 모두 90점은 넘지만 100점은 없는 배고픈 사람이 되는 것이다.

주변을 둘러보면 재주가 많고 능력이 뛰어나지만 돈벌이는 시원찮은 사람들이 많다. 세무사 못지않게 세무에 대해 잘 안다면 거기에 머무르지 말고 세무사 자격증을 따야 한다. 그래야만 그 좋은 재주와 능력을 돈으로, 세컨드 라운드를 지탱하는 힘으로 사용할 수 있다. 나는 그래서 그들에게 말한다. 조금 더 공부해서 100점짜리로 만들라고. 나머지 공부를 하지 않아 안타까운 사람으로 남아서야 되겠는가. 조금 잘한다고 자만하지 말고 조금 더 공부해서 자격증에 도전해 보자.

'좋아하는 것, 잘하는 것이 있으면 미칠 정도까지 끌어올려라. 좋아하는 정도로는 안 된다.' 성공에 있어서는 매우 중요한 포인트다.

퍼스트 라운드=세컨드 라운드

퍼스트 라운드와 세컨드 라운드의 무게는 동일하다. 어떤 라운드가 중요한지 굳이 재 볼 필요도 없다. 그런데 대부분의 사람들은 세컨드 라운드를 '무無'의 상태로 방치한다. 인생의 타임라인을 그리게 해도 은퇴 후는 아무것도 그리지 않는다. 거기에서 인생을 스스로 마무리 짓는다. 그만큼 많은 사람들이 사회가 정한 '은퇴'라는 고정 관념에 사로잡혀 있다는 의미일 것이다. 60은 직장에서의 은퇴를 의미할 뿐 인생의 은퇴는 아니다. 어제와 똑같은 오늘일 뿐이다.

나는 퍼스트 라운드 시절, 주경야독하면서 노력한 결과 미국 유학을 갈 수 있었다. 그런데 IMF가 터졌다. 총 4학기 중 3학기는 회사가 돈을 대 줬지만 IMF가 터지자 회사의 지원이 끊겼다. 자비로 공부를 마치거나 아니면 귀국해야 할 상황이었다. 그런데 정치적인 논리가 작용했다. 회사가 어려우니 공부를 중단하고 돌아가는 것이 맞았다. 함께 간 3명 중 2명은 회사 분위기를 체크하더니 항복하고 귀국했다. 나는 'NO'였다. 회사에서는 나에 대해 말이 많았다. 자기만 살겠다고 회사가 어려운 상황을 외면한다고. 내 돈으로 내가 공부하는데도 충성심이 없다는 말이 돌았던 것이다. 미국에서 타고 다니던 차를 팔아 마지막 학기를 마치고 학위를 받았다.

들어와 보니 3000명이던 직원 중 1000명이 정리되고 2000명만 남아 있었다. 해외 지사에 있던 사람들이 매장에서 물건을 나르는 상황이었다. 나 역시 자리는 있었지만 진급이 되지 않았다. 그래서 회사를 그만두기로 결단을 내렸다.

비록 그룹의 돈으로 유학을 다녀왔지만, 그들이 가져갈 수 없는 한 가지가 있었다. 바로 학위였다. 먼저 들어온 2명은 학위가 없었다. 학위가 있다 보니 경제가 어려웠지만 갈 곳도 많고 할 일도 많았다. 자격증의 힘이었다. 이후 유학을 통해 배운 내용과 인생의 경험으로 얻은 것들을 융합하여 NPTI를 개발하였고, 이를 배우려는 제자들이 몰려들어 그들과 함께 한국파이낸셜테라피센터를 개설해 오늘에 이르고 있다. 퍼스트 라운드를 능가하는 생산성을 가진 전문가로 다시 태어났다고 생각한다.

인생은 바닥을 다지면서 올라가는 계단이다

국내 모은행 부행장 출신의 B씨는 은퇴 후 교수가 되었다. 사실은 은퇴 이후 할 일을 찾지 못해 퍼스트 라운드를 배경으로 교수가 된 케이스다. 그런데 만나면 입버릇처럼 "뭘 하며 살아야 할지 모르겠다."고 하소연한다. 좋은 전문성을 더 이상 발전시키지 못하고 90점에서 멈춘 케이스다.

세컨드 라운드에서도 자기계발은 지속되어야 한다. 자기 위치에 만족하거나 자신의 좋은 커리어를 이용하려고만 하지 말고, 세컨드에서도 자신의 부족함을 계속 채워가면서 더욱 독보적인 전문가가 되도록 노력해야 한다.

나 역시 겉으로만 드러나는 것에 머물지 않고, 사람의 마음과 그 사람의 인생에 집중했다. 그래서 돈이 되는 프로그램을 만들 수 있었다.

현직을 벗어나면 그때부터는 전문성의 싸움이다. 직장에 있을 때는 의욕도 많고, 자신감도 넘친다. 그런데 날개가 꺾이고 나면 기가 죽는다. 당신에게 머리를 조아리던 사람들도 갑자기 사라져 버린다. 그때 오는 상실감은 견디기 어려울 정도다. 갈 곳이 없다는 사실도 공허함을 준다. 은퇴를 하면 마음도 편하고 몸도 편해 좋을 줄 알았는데 좋은 것이 하나도 없다.

세컨드 라운드는 퍼스트 라운드에서 준비해 뒀다가 회사를 그만둔 바로 그 다음 날부터 넥스트 플랜으로 곧바로 들어가야 한다. 하루도 쉬지 않고 돌아가게끔 준비해 둬라. 특히 대기업일수록, 화려함을 많이 누린 직장 생활이었을수록 더 철저히 준비하는 것이 좋다. 그렇지 않으면 인생은 급격히 저물고 만다.

기업의 전직 프로그램을 아웃플레이스먼트라 한다. 대기업을 중심으로 전직 프로그램이 운영되고 있으나, 사실은 모든 기업에서 최소한 은퇴 3년 전부터 대상자를 교육해야 한다. 유치원에서 초등학교에 가기 위해 오리엔테이션을 하듯, 인생도 오리엔테이션이 필요하다. 퍼스트 라운드가 끝나가는 시점에서 자산과 인맥 등 자신이 가진 것을 냉정하게 바라보며 인생의 성적표를 스스로 매겨야 한다. 세컨드 라운드 준비가 얼마나 되었는지도 체크해야 한다. 세컨드에 필요한 것이 100인데, 50밖에 준비되지 않았다면 나머지 50을 어떻게 채울 것인지 방법을 모색해야 한다. 이에 따라 세컨드 라운드의 성적이 또 달라진다.

세컨드 라운드에 대한 준비가 부족할수록 무모한 자금 계획을 세우게 되어 있다. 매달 200만원이 필요한데, 수도꼭지에서 나오는 금액이 100만원뿐이라면 100만원이 더 나오는 방법을 알려 주겠다는 전문가를 찾아가거나, 퍼스트의 수확물을 겁도 없이 위험한 투자처에 몰아넣는다. 소비는 해야겠고 준비는 안 되어 있기 때문이다.

세컨드에 대한 준비를 미처 하지 못했다면, 우선 자기 자신을 현실화해야 한다. 매달 가용 금액이 100만원뿐이라면, 100만원에 맞는 소비 계획을 세워야 한다.

한 달에 쓸 수 있는 돈이 100만원뿐이라는 사실은 고통을 준다. 하지만 세컨드 라운드도 인생의 또 다른 시작점이기에 바닥까지 낮췄다가 다시 차근차근 올라가는 프로세스를 밟아야 한다.

기업 경영에는 혁신이 필요하다. 그러나 우리의 삶에는 혁신이 아닌 계단이 필요하다. 계단을 오르기 위해서는 내공과 시간이 필요하다. 하나씩 다져지면서 경험이 쌓여야 한다. 그러다 보면 리스크가 보이고 삶의 밸런스 잡기가 쉬워진다.

그런데 계단이 아닌 한방에 올라서려고 하면 리스크가 보이지 않아 일확천금을 노리다가 있는 것들을 모조리 잃고 만다. 가진 게 부족하다고 하여 미사일을 쏘아 올리려 하지 마라. 빠른 길로 보이지만 당신을 패망의 길로 인도할 것이다. 당신이 지금 준비가 충분하든 부족하든 항상 활주로를 타고 비행하는 비행기가 되어야 한다. 아무리 늦었다고 생각되더라도 다시 하나 하나 쌓아가야 한다. 가능하지 않은 것들은 가능하지 않다는 사실을 주변에 미리 고백하라. 그 순간을 부끄러워하지 마라. 부끄러움은 순간이지만 그로 인해 당신의 남은 인생 전체가 구제받는다는 사실을 기억하기 바란다.

명함에 내 것을 새겨 넣기 위해 노력하라

명함 인생이다. 최소한 명함을 꺼냈을 때는 내 것이 있어야 한다. 명함에 적힌 내용 중 내 것이 무엇인지 자문해 보라. 직장인이라면, 명함 속 단어가 누구의 것인지 따져보자.

삼성전자 임원을 예로 든다면, 그의 명함에는 삼성 로고부터 부서 이름, 화려한 영문, 그리고 이름 석 자가 들어갈 것이다. 사람들은 이 명함을 보고 "좋은 회사에 다니고 임원까지 지내시니 돈도 잘 버시겠군요." 남편이 임원이면 "와 대단하시네요. 임원의 사모님 되시는 군요." 어깨가 절로 으쓱해진다.

그때 나는 묻는다.

"그 명함에서 회사 것을 다 지우면 무엇이 남는가?"

남는 것은 이름 석 자와 휴대전화 번호뿐이다.

'회사를 나오면 무엇으로 먹고살 것인가?' 사실 핵심은 그것이다. 어깨에 힘주고 다니다가 하루아침에 회사에서 '나가!' 하면 달랑 이름 석 자만 새겨진 명함을 들고 다녀야 한다. 뭐라도 붙여야겠다고 생각하면 이름 앞에 '전(前)'자만 생각난다. '전 삼성전자 임원.' 이들을 만나면 항상 하는 말은 '내

가 왕년에' '예전에는 이렇게 큰 프로젝트를…'

사실은 아무 도움이 안 된다. 회사를 다니는 동안 100점이 되기 위해 노력했다면, 나도 좋고 회사도 좋았을 것이다. 회사를 나온 이후에는 교수가 되고 박사가 될 수 있었을 것이다.

회계사 자격증을 따 놓았다면, 회사에서 "나가!"라고 해도 '웃기는 소리'라고 코웃음을 치며 다음날 이름 앞에 회계사가 붙는 당당한 명함을 들고 다닐 수 있다.

"안녕하세요. 회계사 ○○○입니다. 전에는 삼성전자 회계부서에서 일했습니다."

나의 가치가 180도 달라진다. 회계사가 아니었다면 과거의 경력도 힘을 발휘하지 못한다. 그런데 회계사가 되고 나니 과거의 이력이 더욱 빛을 발하고, 경력에 도움이 된다.

따라서 좋은 회사에 다니고 삶이 안정적일수록 자기 명함에 들어갈 것들을 준비해야 한다. 회사 이름이 빠져도 나를 지탱해 줄 '내 것'을 가지려고 노력해야 한다. 학사보다는 석사가 좋고 석사보다는 박사가 좋다. 석사 학위 때문에 남들보다 월급을 더 받고 있다고 거기에 만족하고 안주하지 말자.

퍼스트 라운드와 세컨드 라운드의 상관관계를 잘 이해하면 퍼스트 라운드에서 주어지는 풍부한 기회를 충분히 누리고 활용해 안정적으로 세컨드 라운드를 준비할 수 있다. 자기계발을 통해 내 명함을 완성시켜야 한다. 이 완성된 명함이 내 인생 전체를 성공과 실패로 이끈다.

부와 명예, 권력의 밸런스

가장 균형적인 사람은 부와 명예, 권력을 모두 가진 사람이다. 부는 있는데 명예와 권력이 없으면, '졸부'라는 지탄을 받을 수 있다. 또 어떤 사람은 명예는 있는데 부와 권력이 없다. 이들을 가리켜 '청렴결백', '가난의 맹세를 한 사람'이라고 부른다.

재무적으로 건강해지려면 세 개가 균형감을 가져야 한다. 돈이 많으면 성공했다고 보는 것이 우리 사회의 통념이지만, 나는 그런 사람들은 그저 돈만 많은 사람일 뿐이라 생각한다. 세 개가 균형을 얻어야 진정한 부자가 될 수 있고, 부를 통해 행복도 얻을 수 있다.

한 달 월급으로 1억원 가까이 받는 모 보험회사의 이사. 주식 투자로 벌어 놓은 돈만 해도 수십억이 넘는다. 40대 초반의 나이에 돈으로 이룰 수 있는 꿈을 다 이루었다고 자평한다. 그런데 그가 가진 것은 오직 돈뿐이다. 그는 돈으로 사람 위에 군림하면 명예와 권력도 따라올 것이라 믿는다. 그래서 누구에게도 베풀지 않고, 버는 돈은 모두 곳간에 쌓아 두기만 한다.

오래전 이혼한 상태며, 자녀 걱정에 머리가 빠진다. 돈 이야기를 할 때는 흥분하면서 자랑을 늘어놓는다. 그런데 인생을 논하기 시작하면 '외롭다', '살맛이 안 난다'가 주를 이룬다. 누구 하나 마음으로 다가오지 않고, 자신의 돈만 보고 오는 것 같다며 신세를 한탄한다. 강이 보이는 50평대 아파트를 사 놓았지만, 정작 그곳에서 꿈을 함께 나눌 사람이 없다. 그러면서도 그는 꼭두새벽부터 일어나 하루 종일 돈을 좇는다. 자신의 허전한 마음을 돈으로 채우고 있는 것이다.

돈으로는 마음을 채울 수 없다. 돈과 명예, 권력이 밸런스를 이룰 때만 마음의 텅 빈 공간이 채워지기 시작한다. 또한 돈 잘 버는 자신을 진심으로 격려하는 가족이 있어야만 돈을 버는 진정한 재미도 느낄 수 있는 것이다.

6

빚지기 전에 알았더라면
좋았을 것들

이유를 불문하고 빚부터 갚으라

2012년 9월말 기준으로 한국은행이 발표한 자료에 따르면 한국 가계 전체의 부채는 937조를 넘어서고 있다. 가계 부채 1000조 시대가 열린 것이다. 우리나라 국민 5000만명을 기준으로 했을 때, 1인당 부채는 2000만원이며, 4인 가족으로 환산하면 거의 1억에 가까운 금액이다. 많아도 너무 많다. 빚을 지지 않은 가계를 빼면, 한 가구당 지고 있는 빚은 더 늘어날 것이다. 참으로 아찔한 수준이다.

가계 부채가 늘어난 데에는 '레버리지Leverage'라는 단어가 중심에 있다. 레버리지를 이용해 더 비싼 집을 사서 집값이 오르면 더 많이 벌겠다, 빚을 내서 더 많이 투자해서 더 벌겠다, 증권사로부터 돈을 빌려 주식으로 더 벌겠다는 욕심 등이 바로 레버리지 심리다.

레버리지, 돈이 마구 불어나는 소리 같아서 듣기에는 좋다. 레버리지 효과라고 하니 효과만 있고 피해는 없는 것처럼 느껴지기도 한다. 사람들이 레버리지 효과를 역설하면 나는 도리어 그에게 부탁한다.

"그렇게 좋은 투자처가 있으면 나도 좀 소개시켜 주시오."

세상에서 가장 쉽게 돈을 버는 방법이 무엇인지 아는가? 은행에서 5%에 돈을 빌려, 이자가 10%인 곳에 묻어 두면 된다. 금액은 많으면 많을수록 좋다. 돈을 옮겨 놓기만 해도 돈이 돈을 벌어다 준다. 그렇게 쉽게 돈을 버는 곳이 있다면, 논 팔고 집 팔아서라도 해야 할 것이다. 문제는 그런 구조로 투자하기가 어렵다는 데 있다.

사실 은행 이자보다 훨씬 많은 이자를 벌게 해 주는 곳이 있기는 하다. 그런데 수익이 날 확률보다 손실이 날 확률이 훨씬 높다는 것이 함정이다. 위험 없는 레버리지는 없다. 빚에서 확실한 것은 이자다. 빌려 놓고 장롱에 넣어 두기만 해도 이자가 붙는다. 반면 투자 수익은 불확실하다. 결국 확실과 불확실의 싸움이다.

앞서 반복해 언급한대로 인생은 불확실에 모험을 걸어서는 안 된다. 확실한 것만 잘해도 부자가 될 수 있다. 레버리지로 불확실성을 키우는 사람들이 오히려 잘 가다가도 한방에 모두 잃고 만다. 그래서 그런 투자를 계속하는 사람들은 언제나 '끝이 안 좋다.'

빚을 내서라도 더 많은 수확을 거둬 은행 이자도 갚고 나머지는 내가 갖겠다는 생각은 기업에 해당하는 말이다. 우리 인생에는 이벤트들이 확실하게 다가오므로 확실한 방법으로 1%의 문제도 없이 방어해야만 한다.

40대 초반의 P씨는 친구에게 보증을 섰다가 1억원의 빚을 지게 되었다.

보증을 서줬던 친구가 갑자기 사망하면서 빚을 모두 떠안게 되었다. 한 번도 써 보지 않은 돈을 갚으려고 하니 인생이 억울했다. 안 갚을 수는 없고, 방법을 찾던 중 회사에서 직원 대출로 2% 이자에 1억원을 빌렸다. 이자가 10%가 넘는 기존 빚 1억을 갚으면 억울하기는 해도 이자 비용을 크게 줄일 수 있는 묘안이었다.

그런데 P씨는 나름대로 투자에는 일가견이 있었다. 직장 동료들이 그에게 투자 조언을 구할 정도였다. 그것이 화근이었다.

막상 1억을 손에 쥐고 보니 주식 생각이 간절했다.

'짧은 기간에 큰돈을 벌 수 있는 투자 상품이 바로 주식이지!'

주식으로 수익을 올려 보증으로 날린 돈 1억을 갚고, 그 후에는 회사에서 받은 대출을 갚으려는 심산이었다. 뜻한 대로 되기만 한다면 보증으로 생긴 억울함을 풀 수도 있을 터였다.

우량주에 투자한 덕분에 초반에는 수익을 올렸다. 그런데 얼마 못가 리먼 브라더스 사태가 터져 증시가 폭락하기 시작했다. 어느새 투자금은 7000만 원으로 줄어 있었다. 마음이 급해졌다.

이미 많이 떨어졌기 때문에 이제는 오를 일만 남았다고 판단한 그는 신용, 즉 레버리지를 이용했다. 주식에서 레버리지란 내가 가진 돈만큼 증권사로부터 돈을 빌리는 행위로, 레버리지를 사용하면 주가가 오를 경우 2배의 수익이 가능하다.

떨어질 만큼 떨어진 줄 알았던 주가는 이후에도 폭락을 계속했다. 아니 오히려 폭락의 속도는 이전보다 더 빨랐다. 부동산도 마찬가지지만, 투자 자산은 언제나 전문가들의 예상보다 더 떨어지는 경우가 많다.

날개 없는 추락이었다. 수익을 2배로 예상하고 레버리지를 이용했는데, 손실만 2배씩 커져갔다. 투자금은 어느새 3000만원뿐이었다. 그래도 신용의 유혹을 버릴 수 없었다. 신용으로 빠르게 잃었기 때문에 만회를 하려면 신용으로 2배를 벌어야만 하는 상황이었다. 주가도 더 이상 떨어질 곳이 없다고 생각했다.

그런데도 주가는 추락을 멈추지 않았다. 조금 오르는가 싶더니 다시 더 빠른 속도로 떨어지지 않는가. 결국 증권사로부터 반대 매매를 당했다. 깡통을 경험한 것이다. 신용을 쓰면 손실률이 적정 수준 이하로 떨어질 경우 증권사는 자신이 빌려준 돈을 지키기 위해 강제로 주식을 팔아 자금을 회수해 버린다.

빚보증으로 생긴 1억에, 회사에서 대출받은 1억까지 날리고 나니 빚이 2억으로 늘어났다. 1억이던 빚이 2억으로 늘어난 데에는 6개월밖에 걸리지 않았다. 만져 보지도 못한 돈이 사이버상에서 공중으로 날아가 버린 것이다.

겨울이 가면 봄이 오듯, 이후 증시는 제자리도 돌아왔다. 그런데 후회해도 소용없었다. 주식 투자를 하지 않았다면? 최소한 레버리지를 이용하지 않았다면? 어땠을까. 주식 투자를 하지 않고 빚을 갚았다면 최소한 이자 비용은 크게 낮출 수 있었을 것이다. 레버리지를 이용하지 않았다면, 증시가 제자리로 돌아왔으니 벌지는 못했어도 원래 금액은 회복할 수 있었을 것이다.

빚은 어떤 경우라도 지지 않는 것이 최선이다. 특히 투자를 목적으로 하는 빚은 재앙을 불러온다. 이미 빚지고 있다면, 우직하게 갚아 가도록 하라. 레버리지를 이용해 어설프게 빚 상환 기간을 줄이려고 하지 마라. 그러다가 평생 빚의 노예로 전락하게 된다. 지금 당장 1원부터 갚아나가는 것만이 정답이다.

빚 없는 상황을 경험해 보라

빚을 한번 지고 나면 빚이 줄기는커녕 오히려 늘어나는 것이 일반적이다. 돈을 대하는 그 사람의 태도에 문제가 있기 때문이다. 빚을 통해 무엇인가를 이루려는 욕심을 없애기란 매우 어려운 일이다.

버릇처럼 빚을 지고, 빚 갚기를 거부하는 사람에게 가장 좋은 약은 '빚이 없는 상태 경험하기'다. 항상 빚에 쫓기며 압박을 받다가 빚이 없는 상태가 되면 해방감을 느낀다. 빚만 생각하면 머리가 아픈 사람, 가슴이 아픈 사람, 뒷골이 당기는 사람…. 그런데 빚이 없어지는 순간 모든 증상이 씻은 듯이 사라진다. 큰 병을 앓아 본 사람은 그 고통을 알기 때문에 조심하게 된다. 마찬가지로 빚 때문에 죽을 것 같던 경험을 해 본 사람은 빚을 갚고 나면 다시는 그 고통을 경험하지 않으려고 노력한다. 따라서 해결책은 과감한 결단뿐이다.

사업 실패 후의 대처 _ 사업에 실패하면 빚이 지배하는 인생으로 바뀌기 쉽다. 작은 돈으로는 해결되지도 않는다. 배포가 큰 사람은 어떻게 할까? "배 째라!" 그리고 다시 산다. 약한 사람들은 빚 독촉에 평생 끌려 다니며 결국 빚도 못 갚고 인생이 여기서 마무리된다. 아내 명의로 빚을 내 갚기도 하는데, 그러다가 부부 모두 신용 불량자로 전락한다.
사업에 실패해도 사람은 절대 죽지 않는다. 죽을 것 같은 아픔만 있을 뿐이다. 그래도 극복하고 당당하게 살아야 한다. 혼자만 신용 불량이 돼라. 배우자는 살려야 한다. 그래야만 차후에라도 돌파구가 생긴다.

하나로 합치라

작은 빚 때문에 우리는 많은 것들을 잃는다. 사람을 잃고 신용을 잃는다. 작더라도 빚이 여러 개면 많은 사람에게 신용을 잃는다는 말이 된다. 빚은 분산되어 있으면 그 고통이 더 크다. 여러 곳에서 동시다발로 쏘아 대면 아픈 곳도 많은 법이다. 누구한테 얼마의 빚이 있는지도 헷갈리고 그러다가 실수를 하게 되어 있다. 결국 50만원, 100만원 때문에 사람을 잃기도 한다. 하지만 하나로 뭉쳐 놓으면 최소한 하나만 잃으면 된다. 1 대 1 관리도 가능해진다.

돈이 생기면 작은 빚부터 해결하는 것이 좋다. 합칠 수 있으면 합쳐라. 10명 중 9명을 해결하면 9명에게 당신은 깨끗한 사람으로 남는다. 그렇지 않으면 10명으로부터 '나쁜 사람'이라는 말을 들어야 할 것이다.

또 하나의 빚 상환 팁은 원금과 이자를 동시에 갚는 방법이다. 보통은 거치식 상환을 선호하지만, 빚 상환이 유예되면 어느 순간 빚이 공짜처럼 느껴진다. 그런데 갚아야 할 시간은 시시각각으로 다가온다. 준비가 안 되면 부담이 커지고 한방 심리가 다시 자리 잡는다. 그러다가 더 꼬이기 마련이다.

빚 갚느라 다가올 이벤트를 준비하지 못한다고?

'저금리로 갈아타기', '하나로 뭉치기'는 빚 상환의 기본 기술이다. 그런데 빚을 갚다 보면 인생에서 확실하게 다가오는 이벤트를 준비할 여력이 줄어든다. 빚도 갚아야 하고, 이벤트도 준비해야 하는 모순된 상황, 무엇이 먼저일까?

답을 먼저 말하자면, 그래도 빚 상환이 먼저다.

월급이 250만원인 가정을 예로 들어보자. 매달 빚 상환에 100만원이 들어간다면, 어떤 일이 있어도 나머지 150만원으로 살아야 한다. 150만원으로 이벤트 준비도 가능하면 걱정은 많이 덜 수 있다. 그런데 빚을 갚고 나니 이벤트를 준비할 돈이 절대적으로 부족하다면 어떻게 해야 할까? 더 벌지 않으면 답이 없다. 과거 잘못에 대한 대가이다. 투잡을 하거나 부부가 함께 벌어야 한다. 위험한 투자를 철저히 배제한 상태에서 정직하게 벌어서 번만큼 갚아가야 한다.

이벤트 준비도 중요하다는 생각에 엉뚱한 방법을 쓰다 보면 결국 은행만 좋은 일 시키게 된다. 평생 은행의 노예가 되어 원금의 2-3배를 이자로 주면서 살아가는 사람들을 숱하게 보아 왔다. 여기에 이자마저 안 갚으면 복리 효과가 더해져 갚을 돈은 더 늘어난다.

재테크에서 가장 중요한 전략은 바로 '빚 털기'다. 그나마 빚을 갚아갈 수 있는 상황이면 행복한 것이다. 그조차 힘든 상황이라면 손을 자르는 고통을 감수해야 한다. 나는 빚으로 고생하는 사람들에게 "죽을 만큼 힘들더라도

빚과 이벤트 _ 빚을 갚느라 본격적인 이벤트 준비가 어려울 경우, 이벤트 수만큼 N개의 돼지 저금통을 만들라. 큰돈은 못 넣어도 매달 동전 몇 개라도 넣을 수 있다. 아무리 힘들어도 미래를 포기해서는 안 된다. 돼지 저금통은 당신에게 희망이 될 것이다. 그리고 지친 마음에 용기를 준다. 상황이 호전되면 돼지 저금통으로 들어가는 돈도 동전에서 지폐로 바뀔 것이며, 은행 통장으로 바꿔야 할 만큼 가득 차는 날도 올 것이다. 금액보다 더 중요한 것은 작더라도 준비해 가는 그 마음이다.

빚이 제로가 됐을 때도 중요하다. 빚을 갚다 보면 거기에 빠져서 이벤트를 잊게 된다. 하지만 이벤트는 빚을 갚을 동안에도 조금씩 다가온다. 각각의 이벤트마다 통장(최소한 돼지 저금통)을 미리 만들어 놓지 않으면 빚 갚고 난 후의 해방감으로 엉뚱한 곳에 돈을 쓰게 된다. 빚은 갚았는데 이벤트를 준비하지 못하는 상황, 그러면 다시 빚을 져야할 수도 있음을 명심하자.

빚을 갚아야 한다면 감내하고 참으라"고 말한다.

새 살이 나오려면 곪은 곳을 반드시 째내야 한다. 빚을 다 갚아야만 이벤트 준비도 가능하다. 그러니 다가오는 이벤트에 실수하지 않으려면 빚 갚는 데 모든 힘을 쏟아 부어라.

빚지는 것도 문제지만 퍼 주는 것도 문제

모대학 비서실장의 아내가 상담 신청을 해 왔다. 진단을 해 보니 남편이 성직자에 가까웠다. 돈에 욕심이 없을 뿐만 아니라 남에게 퍼 주는 성격이었다. 그런데 정작 아내는 돈 걱정이 태산이다.

남편은 어린 시절 아버지가 사업에 실패해 전재산을 잃고 야반도주한 경험이 있다. 불우한 환경에 살면서, 돈이란 나쁜 것, 욕심 부리다가는 가정이 불행해지는 것으로 인식하게 되었다. 반면 형제들은 모두 신용 불량자들이었다. 어린 시절의 아픔이 형제들을 돈에 관해 극과 극으로 갈라놓은 케이스였다. 남편은 형제들을 돕느라 월급이 남아나지 않을 지경이었다.

나는 남편을 만나 다음과 같이 조언했다.

"당신이 이렇게 조금씩 도와주다 보면 당신이나 형제들이나 모두 침몰한다. 일단은 당신부터 안전하게 가라. 가족부터 온전하게 한 후에 도와줘라. 형제들의 문제를 모두 해결해 주면, 결국 당신 때문에 형제들이 의존성이 강해져 자립하지 못한다. 형제들에게 피해를 주고 있다는 생각을 해야 한다. 일단 아내가 힘들어하며, 미래를 불안해 하지 않는가. 자녀 두 명은 어떻게 키우려고 하는가. 대학 정원이 줄어들어 감원이 많다고 하는데, 직장에서 해고당하지 않을 자신 있는가?"

상담 후 남편에게 변화가 일어났다. 아내의 말에 귀를 닫던 남편이 "이제야 보입니다."고 고백했다.

이 책의 4부에서 다룰 '돈의 4가지 마음'에서 나는 나누는 마음이 얼마나 중요한지 반복하여 강조할 것이다. 그럼에도 불구하고 나눔이란, 내 가정의 돈 문제가 해결된 후의 일이다. 가정 경제가 휘청거릴 만큼 돕는 것도 결국은 밸런스 붕괴다.

당신이 누군가를 돕고 싶거나, 돈을 빌려 달라는 요청을 받았을 때 가장 먼저 고려해야 할 사항은 바로 가족이다. 가족에게 문제가 없을 만큼 충분한 돈을 확보하고 있다면, 나머지는 얼마든지 돕는 일에 써도 된다. 남을 돕기 위해 큰 부자가 되는 것도 아름다운 일이다. 그런데 정작 내 가족은 돈 문제로 신음하는데 측은지심에 누군가를 돕고 있다면 그것은 무책임한 가장의 모습일 뿐이다.

신용 관리를 잘하는 방법

1. 주거래 은행을 만들라.
2. 나에게 꼭 필요한 카드 하나만 사용하라.
3. 신용 거래 의뢰는 신중히 하라. 또한 여기저기 신용 조회를 의뢰하지 말라.
4. 신용 조회는 제도적으로 안정된 금융기관에서 하라.
5. 단 하루도 연체하지 마라. 1원의 금액이라도 연체를 피하라.
6. 대출금의 만기일을 정확히 체크하라.
7. 보증 시 한도 기간 등의 계약 관계는 철저히 체크하라.

8. 자동 이체를 최대한 이용하라.

9. 신용카드 현금 서비스는 불가피한 경우에만 사용하라.

10. 각종 금융 거래 알림을 이용하고 영수증을 챙기라.

11. 주소나 연락처가 변경되면 반드시 통보하라.

12. TV 광고 등의 대부업체는 절대 조회하지 마라. 단 한 번의 조회도 많
    은 피해를 입힌다.

4
—
돈의 4가지 마음

Money

부자가 되려면 네 개의 마음을 가져야 한다. 네 개의 마음이란, '돈 버는 마음(+)', '돈 쓰는 마음(−)', '돈 불리는 마음(×)', '돈 나누는 마음(÷)' 이다. 이 네 개의 마음이 균형을 이룰 때 비로소 부자로 가는 계단을 밟을 수 있다.

1

돈 문제,
재무 심리에서 원인을 찾다

부자와 가난한 사람을 나누는 기준, '재무 심리'

재무 심리란 돈에 대한 생각, 태도, 믿음으로 이뤄지며, 우리의 무의식에서 생성되므로 자신의 재무 패턴을 점검하지 않고는 그 존재 자체를 인식할 수 없다. 또한 재무 심리는 자라 온 환경, 즉 어릴 때부터 겪어 온 돈과 관련된 사건들의 영향을 받는다. 부모가 돈을 어떻게 다루고, 이야기하고, 돈 문제가 언제 어떻게 발생하고, TV 속 인물들이 돈을 어떻게 대하고…. 이런 것들이 쌓여서 우리의 머릿속에 '돈이란 이런 것이구나' 하고 자리를 잡는다.

재무 심리가 건강하면 아름다운 부자로 행복하게 산다. 하지만 이 중 한 가지라도 부족하면 부자가 되지 못하거나 불행한 부자가 된다. 그동안 우리는 돈을 많이 벌면 부자가 되고, 돈을 벌지 못하면 가난하게 산다고 단정해 왔다. 겉으로 보이는 행동에서 부자와 빈자의 원인을 찾으려고 했던 것이다. 하지만 사실은 우리 안에 내재된 다양한 심리적인 요소들이 부자와 가난한 사람을 나눠 왔음을 깨달아야 한다.

원인을 심리에서 찾는 방식은 시대적 조류로 자리 잡았다. 자기계발에 몰두하던 사람들이 지금은 내재적인 원인을 고치는 '힐링Healing'에 집중하는 것도 그 한 예다. 교육에 있어서도 과거에는 '4당 5락'이라는 말이 유행했고, 몽둥이를 들고서라도 자녀를 책상에 앉혀 놓으면 좋은 성적으로 연결된다고 믿었다. 하지만 지금은 '아이 스스로 공부해야겠다는 마음의 변화'가 가장 중요하다는 사실을 깨닫게 되었다.

그럼에도 불구하고 돈과 관련해서는 그동안 눈에 보이는 것들만 주류로 다루어졌다. 근본을 바꾸지 않고 행동 패턴만 바꾸려다 보니 많은 사람들이 돈 문제로 끊임없이 고통을 당하고, 경제적인 삶에 큰 진전이 없었던 것이다.

눈에는 보이지 않지만, 돈과 관련하여 서민들이 갖는 고민은 무엇일까?

왜 나는 돈을 많이 못 벌까, 왜 나는 아무리 벌어도 항상 돈이 부족할까, 왜 투자만 하면 실패할까, 왜 나는 돈을 모으기만 하고 쓰지는 못하는 걸까, 왜 충동구매를 억제하지 못해 매번 후회할까, 왜 빨리 큰돈을 벌고 싶어 마음이 조급해질까, 왜 나는 미래보다는 현재의 즐거움에 치중할까, 왜 나는 도박에 빠져 헤어 나오지 못하는 걸까, 왜 나는 남에게 잘 속는 걸까 같은 모든 고민들이 재무 심리에서 기인한다.

건강한 재무 심리를 갖춘 사람은 돈을 벌고, 쓰고, 불리고, 나누는 행동에 아무 문제가 발생하지 않는다. 반대로 허약한 재무 심리를 가진 사람은 잘 벌지도, 잘 쓰지도, 잘 불리지도, 잘 나누지도 못한다. 또한 남들이 위험성을 아무리 경고해도 정작 본인은 위험을 위험으로 느끼지 못하기 때문에 수십 년간 모아 온 돈을 한순간에 날리는 우를 범하고, 옳은 것과 그른 것을 구별하지 못하여 똑같은 실패를 반복하고도 그 이유가 어디에 있는지 알지 못한다.

4부에서는 돈에 관한 근본적인 문제를 ①인식하게 하고 ②바꾸도록 하는 데 집중한다. 자신의 재무 심리를 잘 점검하여 '부자 DNA'를 갖추는 계기가 되었으면 한다.

참고로 미국에서는 이미 돈과 관련된 문제를 '재무 심리'를 통해 해결하는 시도가 광범위하게 진행되고 있다. 국내에서는 최초로 선보이는 개념이다. 필자에 의해 국내에 처음 도입되었고, 현재 전문가도 양성하고 있다.

2

돈의 네 가지 마음

부자가 되려면 네 개의 마음을 가져야 한다. 네 개의 마음이란, '돈 버는 마음(+)', '돈 쓰는 마음(−)', '돈 불리는 마음(×)', '돈 나누는 마음(÷)'이다. 이 네 개의 마음이 균형을 이룰 때 비로소 부자로 가는 계단을 오를 수 있다.

첫째, 사람들은 부자가 되고 싶어도 돈 버는 마음(+)이 약해서 첫 단추조차 끼우지 못하는 경우가 있다. 둘째, 돈 버는 마음(+)은 강하지만 쓰는 마음(−)이 약해서 어디인지도 모르는 곳에 돈을 다 써 버린다. 셋째, 돈 불리는 마음(×)이 약해서 ①겁만 내고 장롱 속에서 돈을 썩히거나 ②대박의 환상을 좇다가 몽땅 날리고 만다. 넷째, 돈 나누는 마음(÷)이 약하여 ①돈으로 바벨탑을 짓다가 온갖 지탄과 자린고비, 수전노라는 소리를 듣거나 ②가진 것도 없이 퍼주기만 하여 돈 문제를 자초한다.

NPTI 설문지를 통해 조사를 해 보면 사람마다 네 개의 마음이 제각각이

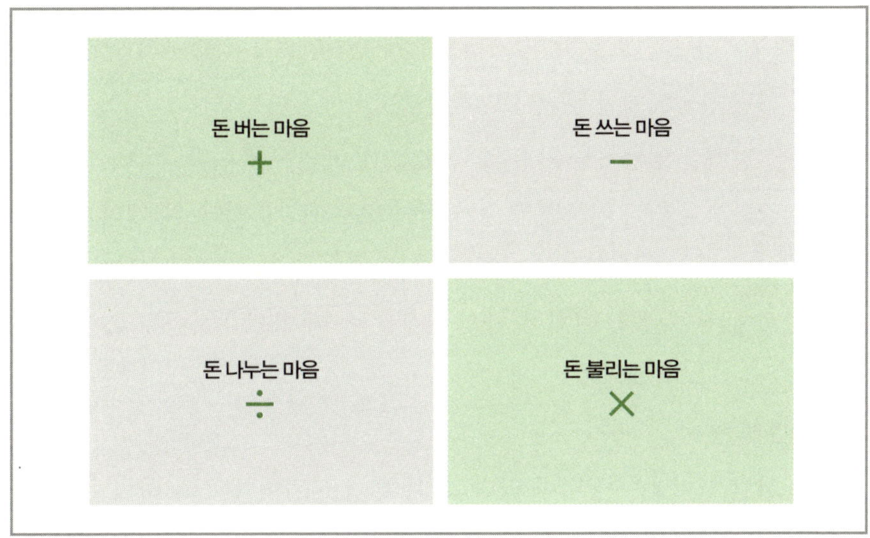

다. 돈 잘 버는 사람 중에도 쓰는 마음과 나누는 마음이 약하여 돈 문제로 신음하는 경우가 있는가 하면, 비록 수입은 적지만 쓰고 불리는 마음이 강하여 돈 걱정 없이 부자로 사는 경우도 있다.

네 개의 마음을 이해하지 못했던 시절에는 필자조차도 돈을 잘 벌어도 가난하게 살고, 수입이 적어도 부자가 되는 사람들의 이유를 알지 못했다. 알 부자 중에 평범한 직장인 출신들이 많다는 사실도 이해가 되지 않았다. 돈을 빌리러 다니는 의사와 연구원, 기자들이 도무지 이해되지 않았다.

그런데 사람의 근본적인 문제를 끊임없이 파고들자 네 개의 마음이 기능적으로 작용하고 있음을 발견하게 되었다. 돈 문제로 신음하는 의사를 진단해 보면 예외 없이 네 개의 마음 중 하나가 고장 나 있다. 본인에게 문제가 없을 경우 배우자에게서 원인이 튀어나온다. 정말로 신기한 일이 아닐 수 없다. 외부적인 요인으로 보이는 것들조차도 진단지로 상담자의 인생을 스캔하고 나면 본인에게서 문제가 발견된다.

그만큼 강력한 영향력을 가진 것이 바로 네 개의 마음이다. 이 네 개의 마음이 건강하게 균형을 이루면 부자가 되는 것은 시간문제다. 네 개의 마음을 갖추고 나면 다윗이 골리앗을 이긴 것처럼, 적은 수입으로도 고액 연봉자를 거뜬히 넘어설 수 있다. 이제 네 개의 마음을 좀 더 자세히 분석해 보자.

돈 버는 마음(+)

돈과 사람 사이에는 궁합이 있다. 돈과 친한 사람이 있는가 하면 돈과 담을 쌓고 사는 사람도 있다. 돈을 잘 벌기 위해서는 돈이 오게 하는 재무 심리를 갖추고 있어야 한다. 돈을 잘 버는 재무 심리에는 관계성, 실속, 끈기, 적극성, 악착같음, 노력 등이 있다. 기본적으로 이런 마음들이 있어야 돈을 끌어당길 수 있다.

왜 돈이 오지 않는가

영업 관련직에 종사하는 30대 중반의 H씨. 직장에서 누구보다 열심히 일한다고 자부하지만 결과는 언제나 기대 이하다. 진단 결과 그에게서 돈과 친해지기 어려운 종합적인 요소들을 발견할 수 있었다.

직장에서 그는 누구보다 열심히 일한다. 그런데 그는 돈 버는 일에는 자존심이 필요하다고 생각한다. 평소 직장 상사나 동료, 거래처에 고마움도 잘 표시하지 않는다. 셈이 빠르다는 말을 그동안 한 번도 듣지 못했다. 아는 사람을 만나도 먼저 인사하는 경우가 드물다. 어떤 일이든 끝까지 물고 늘어지는 근성이 부족하다. 만나면 기분 좋은 사람이라는 말을 못 들어 봤다. 인생에서 손해 보는 장사는 하지 않는다(이 점은 돈과 친한 부분이었다). 전체적으로 봤을 때는 돈을 밀어내는 요소들을 두루 갖추고 있다.

불행하게도 H씨는 장사를 해도 성공하기 힘들고, 직장에서도 두각을 나타내기 어렵다. 영업이라는 직업도 자신의 성향과 맞지 않는다.

무엇이 나를 바꾸는가

H씨가 돈을 오게 하려면 어떻게 바뀌어야 할까? 부지런히 일하는 것은 기본 옵션이다. 거기에 만나고 헤어질 때 인사를 크게 잘해야 한다. 남들보다 한발 앞서 움직여 그들이 나와 일하고 싶게 만들어야 한다. 밝고 즐겁게 일하면 돈이 따라온다는 생각을 가져야 한다. 수단과 방법을 가리지 않고 돈을 벌어야 한다. 도덕적 관점이 아니다. 자존심이 밥 먹여 주지 않는다는 사실도 깨달아야 한다. 일단 기회가 오면 절대 놓치지 않는다. 열 번 찍어 안 넘어 가는 나무 없다는 자세로 될 때까지 악착같이 따라붙어야 한다. 유쾌하고 긍정적인 사람이 되어야 한다. 함께 있고 싶은 사람이 되어야 한다. 셈이 빨라야 한다. 먼저 주더라도 공짜는 없다, 반드시 그 이상 돌려받는다는 마음이 있어야 한다. 꼭 감사의 말을 전하고 챙기는 사람이 되어야 한다. 약속을 쉽게 하지 않고 약속을 하면 반드시 지킨다. 사람의 마음을 사로잡아 내 편이 되게 한다. 경조사는 빠지지 않는다. '상대방이 안 해도 된다'고 해도 한다. 돈이 있는 곳에서 놀아야 한다. 상대방의 고민이 무엇인지 알고 해결해 준다. 눈치가 빨라야 하고, 소탐대실하지 않아야 하고, 실속을 차려

야 한다.

당신 삶의 철학과 맞지 않거나 속물근성처럼 보이는 항목도 있을 것이다. 도덕적인 관점에서 보면 더욱 그러하다. 하지만 그것이 바로 돈과 멀어지는 마음이다.

'정의로워야 해. 나는 정도正道만 걸을 거야!'

이러한 마음으로는 돈이 오게 하는 흡입력과 친밀성을 가질 수 없다. 나아가 내게 다가오던 돈도 등을 보이며 되돌아가 버린다.

많이 벌어서 잘 쓰고 잘 불려서 주위 사람과 나누면 아름다운 부자가 된다. 그러나 돈이 잘 벌리지 않는 상태에서는 아무리 열심히 살고, 정직하게 살아도 재무적인 관점에서 행복은 오지 않는다. 쓸 수도 불릴 수도 나눌 수도 없는 고립무원의 상태에서 살 수밖에 없다.

《사기열전》에는 다음과 같은 말이 나온다.

"하는 일이 올바르지 않고 법령이 금지하는 일만을 일삼으면서도 한평생 호강을 하며 즐겁게 살고 대대로 부귀가 이어지는 사람이 있다. 그런가 하면 걸음 한 번 내딛는 데도 땅을 가려서 딛고, 말을 할 때도 알맞은 때를 기다려 하며, 공평하고 바른 일이 아니면 떨쳐 일어나서 하지 않는데도 재앙을 만나는 사람은 그 수도 헤아릴 수 없을 만큼 많다."

군자처럼 살면서 돈도 불러올 수 있다면 금상첨화다. 하지만 현실은 그렇게 호락호락하지 않다. 도덕적인 관념에 사로잡혀 있어서는 돈을 불러올 수 없다. 돈을 벌고 싶다면 돈에 대한 열망이 뒷받침되어야 하며, 돈을 부르는 성향도 갖추고 있어야 한다. 수단과 방법을 가리지 않고(위법, 편법을 동원하라는 의미가 아니다) 돈을 내게로 불러들여야 한다.

이 중에는 타고난 습성에 의해 고칠 수 있는 것도 있고 불가능한 것들도 있다. 불가능한 것들은 결핍된 상태에서 살 수밖에 없다. 그렇다면 사람은 태어날 때부터 부자가 될 사람과 되지 못할 사람이 정해져 있는 것일까? 부분적으로는 맞는 말이다. 알고도 고칠 수 없는데 어떻게 돈 잘 버는 사람이 될 수 있겠는가.

그러나 세상은 하늘이 무너져도 솟아날 구멍을 항상 마련해 준다. 바로 앞서 2부에서 다룬 보이지 않는 미래의 이벤트들이 상존하기 때문에 또 다른 기능의 차이에 따라 부자가 될 길을 열어 준다. 돈 버는 능력만이 부자가 되는 유일한 길이 아님을 항상 염두에 두자.

전문성이 돈 벌어 준다

큰돈을 벌려면 '돈을 벌고자 하는 마음'이 강해야 한다. 하지만 이 마음이 약하더라도 일정량 이상의 돈을 벌 수 있도록 돕는 핵심적 수단이 바로 전문성이다. 따라서 전문성은 돈 버는 마음에서 중요한 위치를 차지한다. 역으로 전문성이 없으면 불리한 게임을 할 수밖에 없다.

식당을 운영하는 사람들의 경우, 돈을 버는 능력은 어디에서 차이가 날까. 아침 일찍 일어나 새벽같이 장을 보고, 매장을 깨끗이 청소하는 사람이 돈을 벌까? 청소는 돈을 버는 여러 개의 팩트Fact 중 하나에 불과하다. 요식업에서 가장 중요한 핵심 가치는 바로 맛이다. 맛이 최고가 아니라면 식당으로 큰돈 벌기는 불가능에 가깝다. 식당 주인은 '내가 이렇게 열심히 아침부터 일하고, 식당도 깨끗이 청소하고, 정성껏 대접을 하는데 왜 장사가 안 될까?' 한 번 온 손님이 다시 오지도 않는다. 그런데 주인은 '입지가 나쁜

가?'라고만 생각한다. 핵심을 모르고 있다. 음식점은 무조건 맛이다. 한적한 도시 외곽에 음식점을 차려도 맛이 좋으면 사람들은 수소문해서라도 찾아온다. 전문성을 키우려면 맛에 사활을 걸어야 한다. 고객의 입맛을 사로잡는 맛을 내는 사람이 바로 전문가다.

누군가의 추천을 받아 차를 타고 고불고불한 오솔길을 따라 한참을 달렸다. 가다 보니 허름해 보이는 중국집 하나가 눈에 들어왔다. 아무도 오지 않을 것 같은 한적한 시골의 길가에 위치하고 있었다. 문턱을 넘어서니 사람들로 발 디딜 틈이 없다. 남은 테이블이 없어 한참을 기다렸다가 자장면을 먹었다. 먹어 보니 결국 맛 때문이라는 찬사가 나왔다. 남은 음식을 싸온 유일한 곳이었다.

자신은 전문성이 없으므로 실력 좋은 주방장을 고용하기도 한다. 하지만 이는 사업일 뿐이다. 전문성의 핵심은 바로 '나'에게 있다. 내가 전문가가 되어야 주방장 관리도 가능하다.

오토바이 배달에서도 전문성을 찾을 수 있다. 머릿속에 골목 구석구석의 지도를 꿰고 있으면서 신속하고 정확하게 배달 업무를 완료하고, 고객이 다시 주문하고 싶은 마음이 들도록 친절하게 대한다면? 주인은 돈을 더 주더라도 그를 데리고 있으려 할 것이다.

직장인에게도 전문성은 핵심 요소다. 남들보다 앞서가려면 자신만의 고유한 전문 능력이 있어야 한다. 문서 능력이 있어야 하고, 기획력이 있어야 한다. 보고할 때는 남들보다 실력 있는 자료 만들기도 가능해야 한다. 실무 능력은 떨어지는데 인간성이 좋으면 성공할 수 있을까. 인간관계는 결정적인 요소가 되지 못한다. 그 이전에 전문성이 있어야 인간관계도 빛이 나고

시너지가 나는 것이다.

전문성이라고 하니 전문가만큼 잘해야 하는 것으로 부담을 가질 필요는 없다. 자신이 속해 있는 곳에서 꼭 필요한 기술과 지식이 경쟁자보다 나으면 전문성을 갖췄다 할 수 있다. 그래서 직장인에게 끊임없는 자기계발은 필수다. 성공한 사람들이 갖춘 남다른 그 무엇이란 대단한 능력이 아니라 바로 한발 앞서가는 작은 차이를 말한다.

열심히만 하면 될 것 같고, 인사만 잘하면 될 것 같고, 사람들이 나를 알아주면 될 것 같지만, 음식점은 맛이 좋아야 하고, 직장인은 실무 능력이 좋아야 한다. 맛없는 음식점에 인간적으로 가 주는 것도 한두 번이다. 사람은 좋은데 능력이 부족해 조직에 피해를 주면 권고 사직을 당하거나, 진급이나 연봉에서 불이익을 당할 수밖에 없다. 요컨대 돈을 버는 공식은 ①최고의 전문성 ②돈을 벌고자 하는 마음(+)의 조합이다.

스스로 채택하고 결정하라

멀리서 보면 나무로 뒤덮인 것처럼 보이는 아마존, 가까이에서 보면 늪도 있고, 강도 있고, 맹수도 있고, 벌레도 있다.

자산 관리라고 하면 사람들은 대부분 비슷한 것으로 생각한다. 하지만 자세히 들여다 보면 모두 다르다. 당신의 상황에 맞는 것이 있고, 맞지 않는 것도 있다. 당신에게 최적화된 상품을 채택해야 목적한 바를 이룰 수 있다. 자산 관리를 맡기려면 은행의 PB가 어떤 일을 하고, 어디에 투자를 하는지 구체적으로 알고 있어야 한다. "알아서 해 주세요."가 되어서는 안 된다. 그래야만 자신이 이미 설계해 놓은 인생의 시간표에 맞는 상품을 찾을 수 있다. 그들이 설계해 놓은 상품에 당신의 인생을 맞추어서는 안 된다.

주식도 마찬가지다. 위험한 주식 투자나 안정적인 주식 투자나 다 똑같은 투자로 생각한다. 일단 주식 투자를 시작하면 자기 고집대로 한다. 그러면서 대박이 난다는 종목에는 귀가 솔깃해지는 이중적인 태도를 보인다.

부동산도 다르지 않다. 자신이 아파트가 필요한지, 돈을 갚을 능력이 있는지 꼼꼼히 따져 보지는 않고, 아파트를 사면 집도 넓히고 돈도 벌 수 있다는 말에만 귀를 기울인다. 물론, 그런 시절이 있었다. 그런 시절이었다 하더라도 그 필요성은 더 깊이 고민했어야 한다.

전체는 맞지만 부분으로 들어가면 다 달라지는 것들을 쉽게 간과해서는 안 된다. 똑같은 사람이 똑같은 일을 하는데도 결과에 차이가 나는 이유는 디테일에서 차이가 나기 때문이다. 나보다 10배의 돈을 더 버는 사람이 능력에 있어서도 10배만큼 앞서 있을까? 당연히 그렇지 않다. 작은 차이가 큰 결과를 만들어 냈을 뿐이다.

내 것으로 승부하라

서울시에서 주관하는 청년창업센터를 통해 사업가를 꿈꾸는 젊은이들을 접할 기회가 많다. 세상에는 '이것도 된다 저것도 된다'는 이야기들이 많다. 틀린 말이 아니다. 그러나 모두가 꿈을 이루는 것은 아니다. 장사를 하려면 반드시 성공하고 말겠다는 '굳은 의지'가 있어야 한다. '해 볼까'라는 마음 정도로는 치열한 승부의 세계에서 살아남기 어렵다. 이뿐만 아니라 자기가 하고자 하는 분야에서 남보다 한발 앞서는 자기만의 핵심 기술을 보유해야 한다. 음식점을 하려면 맛을 낼 수 있어야 하고, 기업을 하려면 번뜩이는 아이디어나 틈새시장 공략, 차별화 등이 되어야 한다. 그런데 젊은이들은 젊은 감각으로 승부를 보려고 한다. 음식점을 젊은이들을 위한 신개념 공간으로 바꾸겠다고 하는데, 맛이 있어야 그것도 가능하다. 기둥이 약하면 그 위에 아무리 멋진 집을 지어도 금방 무너진다.

돈이 부족한 젊은이들은 핵심 기술 없이 젊은 감각으로 승부를 보려고 하고, 돈이 좀 있는 기성세대는 프랜차이즈를 찾는다. 그런데 프랜차이즈에도 내 것이 없기는 마찬가지다. 본사에서 맛을 전수해 주지도 않을뿐더러, 마케팅 지원을 한다고 하지만 창업을 하면 누구나 다 하는 내용들뿐이다.

프랜차이즈를 운영하는 자영업자들의 월평균 소득은 채 220만원이 되지 않는다. 몇 억씩 투자해서 월 200만원 정도의 수입밖에 올리지 못한다면 재무적인 관점에서도 낙제점에 가깝다. 차라리 원금 손실이 없는 금융 상품으로 안정적인 수입을 올리는 편이 몸도 편하고 마음도 편하다. 은행에 빚을 지지 않는 사람들은 그나마 사정이 나은 편이다. 근사한 프랜차이즈를 한다는 사람들 중에 투자 원금의 은행 이자도 감당하지 못해 고민하는 사람들이 많다.

선택과 집중의 차이가 성공의 차이 _ 인생은 선택과 집중이다. 모든 일을 열심히 한다고 하여 성공한다는 보장이 없다. 항상 열심히 사는데 성공하지 못하는 사람의 이면에는 선택과 집중에 약점이 있는 것을 볼 수 있다. 느릿느릿 여유 있게 사는 것 같은데 성공하는 사람들도 많다. 그들의 성공을 단순한 운으로 치부하지 말라. 핵심을 파악하는 데에 많은 시간과 노력을 기울이고, 깊은 고민이 뒷받침되어 있을 것이다. 사람도 관찰해야 하고, 그들이 하는 말, 생각도 읽어야 한다. 책도 가까이 해야 한다. 도움이 되는 TV 프로그램, 강의도 많다. 성공 방법만 공부하지 말고, 위험이 없는지 꼼꼼히 따져 보라. 그 위험을 하나하나 제거하면 성공의 길이 더 명확히 보인다.

장사는 특히 실속이다. 핵심 기술을 가지고 있으면 경쟁자보다 자본이 적어도 성공 확률이 높아진다. 냉정해 보일지 모르지만 이것이 현실이다.

운동처럼 일하라

남편이 중견 기업의 회장인 K씨. 과거 남편의 월급이 48만원이던 시절, 악착같이 모아서 43만원을 저축했다. 남편이 출근하고 나면 집안이 반짝반짝할 정도로 열심히 청소했다. 현재 나이가 60세인데도 군살을 찾아보기 힘들다. 평생을 운동하듯 살아왔기 때문이다. 현재의 남편이 있기까지는 K씨의 적극적인 내조가 큰 힘이 되었다. 남편도 그 점을 인정한다. 아내의 활력 넘치는 긍정적인 에너지가 남편에게 고스란히 전이된 것이다.

운동하듯 일하는 습관을 들이면 몸도 마음도 건강해질 수 있다. 삶에 활력이 생기면서 얼굴에도 웃음꽃이 핀다. 사람들은 그 모습에 이끌려 '함께 일하고 싶은 사람, 한 번이라도 더 만나고 싶은 사람'으로 당신을 평가할 것이다. 웃고 즐기면서 운동하듯 일을 하면 풀리지 않던 문제도 술술 잘 풀려간다.

나는 평소 지하철을 타고 출근을 한다. 그런데 얼마 전 한 달간 날씨가 추워 차를 갖고 다녔다. 그랬더니 몸에 살이 붙고 다리에 힘이 없어졌다. 무엇보다 혼자 운전을 하며 출퇴근을 하다 보니 나 혼자만의 세상에 갇혀 있다는 생각이 들었다. 정신이 번쩍 들어 다음날부터 원래대로 지하철을 이용했다.

지하철을 타면 돈도 아끼고 건강에도 좋다. 사람들의 살아가는 모습도 구경할 수 있다. 고개를 푹 숙인 사람, 깔깔대는 청소년, 화장을 고치느라 정신없는 젊은 여자, 말끔하게 차려입은 신사들, 그렇게 세상을 보며 프로그램을 구상한다. 게으른 본성을 극복하고 나면 삶에 활력과 에너지가 넘치는 인생을 살 수 있다.

수직 상승 마케팅을 구사하라

비행기가 활주로를 달리다가 하늘로 뜨는 모습을 비상Take off, 로켓처럼 곧바로 하늘로 솟구치는 모습을 수직 상승Lift off이라 한다. 사업이나 자영업에서 가장 좋은 전략은 수직 상승이다. 돈을 벌기 위해서는 돈이 나오는 구멍을 파야 한다. 그것이 바로 수직 상승 마케팅이다.

요식업의 경우 하루 매출은 손님의 수와 한 사람이 먹고 가는 객단가로 결정된다. 하루 50명이 와서 5000원짜리를 먹고 가면 하루 매출은 25만원이다. 매출을 2배로 올리고 싶다. 어떻게 하면 될까? 가격을 올리면 손님이 줄어들 것 같아 겁이 난다. 방법이 떠오르지 않으니 일단 더 열심히 일하고 인사도 깍듯이 한다. 그런데 손님이 주인의 그 마음을 알아줄까? 똑같은 노력이라면 매출에 곧바로 도움이 되는 행동, 즉 광고 전단지를 들고 나가 가게를 홍보하는 편이 낫다.

만약 가격을 올리고 싶다면 업셀링, 크로스셀링을 한다. 가격을 5000원에서 6000원으로 올리면서 특선 메뉴를 개발한다. 불고기 메뉴를 점심 특선으로 만들어 된장국을 추가로 서비스하는 식이다. 이로써 매출이 20% 증대된다. 여기서 멈추면 안 된다. 마케팅도 필요하다. 서빙하는 사람이 수동적인 자세로 주문을 받는 대신 "오늘은 불고기가 특선 메뉴입니다. 맛있는데 드셔 보실래요?" 하고 주문을 유도한다. 그러면 보통은 OK를 한다. 3명이 왔다면 매출 1만 5000원이 1만 8000원으로 증가할 것이다. 새로운 메뉴를 개발해 계란 프라이를 올리는 것도 좋은 방법이다. 여기에 추가로 "술도 드려요?"라는 말로 객단가를 올리는 작전을 쓴다.

한 가지 방법으로 매출을 2배 올리기는 어렵지만, 이처럼 다양한 방법들

돈을 잘 버는 재무 심리

부지런히 일한다.

만날 때와 헤어질 때 큰소리로 인사를 한다.

남들이 함께 일하고 싶어하는 사람이 된다.

남들보다 한발 앞서 움직인다.

항상 밝고 즐겁게 일한다.

수단과 방법을 가리지 않고 돈을 번다.

자존심이 밥 먹여 주지 않는다.

일단 기회가 오면 절대 놓치지 않는다.

열 번 찍어 안 넘어가는 나무 없다. 될 때까지 악착같이 노력한다.

재미있는 사람, 함께 있고 싶은 사람이 된다.

셈이 빨라야 한다.

먼저 주더라도 공짜는 없다. 반드시 그 이상 돌려받는다.

꼭 감사의 마음을 전하고 항상 챙긴다.

약속을 쉽게 하지 않고, 약속을 하면 반드시 지킨다.

사람의 마음을 사로잡아 내 편이 되게 한다.

경조사에 빠지지 않는다.

상대방이 괜찮다고, 하지 않아도 된다고 해도 계속 한다.

돈이 있는 곳에서 놀아야 한다.

상대방의 고민이 무엇인지 알고 해결해 준다.

눈치가 빨라야 한다.

소탐대실하지 않는다.

실속을 차린다.

개 같이 벌어 정승처럼 쓴다.

을 동시에 구사하면 2배가 되기는 훨씬 쉬워진다.

우물을 찾기 위해 기동대 3000명이 포크레인 100대를 이용해 마구잡이로 파들어 갔다. 그런데 파다 보니 암반이다. 이를 지켜보던 한 사람이 수맥 탐지기로 먼저 조사를 하더니 불도저 한 대로 땅을 파는데 곧이어 물이 솟구친다. (대)기업이라 하여 모두 돈이 나오는 구멍을 파는 것은 아니다. 엉뚱한 곳을 파다가 파산하는 기업이 적지 않다. 매출을 2배로 올리려다가 오히려 반 토막이 나고는 한다. 구체적인 계획을 세워서 각 분야에서 20%의 성장을 이뤄 내면 기업의 전체 매출이 2배가 된다. 그런데 어떤 기업은 사장이 직원들을 모아 놓고 "매출을 2배로 키웁시다!" 하는 구호만 외친다. 이에 막연한 직원들은 뭔가를 보여 줘야 하니까 엉뚱하게 아침 일찍 출근하고, 야근하고, 점심 얼른 먹고 돌아와서 자리를 지킨다.

가정 경제라면, 월급을 2배로 가져오는 방법이 있을까? 물론 없다. 투잡을 하면서 동시에 투자 수익률도 높이고, 소비도 잡아야만 전체 수입이 2배로 증가한다. 앞서 지적한 대로 불필요한 지출을 줄이는 것만으로도 수입이 늘어나는 효과가 발생한다. 더 버는 돈도 돈이고, 덜 써서 남는 돈도 돈이다. 10만원을 더 벌기는 어려워도 10만원을 아끼기는 쉽다. 10만원을 아끼면 결국 10만원을 번 셈이다. 나머지는 모두 엉뚱한 구멍이다. 특히 월급 생활자들은 돈이 나올 구멍이 정해져 있으므로, 각각의 팩트에서 소득이 조금씩 커지도록 시스템을 만들어야 한다. 엉뚱하게 한 방으로 해결하려다 보니 오히려 재산이 반 토막으로 줄어드는 것이다.

돈 쓰는 마음(一)

　재무 심리에서 가장 중요한 핵심 요소는 '종합적인 목표 중심적 사고'다. 저 멀리, 인생 전체의 시간표를 보고 거기에 필요한 돈들을 바라보는 시각과 계획이 있어야 한다. 그러면 거기에 맞춰 예산을 편성하고 실행 단계에서 가계부로 정리한다. 그래야만 나가는 돈을 통제할 수 있다. 돈을 통제하지 못하면 계획성이 떨어져 충동구매와 과소비가 일어난다. 과소비는 억제한다 하더라도 그때그때 계획 없이 쓰면서 사느라 배터리의 양을 모르고 기기를 돌리는 꼴이 되고 만다. 회사도 마찬가지다. 돈의 입출금을 관리하지 않으면 흑자를 내고도 파산할 수 있다. 실제로 흑자 도산하는 기업도 많다.

　돈을 잘 쓰는 마음은 재무 계획과 계획을 따르는 행동에 달려 있다. 행동의 기본은 ①버는 것보다 적게 쓰고 ②미래를 위해 저축하는 것이다. 이를 파이낸셜헬스Financial Health라고 한다. 누구나 아는 이야기지만 가장 기본적

돈을 잘 쓰는 재무 심리

항상 장기적이고 종합적인 관점에서 재무 관리를 해야 한다.
가계부를 적어 지출을 관리한다.
연간, 월별, 일별 예산이 정해져 있고, 예산에 따라 움직인다.
신용카드를 사용하지 않는다.
버는 것보다 적게 쓰고, 미래를 위해 저축한다.
대출 거래는 절대 하지 않는다.
비상 자금이 항상 준비되어 있어야 한다.
필수 지출과 선택적 지출의 우선순위를 잘 관리한다.
정리정돈을 잘한다.
내 돈이 없으면 안 쓴다.
신용 관리를 철저히 한다.

이면서도 중요하다.

미래에 대해 목표가 세워져야 예산이 편성되고, 예산에 따라 행동이 일어난다. 목표가 없으면 저축을 해야 할 이유도 행동도 일어나지 않는다. 회사가 월별, 분기별, 연별로 자금 계획을 짜듯 가정 경제도 단기, 중기, 장기적으로 목표를 짜고 예산을 편성하여 실행하고 끊임없이 점검해야 한다.

돈을 잘 쓰는 재무 심리에서 비상 자금도 매우 중요한 위치에 있다. 예기치 못한 상황은 어느 가정에서나 발생한다. 최소한 3-6개월치 월급을 비상 상황을 대비에 준비해 놓아야만 유사시 대처가 가능하다.

실패하는 가정을 보면 실행의 첫 단추인 목표부터 개념이 안 서 있다. 그러다 보니 그 후의 행동들이 발생하지 않는 것이다. 결과적으로 꿈과 예산, 행동이 튼튼하면, 아무리 많은 돈이 갑자기 들어와도 관리가 된다. 귀찮다고 미루지만 말고 이번 기회에 '가계부 쓰기 프로젝트'를 실천해 보자.

돈 불리는 마음(×)

돈은 잠자면 안 된다. 돈은 자신의 생각을 가지고 밤낮 없이 굴러가면서 눈뭉치처럼 살을 찌워 가야 한다. 우리 주변에는 벌고 쓰는 데는 능숙하지만, 불리는 기능에서 문제점을 노출하는 사람들이 많다.

불리는 마음의 기본은 분산 투자, 전문가의 조언, 분석 능력, 절제, 투자 원칙 고수, 장기 투자, 간접 투자 등이다. 그런데 기본을 벗어나 자기 생각대로 가면 문제가 터진다. 반대로 '투자는 위험하다'는 고정 관념에 사로잡혀 불리고 늘리는 일을 소홀히 하면 돈이 돈을 버는 효과를 누릴 수 없다.

투자에 있어서 가장 기본적이면서도 중요한 점은 재무 설계다. 재무 설계가 튼튼히 세워져야 거기에 맞는 투자 전략이 나온다. 돈이 필요한 시기가 있고, 필요한 양이 있으며, 절대 원금 손실이 있어서는 안 되는 경우가 있다. 길게 보고 복리 효과를 노리거나, 단기간만 투자한 후 회수해야 할 경우도 있을 수 있다. 사람마다 이벤트의 시기와 필요한 돈의 양이 다르므로 투자 전략도 거기에 맞춰 디테일하게 진행해야 한다.

그런데 재무 설계가 되어 있지 않으면 사람의 머릿속에 드는 생각은 하나로 모여진다. '많이 불릴수록 좋다. 크게 불리면 나머지는 모두 해결된다.'

돈 불리는 법을 안다고 자부하는 사람일수록 위험으로 가득 찬 투기성 투자에 관심을 갖는다. 그러다가 투자 실패로 헛똑똑이가 되어 돈 문제로 고통을 당한다.

돈을 잘 불리는 재무 심리

돈은 잠자고 있으면 안 되고 불려야 한다.
투자 정보에 민감해야 한다.
전문가의 도움을 받는다.
달걀은 한 바구니에 담지 않는다.
수익이 높으면 위험도 높다.
재테크 지식을 충분히 습득해야 한다.
하루라도 일찍 저축을 시작해야 한다.
부지런히 발품을 팔고 정보를 검색해 최고의 금리 상품을 찾는다.
복리의 힘을 안다.
자신의 투자 원칙을 고수한다.
수익과 손실의 정해진 한도 내에서 실행하며 욕심내지 않는다.
포트폴리오 투자 원칙(분산 투자의 원칙)을 지킨다.
인내와 기다림의 결실을 안다.

돈 불리는 마음은 넘쳐도 안 되고 부족해도 안 된다. 최대한 발품을 팔아 최적의 조건을 찾고, 전문가의 도움을 받아 돈이 돈을 벌도록 완벽하게 세팅을 해 놓아야 한다. 세팅이 끝나면 당신이 잠을 자도, 해외여행을 다녀와도 돈이 알아서 일을 한다. 한편 복리 효과를 제대로 누리려면 0.1%의 이자에도 민감하게 반응해야 한다. 0.1%가 구르고 굴러서 마지막 바퀴를 구를 때는 큰 차이를 만들어 낸다. 또한 대박의 가능성보다는 위험성이 없는지 잘 살펴야 한다.

돈 나누는 마음(÷)

부의 선순환은 사회를 깨끗하게 한다. 큰 부자가 되어 강물처럼 주변까지 잘 먹고 잘 살도록 돕는 것이 가장 아름다운 모습이다.

나누기를 잘하려면 나누는 기쁨이 얼마나 큰지 경험을 통해 알아야 한다. 작은 나눔이라도 실천하는 사람이 계속 나누게 되어 있다. 작은 실천에 인색한 사람은 큰돈이 있어도 나누지 않는다. 자기 배를 채우기에 급급해 돈으로 철옹성을 쌓고 외롭게 살아가는 부류들이다.

사실 나눔이란 어려운 사람을 돕는 행동이지만, 결국 자신의 행복을 채우는 일이다. 나누는 기쁨이 곧 나를 채우는 행복이며, 내 곳간을 다시 채우는 동기로 작용한다. 이처럼 나눔의 메커니즘을 마음으로 깨달은 사람들은 크게 들어오고 크게 나가는 재물의 통로가 된다. 세상은 그런 사람에게 크게 부어 준다.

나누지 않으면

삼형제가 있다고 가정해 보자. 그중 한 형제는 돈이 많다. 상대적으로 없는 형제들은 돈 많은 형제에게 기대하는 심리가 생긴다. 돈 많은 형제는 '내 인생에 돈이 최고고 돈은 많으면 많을수록 좋다'고 생각한다. 나눠야 한다는 생각 자체가 없다. 아무런 문제가 없는 것이다. 50억을 들고 있어도 100억을 만들기 위해서 하루하루가 더 급하다. 그 때문에 형제들은 상처를 받는다. 결국 자신이 죽고 주위 사람이 죽고 자식마저 죽을 수 있다. 돈 많은 형제의 자녀는 아버지에게 의지하는 마음이 생겨 자립성이 떨어진다. '내가 부족해도 내 뒤에는 돈 많은 아버지가 있다'는 생각이 자녀를 망친다. 가족이 아니더라도 돌고 돌면서 사회의 아픈 곳을 치유해야 할 돈이 한 곳에 머물러 그 기능을 상실하면 돈의 동맥 경화가 일어나 많은 이들이 병에 걸린다.

대통령, 영적 스승들, 사회 지도층들이 왜 마지막에 지탄을 받는 줄 아는가? 결국 나누지 않기 때문이다. 많이 벌어서 많이 나누면 사람들은 어떻게 많이 벌었는가보다는 얼마나 가치 있게 썼는가에 관심을 갖게 마련이다. 한국에서 대표적인 인물로 유일한 박사를 들 수 있다. 그는 돈을 버는 이유, 기업이 성장할수록 사회에 어떤 영향력을 끼칠 수 있는지 잘 보여 주었다. 반면 자기 배만 채우려다가 결국 평생에 걸쳐 쌓아 온 것들을 모두 잃는 일부 아름답지 못한 부자들을 보면 안타까움이 앞선다.

나눔의 실천

나눔의 실천은 쉽지 않다. 처음부터 많이 나누려고 하면 영원히 나눌 수 없게 된다. 그래서 ARS 1000원 나눔, 길을 걷다가 행하는 동전 나눔부터 시작하는 것이 좋다. 당신의 그 작은 나눔이 큰 힘으로 작용할 것이라는 믿음, 당신의 총량이 결코 줄어들지 않고 오히려 늘어난다는 믿음으로 실천해 보라.

주변 어려운 사람을 보면 도와주고 싶어야 하며, 다 함께 사는 세상을 꿈꿔야 한다. 물이 고이면 썩어 자녀도 망치고 사회도 병든다는 사실을 알아야 한다.

상담을 진행하다 보면 네 개의 마음 중 나누는 마음이 전무한 사람들이 많다. 그 경우 나눔의 기쁨을 가르치기 위해 우선 1만원이라도 도울 수 있도록 월드비전이나 유니세프 등으로 안내를 한다. 상담자 중 많은 수가 나눔의 기쁨이 결코 작지 않다는 피드백을 해 온다. 더러는 나눔을 정기적으로 실행해 가는 경우도 있다.

나누기는 마중물 역할을 한다

1970년대만 해도 시골에는 손으로 길어 올리는 펌프식 수돗물이 많았다. 마중물이란 수돗물이 잘나오도록 처음에 넣어 주는 적은 양의 물이다. 먼저 물을 한 바가지 넣고 펌프질을 하면 시원하고 깨끗한 물이 콸콸 쏟아진다.

나눔도 마중물이다. 나눔은 더 많은 물이 쏟아지도록 하는 역할을 한다. 나누기가 결국 더하기와 빼기, 곱하기에도 영향을 미치기 때문이다. 더 나누고 싶은 마음이 마중물처럼 앞의 세 가지 마음에 자극을 주어 크게 들어오고 크게 나가는 통로의 역할을 하도록 돕는다. 나눔을 전혀 실천하지 않다가도 일단 나눔의 기쁨을 경험하고 나면 얼굴빛부터 달라진다. 삶에 활력이 생겨 하는 일도 잘 풀린다. 함께 일하고 싶은 사람이라는 칭찬도 더 듣게 된다. 그렇게 계속 나눔을 실천하면 인생의 참 의미와 나눔의 메커니즘을 알게 되고, 잘 벌고 잘 쓰고 잘 불리고 잘 나누는 아름다운 부자가 되는 것이다.

'나중에…, 돈을 많이 벌면…' 나누겠다는 생각을 바꿔 보자. 나눔의 실천은 바로 지금부터 시작해야 한다.

돈을 잘 나누는 재무 심리

나누는 기쁨이 정말 크다.
기부나 헌금을 하고 싶다.
주위의 어려운 사람들을 보면 도와주고 싶다.
다 함께 사는 세상을 만들고 싶다.
노블레스 오블리제(부자의 사회적 책임)를 실천하고 싶다.
번 돈을 사회에 환원하거나 기부하고 싶다.
물은 고이면 썩는다.
돈이 많으면 문제 또한 많다.
자식들에게 고기를 잡아 주기보다 고기 잡는 법을 가르치고 싶다.

3

네 가지 마음의
균형적인 발전

앞서 다룬 네 개의 마음을 토대로 유형별로 돈을 다루는 뇌 구조가 어떻
게 달라지는지 살펴보도록 하자. 그림 17은 부자와 가난한 사람의 서로 다

그림 17 ▌**부자의 뇌 구조 vs 가난한 사람의 뇌 구조**

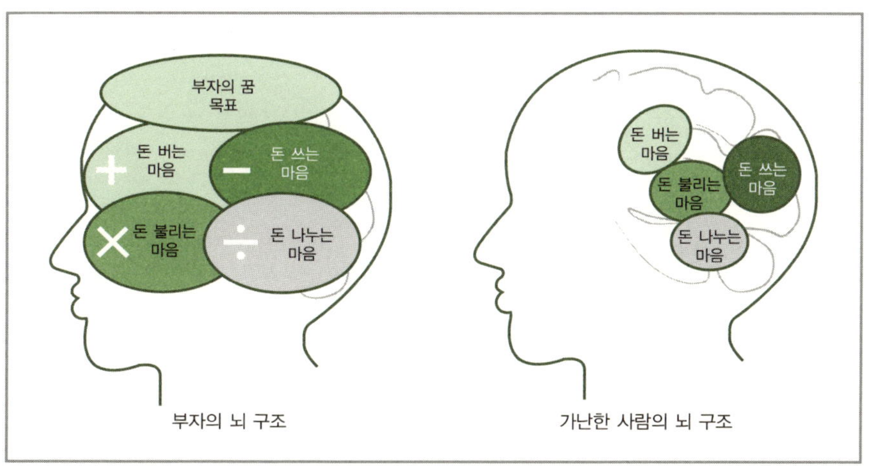

른 뇌 구조를 나타내고 있다. 부자나 빈자나 '돈 버는 마음, 돈 쓰는 마음, 돈 불리는 마음, 돈 나누는 마음' 네 가지가 동일하게 형성되어 있다. 하지만 부자의 재무 심리 뇌 구조는 네 개의 마음이 모두 크고 균형이 잡혀 있으며, 그 위에 꿈과 목표가 자리하고 있다. 돈과 관련된 심리 구조가 매우 안정적이고 왕성한 활동력을 보이고 있다.

반면 가난한 사람의 뇌 구조에는 꿈과 목표가 없고, 네 개의 마음 또한 모두 작다. 이런 상태로는 아무리 발버둥을 쳐도 부자가 되기는 사실상 불가능에 가깝다.

많이 벌고, 잘 쓰고, 잘 불려도 나누는 마음이 부족하면 그림 18처럼 자린고비형 뇌 구조가 된다. 돈은 많을지 몰라도 사람들로부터 부도덕하다는 지탄을 면하기 어렵다. 또한 돈을 버는 마음이 잘 발달되어 있어도, 다른 마음이 발달되어 있지 않으면 결국 가난의 늪에 빠지고 만다. 돈만 잘 벌면 부자

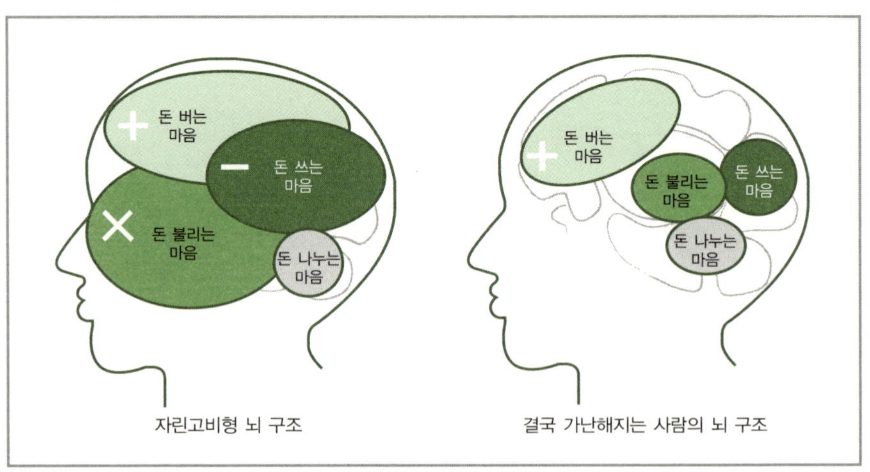

가 될 것 같지만, 계획 없이 돈을 쓰게 만들고 투자로 날리게 만드는 세상의 유혹에 빠져 애써 번 돈을 모두 탕진하고 만다.

네 개의 마음이 크고 작음을 떠나 '욕심'이 뇌를 지배하면 '일확천금형 뇌 구조'를 갖게 되어 결국 인생에 큰 화를 면키 어렵다(일확천금형 뇌 구조). 적은 돈으로 알뜰살뜰 잘 쓰지만 나머지 마음이 약한 사람도 결국 부자가 될 수 없다. 기본적으로 돈을 버는 마음과 불리는 마음이 부족하면 아무리 소비를 잘 관리해도 부자가 되기는 어렵다(저소득층 알뜰한 사람의 뇌 구조). 잘 벌고 잘 관리해도 겁을 먹고 불리지 않거나 나누는 돈을 아깝게 생각해서는 안정적인 인생을 꾸려 갈 수는 있지만 아름다운 부자가 될 수는 없다(안정 추구형 뇌 구조).

이처럼 사람의 뇌 구조 속에는 부자와 가난한 사람을 나누는 네 개의 마음이 서로 다른 크기와 형태로 들어 있다. 네 개의 마음이 어떤 형태로 자리 잡고 어떤 기능의 차이를 보이느냐에 따라 유아형, 모험가형, 자린고비형, 패자형, 사냥꾼형, 일확천금형, 베짱이형, 숭배형 등으로 유형이 달라진다.

100억대 부도를 내고도 간단히 재기하는 사람이 있는가 하면 1000만원 때문에 목숨을 끊는 사람도 있다. 모두 심리의 문제, 돈의 내성이 있는가의 문제다. 네 개의 마음이 밸런스를 이뤄 재무 심리를 뒷받침하고 있으면 여간한 일에도 흔들리지 않는 강한 마음을 가질 수 있다.

부자가 되려면 먼저 꿈과 목표를 뚜렷이 세우고, 네 개의 마음을 균형 있게 발전시켜야 한다. 어느 하나라도 약해서는 진정한 부자가 될 수 없다. 이 중 돈 버는 마음을 가장 먼저 발전시켜야 나머지 세 개의 마음이 기능을 발

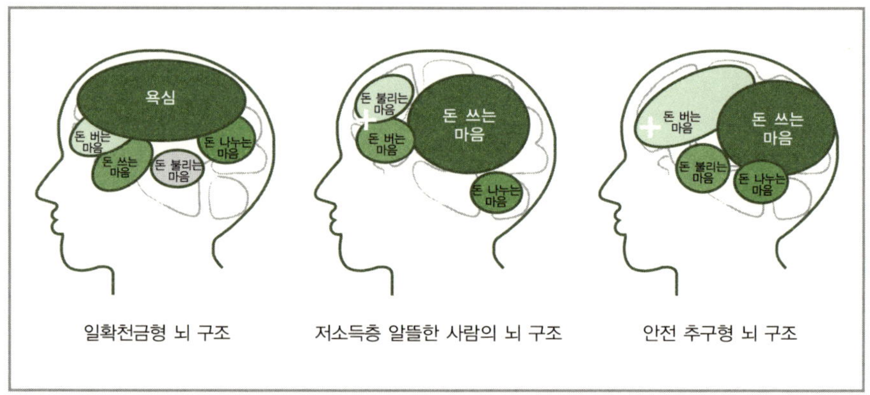

휘하기가 용이할 것이다. 하지만 현실적으로 돈 버는 기능을 단시간에 업그레이드하기는 어려운 일이다. 따라서 쓰는 기능을 가장 먼저 키워야 한다. 쓰는 마음은 지금이라도 의지를 갖고 개선해 갈 수 있다. 쓰는 기능이 강화되면 돈을 불릴 여력도 증가한다. 이처럼 당장 바꿀 수 있는 기능은 곧바로 현실에 적용해 바꿔 가고, 나머지 기능들도 한 단계씩 키워 가야 한다.

4

NPTI로 본 미래

재무 심리 진단 프로그램인 NPTINew Plus Type Indicator로 총 280문항에 달하는 설문을 진행하면 그림 20처럼 네 개의 마음이 어떻게 자리 잡고 있는가를 알 수 있다. 그림 20는 다양한 중간 결과물들을 비교 분석해 출력한 종합 결과물이다. 이를 통해 상담자의 재무 심리를 훤히 들여다볼 수 있다. 그림에 표기된 숫자는 가중치다.

두 명의 샘플 테스터인 정허당과 박성실을 비교해 보자. 정허당은 박성실보다 돈 버는 능력이 훨씬 뛰어나다. 하지만 다른 세 개의 기능에서는 박성실이 정허당을 능가한다. 정허당은 잘 버는 데 반해 쓰고, 불리고, 나누는 능력이 부족하여 결국 돈을 모으기 어려운 유형이다. 반면 박성실은 비록 돈 버는 능력은 떨어지지만 다른 능력이 좋기 때문에 통장에 잔고가 쌓여 간다. 박성실의 경우 자신의 약한 부분인 돈 버는 능력만 잘 키운다면 큰 부자가 될 수 있다.

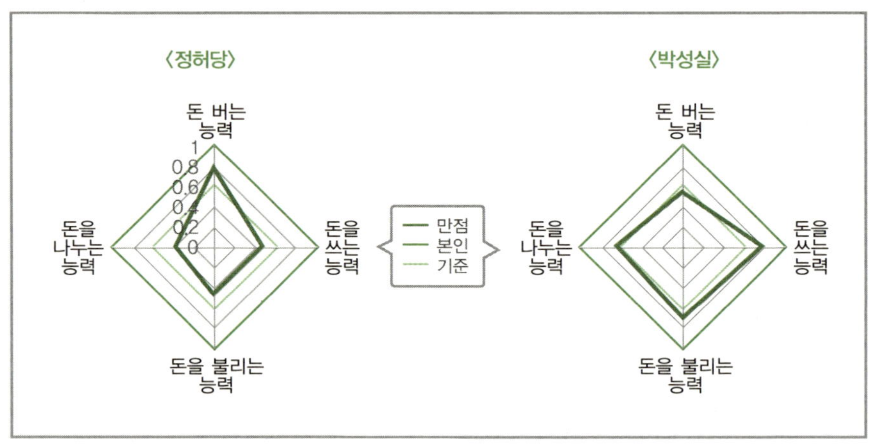

반복되는 이야기지만 우리는 그동안 부자가 되는 조건으로 돈을 버는 기능만 중시해 왔다. 그런데 돈을 잘 벌어도 돈 문제가 끊이지 않는 사람이 있는가 하면, 돈을 적게 벌어도 부자로 사는 사람들이 목격되었다. 똑같은 학벌에 똑같은 직장을 다녀도 부자와 가난한 사람이 모두 발생된다. 잘 먹고 잘 사는 줄 알았는데, 돈 문제 때문에 가정이 파탄에 이른 경우도 심심찮게 경험한다. 그 차이를 만들어 내는 것이 바로 '재무 심리'다.

이제 네 개의 마음을 토대로 세 젊은이 정허당, 김보통, 박성실의 25년 후 모습을 살펴보자.

표 4와 같이 정허당은 박성실보다 2배의 수입을 올리지만 돈 쓰는 능력과 돈 불리는 능력의 차이에 의해 25년 후 부자와 중산층으로 나뉘었다. 박성실은 250만원의 수입 중 100만원을 불리는 데 사용해 매년 8%의 이자를 남겨 25년 후 10억에 가까운 돈을 소유하게 되었다. 반면 정허당은 많이 번만

表 4 ▌ 25년 후의 모습

구분	정허당	김보통	박성실	나
수입(+)	500만	350만원	250만원	
지출(−)	400만원	200만원	150만원	
순현금흐름	100만원	150만원	100만원	
불리기(x)	4%	6%	8%	
10년 후	1억 4000	2억 4000	1억 8000	
25년 후	5억 1000	10억 3000	9억 5000	
나누기(÷)				

큼 많이 쓰는 습관을 통제하지 못해 박성실과 동일한 100만원을 불리는 데 사용했다. 매년 4%의 이자를 얻는 데 그쳐 25년 후 5억을 보유하게 되었다. 수입은 정허당이 2배 많았는데, 25년 후 박성실이 정허당보다 2배의 돈을 더 가진 자산가로 변모했다. 김보통의 경우 무리하지 않는 선에서 네 개의 마음을 잘 조절하여 큰 무리 없이 자산을 보유하게 되었다. 수입의 크기가 부의 순서를 결정하지 않았다는 사실을 확인할 수 있다.

자 이제 당신의 경우를 직접 산출해 보라. 표의 맨 오른쪽 빈칸에 당신의 수입과 지출, 투자 성적 등을 기입해 보라. 25년 후의 결과가 보일 것이다. 그 결과를 바꾸기 위해 어떤 변화를 시도할지도 고민해 보라.

나 자신을 알고, 근본적인 해결책을 찾으라

350만원을 벌어도 건강한 재무 심리를 가진 사람들은 350만원보다 적게 쓰면서 매달 남는 장사를 한다. 반면 허약한 재무 심리를 가진 사람들은 아무리 많이 벌어도 매달 적자가 난다. 남들만큼 써야 하고, 미래에는 얼마든지 벌 수 있다고 생각하기 때문에 쓰는 심리가 무너져 오히려 빚이 점차 늘어난다. 그러다가 자신의 생각대로 수입이 늘지 않으면 한 방 심리가 작용해 무리수를 두게 되고, 결국 돌이킬 수 없는 수렁에 빠지고 만다. 현재 문제가 되고 있는 개인 신용 문제, 파산 문제도 이렇게 매달 누적되는 데서 기인한 경우가 많다.

소크라테스는 '너 자신을 알라'고 했다. 자신의 근본적인 문제가 무엇인지 정확히 파악해야 한다. 현재 상태로 소비를 지속하면 10년 후, 20년 후, 30년 후에는 어떻게 될지 정확한 계산이 필요하다. '지금은 어렵지만 미래에는 어떤 식으로든 잘 되겠지'라고 생각했다가는 인생의 실패를 맛볼 수밖에 없다. 현실적으로 가능한 일과 불가능한 일도 냉철하게 구분해야 한다. 허황된 꿈이 아닌 현실에 바탕을 둔 지출과 투자 계획을 세워야 한다. 이 문제는 실제로 매우 중요하다.

기업의 4가지 마음의 활용

기업에서 재무 심리를 진단하면 그 결과에 따라 인원 배치가 가능해진다. 돈을 버는 능력이 좋은 사람은 영업이나 신사업부, 잘 불리는 사람은 관리부 등에 배치해야 할 것이다.

실제로 재무 심리는 기업의 성패와 직결된다. 겉으로 드러나는 성향만으로는 최적의 배치가 어려울 뿐만 아니라 잠재적인 폭탄을 안고 가는 위험한 경영이 될 수밖에 없다. 예를 들어 돈에 관한 어긋한 시각을 가졌거나 일확천금을 노리는 직원, 돈 문제로 고통을 당하고 있는 직원을 자금부에 배치하면 어떤 결과로 이어질까? 당연히 문제가 터질 가능성이 높아진다. 기업에 횡령 사건이 자주 발생하는 이유는 횡령 가능성이 높은 직원을 그 자리에 앉혀 놓았기 때문이다. 사람들은 그를 보고 나쁜 사람이라고 욕하기 바쁘지만, 그 직원의 머릿속에 가능성이 벌써 들어 있었다는 사실을 사람들이 못 봤을 뿐이다.

기업이 이윤을 남기기 위해 아무리 필사적으로 노력해도 관리에서 문제가 발생하면 모두 허사가 되고 만다. 또한 돈 버는 능력이 떨어지는 직원을 돈을 벌어오는 부서에 배치해 놓고 아무리 채찍을 휘둘러 봐야 그만큼의 효과가 나올 수 없다.

기업뿐만 아니라 어느 조직이든 그 일에 맞는 사람을 적재적소에 배치해야만 목적한 바를 이룰 수 있다. CEO의 직관만으로 혹은 지원자의 토플 성적이나 전공 과목만으로 부서를 결정하는 데에는 한계가 있을 수밖에 없다.

재단과 돈

해외 동포를 돕는 좋은 취지를 가진 한 재단이 있다. 회원도 많아서 얼마든지 안정적인 운용이 가능한 곳이다. 재단의 주목적은 되도록 많은 돈으로 더 많이 나누는 것이다. 즉, 사업가적인 마인드가 필요하다는 의미다. 그런데 재단이나 협회를 운영하는 사람들의 일반적인 생각은 '돈을 좇는 행위는 나쁜 것이다'로 귀결된다. 돈과 관련된 행위를 비도덕적인 것으로 치부하는 고정 관념이 깊이 뿌리내리고 있다. 그런데 기부금이 생각만큼 들어오지 않으면 재단의 목적을 달성하기 어려워진다. 돈이 있어야 나눌 수 있고, 좋은 의미로 사용할 수 있을 것 아닌가.

'돈은 정의로운 것이어야 한다.' '청렴결백이 최고의 선이다.' '돈이 없을

수록 정의로운 사람이다.' 이런 마음이 어울리는 계층은 성직자다. 성직자가 이런 마인드를 갖고 있다면 매우 훌륭하다. 하지만 재단을 운영하는 사람이 이런 마인드라면 기부금을 모으기 쉽지 않고, 실제적인 도움을 주는 재단으로 인정받기도 어려워진다.

상담 이후 재단 회원들을 대상으로 한 특강 요청을 받았다. 회원들부터 부자로 만들어야 한다는 나의 말에 공감한 것이다. 회원들이 부자가 되어야 기부금이 늘어나고, 재단은 그 기부금을 재단의 목적에 맞게 잘 운용하는 선순환 구조로 가야 한다. 단, 돈의 사용에 있어서는 철저하게 투명함과 정확성을 기해야 한다.

우리는 보통 재단 운영자의 문제는 횡령이나 착복에만 있다고 생각한다. 이처럼 한탕주의도 문제지만, 그 반대의 경우 즉, 가난의 맹세를 선으로 여기는 것도 그 목적에 부합하지 않을 수 있다.

5

재무 심리 진단 프로그램 NPTI란 무엇인가?

NPTI는 총 280문항으로 마음 상태Mindset, 유형Type, 장애Disorder 테스트를 진행하고, 이를 토대로 '재무 심리 종합 건강도'를 산출한다. 여기에 머니 스크립트Money Script를 테스트하여 돈에 대한 고정 관념을 파악한다. 결과가 나오면 전문가의 의견을 덧붙여 네 개의 마음이 균형을 이루도록 상담, 조언한다. 상담자에게 주어지는 질문은 230쪽 '설문지 예시'와 같다.

NPTI는 재무 심리 분야에 특화된 프로그램으로 국내에서는 유일하게 시행되고 있다. 적용 대상은 '개인, 부부, 예비부부'의 재무 심리 진단과 치료, '기업, 법인, 재단' 등의 적성 파악과 인력 배치 등이다.

각각의 테스트에 대해 좀 더 자세히 살펴보자.

1. 마음 상태 테스트(6개 항목)

   –인생의 목표·꿈, 삶의 활력, 돈 버는 능력, 계획 및 치밀성, 위험 노출도, 사행 일치

2. 유형 테스트(8가지 유형)

   –유아형, 모험가형, 자린고비형, 패자형, 사냥꾼형, 일확천금형, 베짱이형, 숭배형

3. 장애 테스트(9개 항목)

   –충동구매, 과소비, 저소비, 의존형, 퍼 주기, 도박, 저장증, 가난의 맹세, 일 중독

4. 재무 심리 종합 건강도

   –돈 버는 능력, 돈 쓰는 능력, 돈 불리는 능력, 돈 나누는 능력 측정

5. 머니 스크립트 테스트

   –돈에 대한 고정 관념 파악

1. '돈' 하면 생각나는 한 단어는 무엇입니까?

2. 지금 10억이 생긴다면 가장 먼저 무엇을 하겠습니까?

3. 50평 아파트에 사는 사람이 부자입니까, 30평 아파트에 사는 사람이 부자입니까?

4. 좋은 직장에서 돈을 많이 받으면 돈을 적게 받는 사람들보다 미래에 풍요로운 생활을 할 수 있다고 생각합니까?

5. '부자가 되면 모든 경제적인 문제는 해결된다' 는 말에 동의합니까?

6. '부자=행복' 이라고 생각합니까?

7. 지뢰가 묻혀 있는 곳에서 아이들이 놀아야 한다면 어떻게 하겠습니까?

   가)지뢰가 있는 곳을 알려 주고 피하는 방법을 알려 준다.

   나)지뢰를 완전히 제거한 후 놀게 한다.

8. 당신의 소득이 앞으로 어떻게 될 것이라고 생각합니까?

   가)오랫동안(정년까지) 매년 증가한다.

   나)감소할 것이다

   다)미래는 알 수 없다.

9. 부자가 되길 원합니까, 안정적인 삶을 원합니까?

10. 당신은 직접 혹은 전문가에게 맡겨 투자를 하면 돈을 벌 수 있다고 생각합니까?

    가)예

    나)아니오

11. 돈은 마음먹고 열심히 일하면 언제든지 벌 수 있다고 생각합니까?

    가)예

    나)아니오

12. 당신은 돈을 버는 것과 쓰는 것 중 어느 것에 중점을 두고 시간을 씁니까?

    가)버는 것

    나)쓰는 것

13. 돈이 원수라고 하는데 이 말은 어떤 사람들의 이야기입니까?

    가)돈이 없어서 고통 받는 사람

    나)돈이 많아 돈 문제에 시달리는 사람

    다)둘 다

14. 일생 동안 필요한 돈이 얼마인지 계산해 본 적 있습니까?

마음 상태 테스트(6개 항목)

설문지에 답한 결과에 따라 꿈·목표, 삶의 활력, 돈 버는 능력, 치밀성, 위험 노출도, 사행 일치 항목의 점수가 집계되고 거기에 맞는 상담자의 그래프가 출력된다. 그림 21은 세 사람의 각각 다른 마음 상태Mindset 유형을 보여 준다.

부자가 되기 위해서는 꿈과 목표가 뚜렷하고 치밀성이 뛰어나야 한다. 꿈과 목표는 가족과 공유가 되어야 하며, 실천(사행 일치)도 중요하다. 치밀성이 떨어지면 꿈과 목표가 아무리 확고해도 결국 돈에게 잡아먹히는 인생이 되고 만다. 문이나 서랍을 잘 안 닫는 행동 등이 치밀성에 문제가 있음을 알

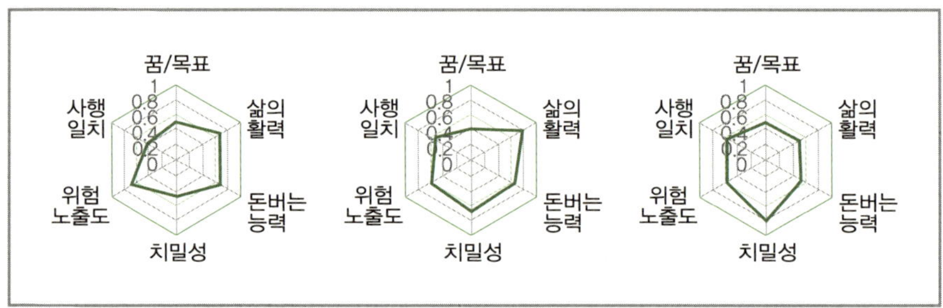

표 5 ▎마음 상태 테스트 결과 해설 예시

부문	본인 점수	기준 점수	차이	해설	비고
꿈/목표	0.50	0.6	−0.10	인생의 목표와 경제적인 목표가 크게는 정해져 있지만 혼자만의 생각일 뿐 가족과 공유가 되지 않고 있고 또한 재무적으로는 구체화 되어 있지 않다.	구체적인 재무 목표를 정하는 것과 가족 공유 필요
삶의 활력	0.68	0.6	+0.08	현재 자신의 삶에 기쁨을 느끼며 자신의 일에도 만족하고 기쁘게 살고자 한다. 하지만 육체적 정신적으로 지쳐 있는 상태다.	적절한 시간 관리와 휴식 필요
돈 버는 능력	0.68	0.6	+0.08	사람들에게 호의적이고 열심히 일을 해 돈 벌 수 있는 기회는 있지만 결정적으로 악착함이 부족하고 끝까지 물고 늘어져 자기 것을 만드는 것에 약하다. 돈을 너무 점잖게 벌려고 하는 경향이 있다. 그래서 돈을 결정적으로 낚아채는 부분이 약하다.	좀 더 적극적인 사고와 방법으로 돈을 벌도록 노력해야 한다.
계획성/치밀성	0.52	0.6	−0.08	계획성과 치밀성이 조금 떨어진다. 정리 정돈이 잘 안 되고 끝마무리가 부족한 경향이 나타난다. 정리 습관과 메모 습관이 부족하다.	철저히 디테일하게 챙기는 습관이 필요하다.
위험 노출도	0.67	0.6	0.07	위험에 둔감한 편이며 남의 이야기에 솔깃하고 사람을 잘 믿으며 의리파라고 할 수 있다. 환경 변화에 둔감한 편이다. 비상 사태에 대한 대비가 전혀 안 되어 있다.	위험 자각 및 대비 필요(심리적, 현실적 준비)
사행일치	0.42	0.6	−0.18	재무적인 목표가 구체적이지 못하고 실제 준비도 잘 안 되고 있다. 또한 가족과 공유가 안 되고 예산에 따라 움직이지 않고 있다	재무 목표의 점검 및 가족과의 공유 필요

려준다. 특히 사업가에게는 위험을 감지하고 현실을 냉정하게 계산하는 치밀성이 필수적이다.

반면 위험 노출도는 낮은 상태를 유지해야 한다. 특히 비상 상황에 대해 인식하고 준비하고 있는가가 중요하다.

삶의 활력의 경우 첫째 가화만사성, 즉 가정이 화목해야 삶의 활력이 좋아진다. 둘째 일의 만족과 기쁨이 있어야 하며, 셋째 대인 관계가 좋아야 종합적인 점수가 높아진다. 삶의 활력은 자신의 생각뿐만 아니라 다른 사람들의 평가도 수집해 넣어야 한다.

유형 테스트(8가지 유형)

유형Type은 유아형과 모험가형, 자린고비형, 패자형, 사냥꾼형, 일확천금형, 베짱이형, 숭배형 등 8가지로 나뉜다.

사업가에게 맞는 유형은 모험가형이다. 재테크로 돈을 잘 벌기 위해서는 사냥꾼형 성향이 높아야 한다. 반면 일확천금형과 베짱이형의 성향은 줄이도록 노력해야 한다. 숭배형 성향은 어느 정도는 높게 나와도 문제되지 않는다. 돈이 오게 하려면 적당한 숭배형이 도움이 된다. 유아형은 돈과는 담

그림 22 ▎유형 테스트 결과 예시

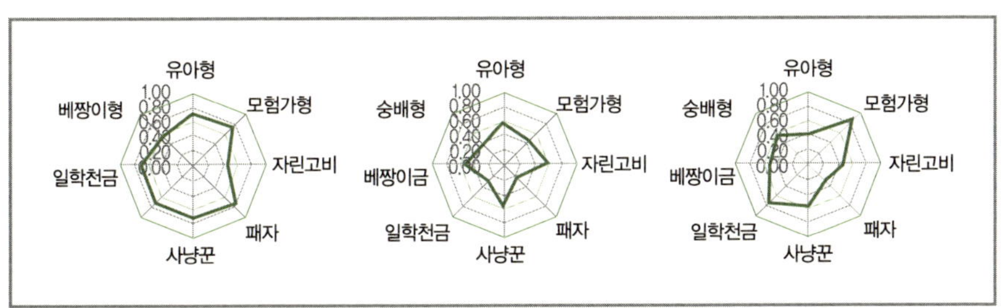

부문	본인 점수	기준 점수	차이	해설	비고
유아형	0.72	0.6	0.12	미래보다는 현재에 가치를 더 두고 있으며, 세상을 너무 긍정적으로 보고 있다. 돈을 쓰고 싶은 대로 쓰는 경향이 있고 비상 자금을 통한 관리도 안 되고 있다. 돈은 언제라도 벌면 된다는 낙관적인 생각에 사로잡혀 있다	보다 현실적일 필요가 있다. 눈 앞의 단기적인 것보다 중장기적인 준비에 눈을 돌려야 한다
모험가형	0.73	0.6	+013	꿈은 크고 실패를 두려워 하지 않고 도전하며 큰 계획을 잘 세우고 추진력은 있지만 작은 것을 소홀히 하는 경향이 있다. 기분파이며 남자답고 큰일을 하는 스타일이다	큰 그림을 그릴 때 밑그림을 잘 그려야 하듯 구체적이고 치밀한 관리가 필요하다
자린고비	0.48	0.6	−0.12	돈에 대해 관대하고 잘 쓰는 편이다. 섬세히 관리하지 못하고 있다. 퍼 주는 경향이 있다	퍼 주는 경향에 주의
패자형	0.78	0.6	0,18	자신의 잘못으로 인한 가족의 경제적 문제에 대한 죄책감 등 돈 문제로 스트레스를 받았거나 현재 받고 있다	재무 심리 치료 필요
사냥꾼	0.74	0.6	0.14	돈을 많이 벌고 싶어 하며 재테크 등을 통해서 돈을 많이 벌려고 하는 경향이 있다	
일확천금	0.72	0.6	0.12	한 방이나 큰 사업 등을 하고자 하는 통이 큰 사람	위험에 노출
베짱이형	0.71	0.6	0.13	전형적인 베짱이 성향. 쉽게 빨리 많이 벌어 편하게 놀자는 심리가 자리잡고 있다	재무 심리 치료 필요
숭배형	0.56	0.6	−0.04	돈의 위력과 힘을 믿고 있으며 많은 돈을 가지고 싶어 한다	

을 쌓은 사람으로 돈을 벌고 불리는 일에 대해서 모르쇠로 일관한다.

장애 테스트(9개 항목)

장애Disorder 테스트를 통해서는 충동구매, 의존성, 퍼 주기, 도박, 저장증, 과소비, 저소비, 가난의 맹세, 일 중독 등의 증상을 파악할 수 있다.

'저장증'이란 물건을 버리지 않고 쌓아 놓는 성향으로, 과거에 집착하고 매몰되어 있음을 나타낸다. 이처럼 과거에 매몰되면 정신의 상태가 흐릿해

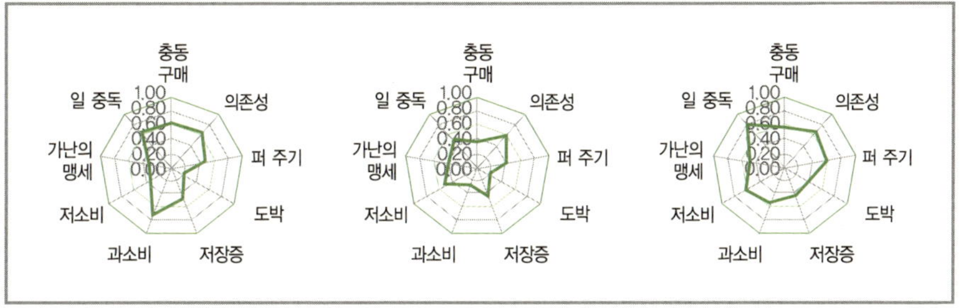

표 7 ▌장애 테스트 결과 해설 예시

부문	본인 점수	기준 점수	차이	해설	비고
충동구매	0.50	0.6	−0.10	충동구매 성향이 있다	
의존성	0.48	0.6	−0.12	해당 무	
퍼 주기	0.69	0.6	0.09	돈에 관대하여 남의 거절도 잘 못하는 성격	
도박	0.60	0.6	0.0	도박성이 있다	주의
저장증	0.42	0.6	−0.18	해당 무	
과소비	0.53	0.6	−0.07	예산 내에서 움직이는 부분이 잘 안 되고 있다	지출 및 예산 관리 필요
저소비	0.57	0.6	−0.03	해당 무	
가난의 맹세	0.29	0.6	−0.31	해당 무	
일 중독	0.48	0.6	−0.12	보통 사람들보다 일을 적게 하거나 강도가 낮은 것으로 나타난다	강도와 일의 양이 적절한지 체크 필요

져 리스크가 커진다. 반면 정신이 깨끗해지면 자신의 문제가 무엇인지 정확한 파악이 가능하고, 빠르게 대처할 수 있다. 앞으로 나아가려면 과거에서 벗어나야 한다.

의존성이 강한 사람은 문제가 발생하면 주변부터 찾아간다. 상대가 계속해서 도와주면 자립은 불가능하다. 의존성의 반대는 퍼 주기다.

저소비란 지나치게 소비를 하지 않는 성향으로 미래에 대한 불안을 내포하고 있다. 소비를 통해 돈을 쓰는 즐거움과 보람을 느껴야 한다. 그래야만 돈을 벌고자 하는 욕구가 더 커진다. 부부 중 한 명에게 저소비증이 발견되면 관계에 어려움을 겪는다. 정상적인 소비 심리를 가진 사람이라 할지라도 배우자가 저소비증이 강하면 스트레스를 받을 수밖에 없다. 과소비도 문제지만 저소비도 문제다. 균형적인 소비가 가장 좋다.

재무 심리 종합 건강도

마음 상태Mindset와 유형Type, 장애Disorder 테스트를 통해 돈 버는 능력과 돈 쓰는 능력, 돈 불리는 능력, 돈 나누는 능력으로 구성된 '재무 심리 종합 건강도'가 완성된다. 각각의 능력이 만점인 1점에 가까울수록 높은 능력치

그림 24 ▐ 재무 심리 종합 건강도 예시

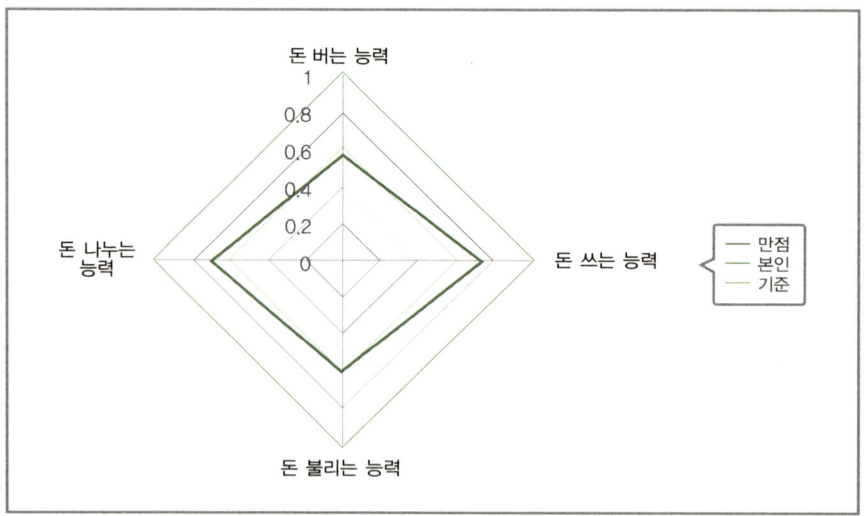

구분	만점	본인	기준	등급
돈 버는 능력(+)	1	0.57	0.6	C
돈을 쓰는 능력(−)	1	0.73	0.6	A
돈을 불리는 능력(x)	1	0.59	0.6	C
돈을 나누는 능력(÷)	1	0.70	0.6	A

를 의미한다. 돈 쓰는 능력이 만점에 가까울 경우 이는 과소비 성향이 아니라 돈을 계획에 따라 잘 쓰고 있음을 나타낸다.

머니 스크립트 테스트

머니 스크립트란 돈에 대해 갖고 있는 생각과 고정 관념을 의미한다. 돈에 대한 생각이 약할수록 머니 스크립트의 항목이 줄어들고, 욕심이 많을수록 항목이 늘어난다. 머니 스크립트의 항목이 많고 적음으로 돈에 대한 생각이 옳고 그름을 판단할 수는 없다. 문제는 균형이다. 돈의 화려함만 봐서도 안 되고, 어두운 면만 봐서도 안 된다. 돈이란 행복을 주기도 하지만 반

구분	머니 스크립트
1	돈은 많으면 많을수록 좋다
2	돈은 쓰기 위해 버는 것이다
3	미래의 나의 삶은 항상 풍족할 것이다
4	돈은 행복을 가져다준다
5	돈보다 사람이 중요하다
6	주는 것이 받는 것보다 좋다
7	돈은 돌고 도는 것이다
8	돈을 벌기 위해선 열심히 일해야 한다

대편의 보이지 않는 쪽에는 무서움과 위험도 있음을 균형 있게 바라봐야 한다. 돈의 양면성을 볼 수 있어야 돈으로부터 자유로울 수 있다.

어긋난 머니 스크립트

잘못된 머니 스크립트가 한 번 자리를 잡으면 평생 동안 따라다니면서 지속적으로 문제를 일으켜 행복을 갉아먹는 인생의 독으로 작용한다. 30대 후반의 P씨는 주식 전문가로 활동하면서 월 1억 가까운 수입을 올린다. 하지만 그는 매사에 불평이 많고 비판적이며, 부정적 언어들을 사용하는 빈도가 높다. 그의 입에서 나오는 말의 대부분은 돈과 관련된 이야기들이다. 주변 사람들에게 자신이 가진 부를 자랑하면서도 밥 한 끼를 사도 온갖 생색을 다 내며, 가족 친척 친구 중 누구에게도 단돈 1000원도 공짜로 주는 법이 없다. 또한 손해를 보면 견디지 못해 기분이 우울해지고, 자신에게 다가오는 사람들이 자신의 돈을 노리고 있지나 않은지 항상 경계하는 자세를 유지한다.

P씨의 경우처럼 삶의 최우선 가치로 돈을 좇는 사람은 정신이 황폐해진다. 눈에는 돈만 보이며, 가족보다 돈이 중요하다. 돈이 가장 좋기 때문에 돈은 많으면 많을수록 좋다고 생각하고 돈을 쓰는 데 인색하다. 그래서 모으기에는 달인의 경지에 오른다. 그가 밥 한 끼를 사고도 생색을 내는 이유는, 사실 생색을 내는 것이 아니라 자신에게는 매우 가치 있는 돈을 썼다는 말을 하는 것이다. 상대에게 자신이 베푼 호의를 알리고 있는 것이다.

P씨는 치료의 대상이다. 세상은 그를 성공한 사람으로 판단할 수 있지만 인생을 들여다보면 실패 투성이다. 어릴 적 그는 아버지에게 사소한 문제에

도 밥상머리에서 숟가락을 던지며, "너 같은 놈 필요 없어. 내가 너 키우느라 돈이 얼마나 든 줄 알아?"라는 말을 자주 들었고, 고등학교를 졸업하자 "다른 집 자식들은 네 나이에 부모한테 용돈도 준다던데, 아비는 땅 파서 너 학비 대 준 줄 알아, 당장 돈 벌어 와!"라는 압박이 시작되었다.

맨몸으로 집을 뛰쳐나온 그는 돈에 맺힌 한을 푸는 것이 인생의 목표가 되었다. 돈을 벌어 아버지에게 복수하고 싶었다. 어린 시절부터 '돈이 모든 문제를 해결해 준다. 돈이 신보다 강하다. 돈은 곧 목숨이다'는 머니 스크립트가 뿌리를 내리고 있었다. 이후 악착같이 노력하여 많은 돈을 벌었으나 마음의 불안은 여전했다. 더 많은 돈을 벌어야 한다는 강박관념이 그를 돈 버는 기계로 만들어 놓았기 때문이다.

상담을 진행하면서 그에게 물었다.

"돈을 왜 버십니까?"

"부자가 되려고요."

"얼마나 큰 부자가 되려 하십니까? 이미 부자가 되신 것 같은데요?"

"……."

사회생활 초기에는 아버지에게 복수하려고 악착같이 벌었지만 현재 복수심은 사라진 상태다. 하지만 어린 시절부터 각인되어 온 돈에 대한 생각(머니 스크립트)은 그대로 유지되고 있다. 그의 입에서 "가정의 행복을 위해 돈을 법니다."라는 말은 끝내 나오지 않았고, 자신이 벌어 온 돈을 함부로 쓰는 아내에 대한 비난만 있을 뿐이었다.

P씨의 사례와 달리 어릴 적부터 아버지가 날이면 날마다 술을 마시고 들어와 "이 녀석아, 돈은 쓰자고 버는 거야. 남자가 돈 몇 푼에 소심하게 굴어

서는 안 되는 거야. 팍팍 써, 돈은 또 벌면 돼!"라고 했다면, 이 아이의 머릿속에 '돈은 쓰는 것, 필요할 때 또 벌면 되는 것'으로 자리 잡았을 것이다.

영화배우가 대본대로 움직이듯, 머니 스크립트는 우리 인생에 말을 걸고 행동을 결정한다. 이처럼 머니 스크립트는 돈과 관련해 정신적으로 중요한 의미를 가지므로 자신의 머니 스크립트에 문제가 없는지 잘 살피고 문제가 있는 점은 고쳐가야 한다. 자녀들에게도 어릴 적부터 올바른 머니 스크립트가 자리 잡을 수 있도록 교육해야 한다.

6

NPTI 진단 사례

돈 문제가 끝없이 이어져요: 대한민국 보통 부부 이야기

지방의 한 부부. 미팅부터 순탄치 않았다. 일이 바빠서 시간을 맞추기가 어렵단다. 결국 저녁 8시에 미팅을 가졌다. 그런데 남편은 그 시간마저 지키지 못해 늦게 합류했다. 하루 일과가 끝난 후라서 피곤했지만, 돈 문제로 어려움에 빠져 있는 부부를 도와야 한다는 사명감으로 달려갔다. 상담을 의뢰한 이는 아내였다.

"벌어도 벌어도 돈 문제가 끝이 없어요."

아내는 자포자기 심정으로 상담을 의뢰한 터였다.

첫 대면의 순간, 부부는 경계하는 눈빛이 선명했다. 자신들의 문제점을 쉽게 털어놓으려 하지 않아 탐색에 애를 먹었다. 그런데 시간이 지나면서 극존칭을 쓰더니, 상담이 끝난 후에는 문밖까지 나와서 극진히 배웅했다. 무엇이 그들을 바꿔 놓았을까?

아내는 39세, 남편은 43세, 큰 딸은 초등학생, 작은 딸은 4세다. 남편은 중소기업에 다니는 직장인으로 월급은 300만원 내외였다. 남들이 보기에는 단란한 4인 가족이다.

상담을 시작하자마자 충격을 받은 사람처럼 아내의 얼굴이 벌겋게 달아올랐다.

"돈을 오게 하는 사람이 있고, 멀리 하는 사람이 있습니다. 진단 결과 두 사람은 돈을 멀리하는 스타일로 현재 상태로는 돈 문제를 해결할 방법이 없습니다."

보통 상담을 하기 전 NPTI로 재무 심리 진단을 마무리한다. 성향을 미리 파악하고 상담을 진행하기 때문에 상담자에게 어떤 문제가 있는지 알고 있다.

"절약이란 하고 싶은 것을 하지 않는 것이 아닙니다. 불필요한 것을 안 하면 그게 돈을 버는 것입니다. 사람이 없는 공간에 불을 끄면 돈을 벌게 되죠!"

아내가 벌떡 일어나서 화장실과 주방의 불을 끄고 온다.

"남편분에게 도박성이 있습니다!"

아내가 깜짝 놀라 그럴 리가 없다고 한다. 곁에서 묵묵히 지켜보던 남편이 그때서야 어렵싸리 입을 열었다.

"크게 하는 건 아니고 심심풀이로 조금씩 합니다."

아내는 너무나 의외라는 표정이었다. 이번에는 남편에게 물었다.

"직장을 계속 다닐 수 있다고 생각하십니까?"

그날도 사장이 퇴근을 하지 않아 눈치가 보여 퇴근이 늦었다고 하면서 "자신할 수는 없죠."라고 대답했다.

"지금 가진 돈이 얼마입니까?"

"……."

만약 남편이 직장을 잃으면 당장 다음달부터 가정 경제에 문제가 올 상황이었다. 비록 가난한 삶은 아니었지만, 미래에 대한 준비가 전혀 되어 있지 않은 상태였다. 남편의 월급으로 현실에 닥친 문제를 해결하기도 빠듯하다. 지금까지 번 돈은 먹고사는 데 모두 소진하며 살았다. 그러면서도 막연하게 '앞으로는 잘 될 거야'라고 생각했다.

돈을 벌려면 악착같음, 목표, 전문성이 있어야 한다. 남편에게 "그중 무엇이 있느냐?"고 물었다. 모두 "아니오."였다. "평생 얼마를 벌 거냐?"는 물음에도 대답이 없다. 이것이 바로 대한민국 보통 사람들의 현실이다.

부부 금슬은 좋았다. 그런데 웃지 못 할 일이 일어났다. 남편은 가족이 행복하다고 생각한다. 그런데 아내는 화목하지 않단다. 왜 다를까? "두 사람이 왜 다른지 아느냐?"는 물음에 남편은 그저 웃고 만다.

남편은 아내가 힘들 것이라는 생각을 한 번도 해 본 적이 없다. 부부 관계 좋고, 아이들 잘 자라고, 빚도 없었다. 그러면 화목하고 행복한 가정이 아닌가. 그런데 아내의 입장은, 남편이 돈을 벌고자 하는 의욕도 없고, 욕심도 없고, 미래에 대한 준비도 없는 것 같아 속상하다. 자신은 남편의 많지 않은 월급으로 살림하랴, 아이들 교육시키랴 매달 머리가 아플 지경인데, 남편은 현재의 가정 경제를 개선하고자 하는 의욕이 없다. 더구나 아이들이 자라면 더 많은 돈이 필요한데 혼자만 걱정하고 있는 것 같아 억울함마저 든다. 수입보다 지출이 많은 달은 주변에서 빚을 내기도 한다. 빚을 내고 나면 다음 달은 정말 허리띠를 두 번 졸라매도 부족할 지경이다. 나도 돈을 벌어야 하는지 걱정이 태산이다. 그런데도 남편은 뭐가 문제냐는 식이다.

그렇다면 아내에게는 문제가 없었을까? 아내에게는 저장증이 발견되었다. 집안 곳곳에 오래된 물건들이 흉물스럽게 쌓여 있었다. 집안에 불필요한 불이 켜져 있었고, 청소가 되지 않아 집이 깨끗하지 않았다.

아내는 머리가 복잡한 사람이다. 정리가 안 되는 사람은 보통 재무 심리가 매우 취약하다. 아내의 경우 고민은 많지만 정작 해결 방법을 찾지 못하고, 준비도 없다. 그저 하루하루 고민과 고통 속에서 살아간다.

"머리가 복잡하면 주위의 어지러운 상황이 보이지 않습니다. 아무리 벌어도 돈이 없는 이유는 바로 아내분의 머릿속이 정리되지 않았기 때문입니다. 정리를 해야만 들어오는 것과 나가는 것이 보이고, 그때부터 관리가 시작됩니다."

아내가 고개를 끄덕였다. 테스트 결과를 보여 주며 말을 이어갔다.

"꿈과 목표가 없고, 계획성과 치밀성이 매우 떨어집니다. 하루하루 복잡하고 멍한 상태가 지속될 수밖에 없는 구조입니다. 타임라인을 보십시오. 쩐의 전쟁이 다가옵니다. 현재의 수입으로 미래의 이벤트를 막아야 하는데 준비가 하나도 안 되어 있습니다. 부부의 현재 나이를 보세요. 아이들은 자라고 있습니다. 앞으로 어떻게 하실 겁니까?"

아내는 충격 받은 얼굴로 고개를 숙이고, 남편은 "머리가 띵하네요."라는 말로 답답한 심정을 토로했다.

"머리가 아파도 다가올 이벤트를 보십시오. 얼마가 필요한지 알아야 구체적인 행동이 따라옵니다. 아내분께서는 다단계를 그만두고, 가정 경제에 실제적인 도움이 될 방법을 찾아보셔야 합니다. 100만원이라도 고정적으로 들어오는 수입을 만들어야 합니다. 그래야 계획을 세울 수 있습니다. 이벤트는 두 분이 준비를 하든지, 하지 않든지 무조건 오게 되어 있습니다. 준비되면 행복한 인생이지만, 준비하지 않으면 앞으로는 현재보다 더 큰 고통이 옵니다."

다시 설문지를 보여 주며 아내에게 이야기했다.

"아내분의 경우 돈을 버는 능력이 떨어지고 나누는 능력만 좋습니다. 나누는 능력은 가장 마지막입니다. 우선 많이 벌고, 잘 쓰고, 불려야 나누는 능력이 빛을 발휘합니다. 당장 가계부를 쓰십시오. 이전 달보다 한 푼이라도 더 남겨서 전문가에게 맡기십시오."

데이터가 없으면 사람들은 좀체 자신을 인정하지 않고, 잘 들으려고도 하지 않는다. 하지만 자료를 제시하면 잔뜩 긴장하면서 그때야 자신의 문제점을 수긍한다. 실제 이 부부 중 문제는 아내에게 있었다. 아내가 돈 관리를 하기 때문에 더 큰 문제였다.

아내는 돈 문제로 고통스럽다고 이야기하면서도 한편으로는 '돈 때문에 자살하는 경우는 자신과 상관없다고 단정하고(즉 자신에게는 극단적인 일이 일어나지 않을 것이라 낙관하고), 어렵고 복잡한 일들을 미루는 습관이 있었으며, 소득이 계속 증가할 것이라는 막연한 낙관론에 빠져 있었다. 그렇기 때문에 관리가 안 될 뿐더러 미래도 준비하지 않았던 것이다. 재무적인 관점에서 아내는 매우 심각한 상태였다.

"너무 걱정하지 마십시오. 낙심하면서 고통 속에서 살아갈 수는 없잖습니까. 다가올 미래의 이벤트를 보았고, 현재 준비 상태를 확인했다는 것만으로도 대단한 발전입니다. 앞으로 잘 준비해 가면 됩니다. 남편분이 성실하게 직장 생활 잘하고 있지 않습니까? 아내분의 정리되지 않은 머리는 정리하면 됩니다. 힘들더라도 아내분이 고정적인 수입을 만들어 가정 경제에 조금이라도 보탬이 되게 하십시오. 그동안 준비하지 않았기에 아내분이 역할을 해 내야 합니다. 쓰고, 불리는 능력은 앞서 이야기한 대로 가계부와 전문가의 도움으로 해결하십시오."

상담이 끝나자 엉켰던 실타래가 풀리는 것 같다면서 표정이 한결 밝아졌다. 상담 다음날 '집안 청소를 깨끗이 했어요'라는 문자가 왔다. 자신의 문제를 즉시 해결하려는 의지가 보여 이 부부는 현재의 어려움을 잘 극복해 내리라는 안도감이 들었다. 지금도 지속적으로 연락을 취하면서 관리를 하고 있다.

직장에서 인정받는 사람이 되었어요: 돌싱녀의 인생 분투기

진단을 1차로 하고 난 뒤 1년 후 다시 진단을 해 보면 삶의 자세가 개선되거나 가정 경제가 진일보한 경우가 대부분이다. 삶의 목표를 되찾으면서 활력이 높아져 직장에서도 인정받는 사람으로 변모된 모습을 자주 볼 수 있다.

35세 돌싱녀인 L씨는 1차 진단 당시 심각한 상황이었다. 인생의 꿈과 목표가 없고 삶의 활력과 자존감이 지나치게 낮았다. 사는 것이 재미없고 일도 만족이 없었다. 정신과 육체가 모두 지쳐 있는 상태였다. L씨는 전형적인 패자형으로, 매일 술을 마시고 들어와 폭력을 행사하는 남편 때문에 지옥 같은 결혼 생활을 보냈고, 남편이 진 빚을 모두 갚아야 했다. 결국 폭력을 더 이상 견디지 못해 이혼을 했지만 상처가 그대로 남아 있었다. 그뿐만 아니라 이혼 후에도 빚에 시달리면서 경제적인 어려움을 겪고 있었다. 그런데도 충동구매와 과소비 성향이 높게 나타났다.

"이 상태로 지속되면 삶이 매우 위험해질 수 있습니다."

다가올 이벤트와 당면한 문제들을 점검하고, 더불어 신앙을 통해 다친 마음을 회복하도록 유도했다. L씨의 경우 1차 상담 이후에도 지속적으로 교육을 시키면서 관심권에 두었다. 그러자 삶의 활력이 눈에 띄게 회복되는 모습이 보였다. 잃어버렸던 삶의 활력을 되찾으면서 자신이 다니는 보험 회사에서 1등의 영예를 안았고, 일그러졌던 얼굴이 밝게 펴졌다.

L씨의 경우 프로그램을 통해 드라마틱한 인생의 변화를 경험한 케이스다. 이 책에 실린 내용을 보험에 활용해 다른 이들의 삶까지 바꾸는 사람이 되었다. 예전과 달리 보험 가입에 열을 올리지 않고 상대의 인생에 깊은 관심을 갖고 도와주려는 마음으로 접근하면서 실적이 180도 뒤바뀐 것이다. L씨는 지금도 만날 때마다 감사를 표시하고, 안부 전화도 자주 온다.

인생은 즐기는 거야. 일단 써: 일단 쓰고 보는 젊은 부부

성남에 사는 29세, 31세 부부의 경우 소비가 발목을 잡은 케이스다. 이 부부는 남편보다 아내의 월급이 더 많다. 남편은 월 200만원, 아내는 월 300만원의 수입을 올린다. 그런데 월 50만원가량의 적자가 지속되는 상황이었다. 월수입이 500만원인데도 적자가 나는 상황이 언뜻 이해되지 않았다. 마이너스 통장도 1500만원을 기록하고 있었다. 진단을 하고 나니 이유가 밝혀졌다.

부부 모두 삶의 활력이 기준치를 매우 높게 상회하고 있었다. 남편도 즐거운 인생이지만, 아내의 활력은 최고를 기록했다. 그런데 가정에 꿈과 목표가 없고, 둘 다 치밀성이 떨어졌다. 사행 일치가 안 되어 미래를 위해 준비하는 부분도 전무했다. 이 부부에게 가장 중요한 삶의 가치는 '오늘 벌어 오늘 쓰는 것, 그리고 하루하루 즐기며 사는 것'이었다.

유형을 보니 남편은 모험가형, 아내는 베짱이형이다. 아내는 돈의 의미도 잘 모른 채 편하게 사는 데에 정신이 팔려 있었다. 장애 진단을 보니 부부 모두 충동구매와 과소비 성향이 높았다. 부부의 머릿속은 온통 '뭘 먹을까, 어디로 놀러 갈까, 뭘 살까'로 가득했다. 둘의 생각이 똑같으니 서로 싸울 일도 없었고, 그러다 보니 삶에 브레이크가 없는 상태였다. 신용 카드만 해도 남편이 4개, 아내는 5개였다. 그런데 아내의 말이 명작이었다.

"주변에서는 천생배필 만나서 서로 궁합이 잘 맞는다고 해요."

주변의 말이 과연 칭찬일지 걱정일지는 확인할 길이 없지만, 재무적인 관점에서 이 부부는 최악의 조합이다. 부부 중 한 명이라도 과소비에 문제의식을 느끼면 가정 경제는 힘들게라도 굴러간다. 하지만 이 부부의 경우에는 향후 소득이 높아지더라도 결국 답이 나오지 않는 인생을 살 수밖에 없다.

진단 결과를 보여 주자 부부 모두 깜짝 놀랐다. 자신들에게 그런 문제가 있었는지 전혀 모르고 살아왔던 것이다. 실제로 진단해 보면 당연히 알 것 같은 문제도 본인은 모르는 경우가 태반이다. '나는 문제가 없어'라고 자만할 일이 아니다.

이 부부의 치유는 간단했다. 결혼 당시 부모의 도움으로 얻은 2억짜리 전세를 1억 7000만원 전세로 옮기고, 여기서 확보한 3000만원으로는 이자가 8%인 마이너스 통장과 카드 빚을 갚는 데 사용하도록 했다. 재무 계획을 세우자 월 200만원의 여유 자금이 생겼다. 새로 얻은 여유 자금은 종합 재무 설계를 실행토록 했다.

이후 '마트에서 4000원밖에 쓰지 않았다'고 자랑하는 문자가 왔다. 이 부부는 아직 젊고 삶의 활력도 높기 때문에 이를 긍정적으로 활용하면 부자가 될 확률이 높다고 생각된다. 무엇보다 젊은 나이에 문제점을 발견하고 미래를 준비하기 시작했다는 데 높은 점수를 주고 싶다.

내 아내의 과소비를 잡아 주세요: 동갑내기 맞벌이 부부의 소비 전쟁

백화점에서 각자의 매장을 운영하는 40세 동갑의 맞벌이 부부. 아내의 과소비로 인해 부부 싸움이 자주 발생하자 답답한 마음에 남편이 상담을 의뢰해 왔다.

남편의 마음과 달리 아내는 자신의 소비 형태에 문제가 없으며, 부부간 충돌이 잦은 이유는 남편이 너무 쩨쩨하게 굴기 때문이라고 항변했다. 따라서 남편이 지적한 문제점을 고칠 필요가 없으며, 오히려 돈을 못 쓰게 하는 남편 때문에 스트레스가 심하다고 주장하였다.

진단 결과로 볼 때, 남편은 꿈과 목표가 뚜렷하고 치밀하며, 위험 노출도가 거의 없고, 미래를 준비하려는 의욕이 강하게 나타났다. 일중독과 저소비증도 나타났다. 반면 아내는 삶의 활력과 치밀성이 떨어지고, 과소비를 하면서도 하루하루 만족 없는 삶이었다. 유형을 보니 남편은 자린고비, 아내는 베짱이형이었다. 서로 대화가 통하기 어려운 상반된 성향의 부부였다.

부부 클리닉 수준의 해결책이 필요했다. 책임을 한쪽으로 몰고 갔다가는 더 큰 갈등이 예상되었다.

"아내분의 경우 진단 결과 충동적 구매, 과소비는 스스로 절제할 수 있는 단계를 넘어 전문가의 도움이 필요한 상황입니다. 이는 가정의 재무적 위험으로 작용할 수 있습니다. 우선 과도한 소비 성향을 잡아야 합니다. 현재 사용하고 있는 신용 카드 5개를 모두 폐기하고 체크 카드로 교체하십시오. 미래에 대한 준비가 되어 있지 않습니다. 그 돈은 소비를 줄여야만 생깁니다. 남편분은 분명한 목표하에 열심히 노력하는 모습이 좋습니다. 그런데 미래에 대한 준비는 안 되어 있는 상태입니다. 아내의 책임으로 미루지 마십시오. 남편분은 반대로 좀 더 써야 합니다. 진단지를 보면 저소비증이 나타나고 있습니다. 너무 쓰지 않는 것도 병입니다. 오늘의 행복을 누리는 것도 돈을 버는 목적 중 하나입니다.

가정의 경제권은 남편에게 주는 것이 바람직해 보입니다. 남편은 아내를 기다려 주고 배려하고 도와줘야 합니다. 아내가 무엇 때문에 스트레스를 쇼핑으로 해소하는지 진지하게 들어 주셔야 합니다. 성공하려는 의지는 칭찬할 만하지만, 지금보다는 가정에 중심을 더 두셔야 합니다. 남편의 꿈을 아내와 상의하십시오. 그리고 한 달에 한 번 정도는 아내와 멋진 레스토랑에서 데이트도 즐기고, 해외여행도 계획해 보십시오."

부부가 "네."라고 대답은 했지만 갈등이 얼마나 풀렸는지 확인할 수는 없었다. 다행히 며칠 후 남편으로부터 '아내가 신용 카드 5개 중 4개를 폐기했다'는 소식을 들었다. 목소리도 한결 부드러워졌다. 해결되어 가는 과정이라 생각한다.

빚내서 투자하는 게 정상인가요?: 동일한 목적, 다른 방식

40대 중후반의 부부. 아내는 남편보다 목표 지수와 준비성, 적극성, 치밀성 등이 높았고, 어떻게든 잘살아 보려는 마음이 강했다. 그런데 삶의 활력이 떨어지고, 우울증까지 앓고 있었다. 반면 남편은 삶의 활력은 더 높지만, 여타 부분에서는 많은 문제점들이 노출되었다. 도박증과 충동구매가 위험 수준이었고, 마땅한 직업 없이 주식 투자에 매달리고 있었다. 두 사람에게서 발견된 공통점은 숭배형이었다. '돈은 많을수록 좋다'는 신념으로 둘 다 돈을 좇고 있었다.

아내에게는 '어떤 이유라도 빚지지 말라'는 매우 중요한 인생의 지침이 있었다. 그런데 남편이 대출을 받아 주식 투자를 하자 견딜 수가 없었다. 주식으로 가진 돈을 다 잃고도 남편은 또 다시 대출을 받아 주식 투자를 계속해야 한다는 입장이었다. 아내는 남편이 직장에 나가기를 원하지만 남편은 주식 투자만이 현재의 경제 문제를 해결하는 유일한 길이라고 믿었다. 그래서 아내에게 우울증이 찾아왔다.

남편은 아내가 빚에 너무 민감하다고 생각한다.

"주변에 돈 벌었다는 사람들을 봐. 누가 자기 돈으로 벌어? 다 빚으로 투자해 불린 거야. 나도 가정을 위해 이러고 있는 거야."

하지만 아내는 자신이 우상처럼 숭배하는 돈이 흔적도 없이 사라져 가는 상황이 트라우마로 자리 잡을 지경이었다. 남편이 주식 투자를 계속한다면 더 이상 이 남자와 살 수 없다는 입장이다.

이 부부에게 해법은 '돈보다 사랑을 우선순위에 두는 것'이었다. 돈이 삶과 행복의 필수 조건이기는 하지만 그것은 어디까지나 목적이 아니라 수단이어야 한다. 부부가 지나치게 돈에 집착하다 보니 결국 가정이 파괴될 위험에 놓이게 되었다.

진단지를 통해 부부의 문제점을 알게 하고, 두 사람이 왜 부딪히는지 확인시켜 주었다.

"두 분 모두 돈을 이겨야 합니다. 돈이 부부를 죽이고 있습니다. 두 사람이 으르렁댄다고 돈 문제가 해결되지 않습니다. 돈을 공공의 적으로 삼으십시오."

서로를 마주보게 한 후 "남편은 아내가 지나치다고 하지만 아내분이 민감해서가 아니라 그런 성향을 갖고 있기 때문입니다. 빚을 져서는 안 된다는 아내의 말을 받아들이십시오. 빚이 당신의 인생과 가정을 파탄으로 이끌 수 있습니다. 아내분이 아르바이트까지 하면서 잘살아 보려고 고군분투하는 모습이 안쓰러울 정도입니다. 제 주변에 주식의 달인으로 불리는 전문가가 있는데, 그분 역시 투자로 돈을 벌기는 너무나 어렵다고 이야기합니다. 직접 투자를 멈추고 전문가로 활동하면서 돈을 벌기 시작했다는군요. 또한 아내가 남편에게 위로를 받지 못해 우울증에 시달리고 있습니다. 아내를 위로해 주십시오. 그리고 일을 하십시오. 주식보다는 땀 흘려 번 돈이 가정에 행복을 가져옵니다."

이 부부는 무엇보다 관계의 회복이 절실했다. 재무적인 문제는 2차적인 문제였다. 아내의 고충과 노력을 충분히 인정하고, 남편에게 투자 세계의 위험성을 인지시켰더니 조금씩 서로에게 마음이 열리고 있었다. 더불어 조금 늦기는 했지만 부부가 현재의 어려움을 극복해 갈 방법을 세팅해 주었다.

돈을 숭배하는 사람들은 과거의 잘못을 한방에 해결하려는 욕구가 강하게 나타난다. 그런데 운 좋은 소수의 사람들을 제외하고 대부분의 사람들은 돌이킬 수 없는 실패의 구덩이로 인생과 가정을 몰아간다. 남편이 주식 투자를 멈추지 않으면 가정도 파탄에 이르고 자신의 인생도 끝나고 말 것이다.

남편 회사가 망해도 괜찮은 거죠?: 부자가 될 가능성 큰 이상적인 커플

남편은 젊고 유능한 광고 대행사 사장이었다. 돈 버는 능력과 삶의 활력이 매우 높았다. 사업을 통해 회사를 빨리 키우고자 하는 열망이 큰 모험가형이었다. 그런데 꿈과 목표가 없고 치밀성이 떨어졌다. 반면 아내는 꿈과 목표가 있고, 준비성이 투철하며, 거의 완벽주의자에 가까운 치밀성을 갖고 있었다. 남편이 돈을 좇는 숭배형이라면 아내는 모으는 데 집중하는 자린고비형이었다.

남편은 전형적인 사업가형으로 일에 대한 집중력이 강해 고소득을 올렸지만, 직원과 친구들에게 퍼 주다 보니 돈이 남아나지 않았다. 아내에게 그런 남편은 물가에 내놓은 아들과 같았다. 먼저 아내에게 말했다.

"남편 참 잘 만나셨습니다. 천상 사업가로 태어난 분입니다. 돈 버는 능력이 아주 좋습니다. 만약 남편의 사업이 실패한다면 이유는 치밀하지 못하기 때문일 것입니다."

남편에게는 "사업과 가정을 분리시켜야 합니다. 사업이 망해도 가정이 살도록 장치를 마련해 두어야 합니다. 돈 관리는 아내에게 맡기십시오. 절대 남에게 주지 마십시오. 주더라도 아내가 주도록 하십시오."

그때 아내가 불쑥 끼어들었다.

"원장님, 이렇게 하면 남편 회사가 망해도 괜찮은 거죠?"

아내가 가진 걱정의 근본적인 이유가 이 질문을 통해 나왔다.

이 부부는 치유보다는 단점을 보완하고 강점을 살리는 방법으로 해결이 가능했다. 남편이 열심히 일하고 돈도 잘 벌기 때문에 위험 관리만 잘하도록 도와주면 문제가 없었다. 바로 곁에 훌륭한 재무 장관을 두고도 남편이 돈 관리를 하는 바람에 문제가 생겼던 것이었다. 정리를 하고 나니 행복하게 부자로 살아갈 부부로 재탄생되었다. 단점이 상호 보완되는 매우 좋은 커플이었다.

이 남자랑 결혼해도 될까요?: 예비부부 이야기

가을에 결혼을 앞둔 예비부부였다. 진단을 먼저 받은 사람은 예비 신부였다. 성향을 분석해 보니 베짱이형에 충동구매와 과소비가 매우 심했다. 그래프가 밖으로 튀어 나가는 모습에 웃음이 나올 정도였다. 돈 버는 능력도 없고, 불릴 돈도 없는데, 오직 잘하는 것은 나누는 능력이었다. 전형적으로 마음씨 착한 유아형이었다. 상담을 하고 나니 결혼할 남자가 있는데 그 사람도 봐 달라고 한다. 얼마 후 두 사람을 모아 놓고 상담을 진행했다.

예비부부는 서로의 결과물을 놓고 비교하면서, "안 받았으면 큰일 날 뻔했네, 이런 여자인지 몰랐네, 나도 이런 남자인지 몰랐네." 하면서 티격태격 알콩달콩 싸운다.

남자는 현재 사업가로 일과 돈에만 몰입된 상태였다. 돈 버는 능력은 좋지만 관리가 전혀 되지 않고 있으며, 돈을 숭배하면서 일확천금을 노리고 있었다. 전형적인 치료 대상이었다. 결과를 보여 주면서 농담조로 이야기했다.

"내가 딸이 하나 있는데, 자네 같은 남자한테는 절대 시집 못 보내겠네!"

예비 신부가 까르르 웃었다.

"하지만 괜찮아. 목표를 세워서 시작하면 돼. 서로 헤어질 이유도 없어. 공유를 했으니까."

이들과의 상담은 활기찬 분위기 속에서 즐거운 마음으로 진행되었다. 두 사람은 흡수 능력이 좋아 해법을 잘 받아들였다. 이후 변화 과정을 지켜보는 것도 즐거움이었다.

남녀의 문제를 다룰 때 보통은 감성적인 접근이 주를 이룬다. 하지만 이것만으로는 두 사람이 살면서 겪게 될 수많은 경제적인 문제들을 해결할 수 없다. 서로 사랑하는 마음이 클지라도 돈 문제가 불시에 찾아와 그 사이를 갈라놓을 수 있다는 사실을 잊지 말아야 한다.

우리는 옛날 옛날에 두 남녀가 온갖 역경과 반대를 딛고 결혼에 골인하고, 이후 행복하게 살았다는 이야기에 미소를 짓는다. 하지만 결혼 후 어떤 문제를 겪었는지는 잘 생각해 보지 않았다. 그 행복이 영원히 지속되기 위해서는 언제라도 터질 수 있는 인생의 폭탄, 즉 좋았던 부부 사이를 갈라놓는 미래의 이벤트와 예측 불가능한 사건들에 대한 대비가 철저해야 한다. 그래야만 행복하게 살았다는 옛날이야기가 비로소 완성되는 것이다.

위험을 감수할 이유가 무엇입니까?: 한 은퇴자의 욕심

건설 회사를 다니다가 은퇴한 62세의 남성. 그에게 발견되는 특징은 물건을 버리지 못하고 모으는 저장증이었다. 이는 자기만의 세계가 있다는 반증이다. 목동의 아파트에 살면서 자녀들도 다 키운 상태였다. 매월 300만원의 연금이 나왔다.

"저는 월 500만원이 필요합니다."

"왜요?"

"은퇴를 하고 나니 친구들 만날 일이 많아요. 골프도 쳐야 하고요. 집을 담보로 대출을 받아 사업을 하려고 합니다."

"혹시 사모님이 물가에 내놓은 아들 같다고 말하지 않아요?"

아니나 다를까 "그렇다."고 대답한다.

"200만원 더 벌자고 그렇게 큰 위험을 감수할 이유가 무엇입니까?"

집사람은 매일 새벽 기도에 나가면서 종교 생활을 열심히 하고 있었다. 이 남성도 교회에 다니고 있었다.

"세상의 것들을 즐기려고 하니까 돈이 필요한 겁니다. 교회와 사회에 봉사하는 삶은 어떻습니까? 이제야 마음을 채울 기회가 온 것입니다."

"아, 이제야 깨우쳤습니다. 제가 잠시 잘못된 생각을 했습니다."

나이가 많고 적고를 떠나 세상이 주는 즐거움을 따라가다 보면 항상 돈이 부족해진다. 그래서 불투명한 방법으로 돈을 더 만들고 싶어진다. 골프 대신 경제 사정에 맞게 등산을 다녀도 될 일이다. 돈이 정말 더 필요하면 사업보다는 일을 찾는 편이 좋다.

"은퇴 자금으로 사업을 했다가 다 날리면 남은 인생이 40년인데, 어떻게 하실 겁니까?"

아내와 상의하여 보람된 일을 찾아보겠다며 가벼운 발걸음으로 되돌아갔다.

수도세도 못 내고 있어요: 물음표 투성이의 4인 가족

서울 변두리의 주택 반지하에 사는 50대 부부. 문제를 해결해 달라는 지인의 간곡한 부탁으로 인터뷰를 하였다. 인터뷰 전 진단부터 하는 것이 순서지만 이 부부는 진단을 거부했다. 자신들의 치부를 드러내기 싫다는 이유에서였다. 만남이 있기 전부터 '문제가 심각한 집이겠구나' 하는 예상이 되었다. 어쨌든 사정이 딱하게 여겨져 부부가 사는 집 근처 카페에서 만남을 가졌다.

보증금 500만원의 집에 사는 부부는 월세조차 내지 못해 남은 보증금은 100만원뿐이었고, 전기세와 수도세마저 몇 달이 밀려 있는 상태였다. 두 자녀는 현재 대학에 다니면서 큰 아이는 사법 고시를 준비하고, 둘째 아이는 회계사 1차 시험에 합격한 상황이었다. 남편은 직장이 없어 일자리를 알아보는 중이었다. 가정 경제를 아내 혼자 책임지고 있었다.

가정 경제는 거의 파탄에 이를 지경이었다. 그런데 부부는 "아이들이 시험만 합격하면…"이라는 말을 입버릇처럼 사용했다. 아이들을 가르치기 위해 몸 바쳐 일해 온 부부의 노력이 눈물겨웠다. 그동안 안 해 본 일이 없었다.

그런데 문제는 현재였다. 월세는커녕 전기세도 못 내는 심각한 상황에서도 미래에 대한 막연한 환상에 사로잡혀 현실을 외면하고 있었다. 아이들이 시험에 합격한다는 보장도 없고, 합격을 하더라도 그날이 언제일지는 여전히 물음표였다. 개천에서 용 난다는 신화에 온 가족이 매달려 있는 형국이었다.

"두 자녀 모두 시험에 합격해 고소득 전문가가 된다면 더할 나위 없이 좋겠지요. 하지만 그때까지 자녀들을 뒷바라지할 경제적인 여력이 있습니까?"

"우리 모두 정규직이 아니어서 일을 계속할 수 있다는 보장이 없어요."

부부와 상담하는 내내 마음이 무거웠다. 이 가족에게는 결단이 필요했다. 끝을 모르는 자녀 교육에 올인해서는 미래가 없었다. 아이들이 시험에 합격하지 못해 취업 시기까지 놓쳐 버린다면 가난이 대물림될 터였다. 아니 당장 거리로 내몰릴 위기였다.

이 가정의 해결책은 무엇일까? 두 번째 만남에서 현실적인 대안을 내놓았다.

"자녀 교육은 여기까지입니다. 가장 시급한 문제는 가정 경제의 기틀을 잡는 것입니다. 아이들 교육 때문에 남은 게 하나 없고, 빚뿐이잖습니까. 남편분은 직장을 알아보기 전에 일부터 알아보십시오. 어떤 일이든 일단 하면서 직장을 구하는 게 좋겠습니다. 아내분도 당분간 일을 해야 합니다. 자녀들도 최소한 자기 학비는 스스로 마련하도록 유도하십시오. 취업에 필요한 공부가 우선입니다. 시험에만 매달리다 보면 졸업 후 취업이 어려워집니다. 시험에 합격한다는 보장도 없잖습니까? 두 아이 모두 힘들다면 둘째 아이는 회계사 시험 2차까지는 공부에 전념하게 하는 것도 좋을 것 같습니다. 하지만 언제까지 회계사 공부를 할 것인지는 자녀와 반드시 상의해서 기한을 정하십시오."

재무적인 관점에서 이 가정의 아이들은 물음표 투성이의 미래를 담보로 시간을 좀먹고 있다. 시험은 직장을 다니면서도 얼마든지 합격할 수 있다. 주경야독하겠다는 독한 마음만 있다면 오히려 경제적인 어려움 없이 안정적인 심리로 공부가 가능할 것이다. 일단 돈을 벌면서 경제를 안정시켜야 한다. 부모의 노력과 희생이 더 이상 커져서는 안 된다는 사실을 직시해야 한다. 자녀의 인생이 소중하듯 부모의 인생도 소중하다. 아르바이트를 해서라도 학비를 스스로 벌고, 졸업과 동시에 직장을 다니면서 가정 경제에 보탬이 되는 것이 좋다. 이렇게 네 가족이 힘을 모은다면 재무적인 위험도 차츰 해결될 것이다.

그동안 해온 부부와 아이들의 노력이 안타까운 것은 사실이다. 하지만 이 가정이 앞으로 가게 될지도 모르는 어두운 미래를 생각하면 결단이 필요한 시점이다.

당신이 그렇게 힘들어 하는 줄 몰랐소: 40대 중반의 사업가 부부

프로스펙스 매장 4개를 운영하는 40대 중반의 K씨. 돈 버는 능력이 뛰어난 K씨는 삶의 활력이 높고 꿈과 목표도 확고하다. 그런데 돈에 대한 생각이 너무 낙관적이어서 미래를 준비하지 않는 단점을 가지고 있다. 또한 겉으로 보기에는 성격도 밝고 의리파에 독립심도 강한 남성으로 보이지만, 내부적으로는 심신이 지쳐 있고, 현재의 일에서 벗어나고 싶어 한다.

돈 버는 능력만 보면 K씨는 부자가 될 수밖에 없는 사람이었다. 그런데 그에게는 '퍼 주기'라는 단점이 있었다. 선후배 관계에서 술값 등은 모두 K씨의 몫이었다. 친구가 찾아와 힘들다는 이야기를 하면 당장 돈을 꺼내 주기도 한다.

상담 중 한 가지 사실을 고백했다.

"사업을 하다가 1억이 펑크가 나서 아내에게 이야기했는데 알아서 해결해 주더라고요."

이 말을 듣는 순간 뭔가 불안한 구석이 감지되었다. 아내를 진단해 봐야

이 가정의 경제가 잘 돌아가는지 알 수 있겠다는 생각이 들었다.

아내에게서 발견된 핵심적인 성향은 '낮은 삶의 활력'이었다. 꿈과 목표가 확실하고, 돈 버는 능력과 치밀성을 갖추고 있음에도 불구하고 가정이 화목하지 않다고 느끼고, 하는 일에 대해서도 기쁨을 찾지 못하고 있었다. 정신적인 스트레스가 쌓여 일상에서 탈출하고자 하는 마음도 강했다.

남편의 입장에서는 너무나 의외의 결과였기에 깜짝 놀라는 표정이었다. 아내가 받고 있는 스트레스의 주요인은 돈 문제였다. 4개의 사업장에서 발생하는 모든 돈 문제를 아내가 다 해결하고 있었다.

아내에게 "훌륭하다. 남편은 다 던져놓고 나 몰라라 하는데 4개나 되는 사업장의 재무 관리를 하려면 스트레스가 참 많겠다."고 했더니 아내는 "나를 알아주는 사람은 원장님뿐"이라며 눈물을 훔쳤다. 그러면서 옆에 앉은 남편에게 "우리의 가장 큰 문제가 돈 문제인데 왜 당신은 신경도 안 써."하며 성토했다.

아내는 자신을 인정해 주지 않는 남편 때문에 가정이 화목하지 않다고 느끼며 살았고, 여기저기서 발생하는 자금 문제를 해결하느라 심신이 고단한 나날을 보내고 있었다. 빚 때문에 잠 못 이루는 밤도 많았다. 일전에 남편에게 마련해 준 1억도 어렵게 구한 돈이었다. 그런 아내의 노력도 모르고 남편은 주변 사람들한테 퍼 주기나 하고 있었으니 부부 사이에 감정의 골이 깊지 않을 수 없었다.

일단 가정의 경제권을 모두 아내에게 넘기도록 했다. 남편은 돈을 버는 일에만 집중하고, 돈이 필요하면 아내에게 출처를 분명히 하고 타서 쓰기로 했다.

매장 문제도 해결이 필요했다. 현재 매장을 4개나 운영하고 있지만, 실상 빚이 많은 상태였다. 잘되는 매장이 2개, 안 되는 매장이 2개였다.

"안 되는 매장이 잘 되는 매장을 다 갉아먹기 전에 정리를 하십시오."

매출이 부진한 매장 2개를 정리하고, 나머지로 돈 걱정, 빚 걱정 없이 탄탄하게 살아가기로 약속했다. 그것만으로도 부자가 될 확률이 높은 가정이었다.

남편의 겉모습만 봤을 때는 큰 어려움 없이 잘 살 것처럼 보인다. 그런데 남편의 재무 심리에서 문제가 발견된다. 그래서 아내를 진단해 보니 가정의 문제들이 속속 튀어나온다. 이처럼 수면 아래 감춰졌던 문제들을 꺼내 서로 대화로 풀다 보면 그동안 피를 멈추게 했던 원인들이 치료가 되면서 동맥 경화가 사라진다. 따라서 부부가 함께 진단을 받는 것이 좋다. 서로 비교하면서 보완할 점은 보완하고 역할도 분담한다. 누구의 잘못을 따지기보다는 서로를 이해하고 향후 문제없이 미래를 설계해 갈 수 있는 최적의 조합을 찾는다. 그리고 서로 공유하기로 약속한다.

시작도 하기 전 적자 발생: 한 젊은이의 서툰 도전

남자 같은 성격을 지닌 한 젊은 여성이 찾아왔다. 현재 사업을 준비 중으로, 매달 400만원의 적자가 발생하고 있었다. 부모에게 받은 2000만원과 창업 센터에서 지원받은 1000만원이 그 젊은이가 사업 자금으로 마련한 돈이었다. 아직 사업을 시작하기 전인데도 이미 사무실 비용이 지출되고 있었고, 직원까지 뽑아 놓은 상태였다.

"지나친 모험가형입니다. 사업을 빨리 키우려는 욕심만 앞서는군요. 세상은 그 욕심을 알아주지 않습니다. 무엇보다 현실에 눈을 떠야 합니다. 수입은 0인데 매달 적자만 400만원입니다. 내용을 보니 교통비 70만원, 식비 70만원. 사업을 한다더니 먹고 쓰는 데 돈이 다 새고 있습니다. 이렇게는 몇 개월 버티기도 어렵습니다.”

“위험은 못 보고 크게만 보고 달려가고 있었네요. 원장님 덕분에 현실을 보게 되었습니다.”

사회생활 경험이 없는 젊은이들의 경우, 현실보다는 꿈과 의욕만 앞선다. 삼성이라도 금방 앞지를 기세로 어깨에 힘이 들어가 근사한 사무실부터 장만하려고 한다. 사업가들의 외형만 빨리 따라가려고 하는 것이다. 거기에 내실이 없으면 아무리 큰 꿈도 시작하자마자 풍랑을 만나 흔적 없이 사라져 버린다. 하지만 젊은이들은 흡수력이 남다르다. 잘 듣고 고쳐가는 힘이 좋다. 젊은 사업가는 그 즉시 문제점을 고치고, 귀찮을 정도로 자주 연락하면서 도움을 받으려 애썼다.

그런데 나이가 들고 경험이 많아질수록 귀가 닫히고 행동이 느려진다. 스스로도 쌓아 온 경험이 있기 때문이다. 이미 굳어진 상태이므로, 잘못된 경험도 고치기가 어렵다.

‘저는 고집이 셉니다.’

‘남의 말을 잘 안 들어요!’

이런 사람들은 반드시 시행착오를 겪는다. 자신의 성향을 고집하려 하지 말고, 잘못된 길이라면 고치는 사람이 지혜롭다.

7

가정과 돈

가정과 사업을 반드시 분리하라

이러닝회사 대표였던 K씨는 온라인 교육 분야에서 두각을 나타낸 유능한 인물이었다. 다수의 업계 표준을 만들어 낼 정도로 창의성과 도전 정신이 좋았으나 결국 남는 게 없는 장사를 하고 말았다. 관리에 치명적인 약점이 있었기 때문이다.

이 회사의 주업무는 시스템 개발이었기 때문에 직원 대부분이 개발자들이었다. 시스템 개발로 수익이 생기면 K씨는 개발자들에게 인센티브를 두둑이 주는 등 자신보다 직원들을 먼저 챙겼다. 그러다 보니 정작 자신에게 남는 돈이 없었다. 그런데 시스템 개발 의뢰가 꾸준하지 않았다. 회사 자금에 문제가 생기자 매형 집을 담보로 빚을 냈고, 처갓집의 도움도 받았다. 하지만 얼마 못 가 회사가 문을 닫고 말았다.

회사가 망하자 가족과 친척들이 줄줄이 빚에 얽이고 말았다. 결국 아내에게 이혼까지 당해 딸과 함께 단칸방으로 이사했다. 곧이어 횡령으로 구치소까지 다녀오는 신세가 되었다.

사실 K씨는 자신이 손해를 볼지언정 다른 이들에게 손해를 끼치는 인물은 아니었다. 실제 자신이 챙긴 돈은 한 푼도 없었다. 다만 아무 생각 없이 했던 회사 입출금 관리가 독이 되어 돌아온 케이스다.

내가 만든 회사라도 그 회사에서 돈을 가져가면 가불로 처리된다. 반대로 내 돈을 회사에 넣으면 가수금이다. 회사에 자금이 필요할 경우 가수금으로 처리하고 나중에 다시 빼오는 식이어야 한다. 그런데 K씨는 이 부분의 개념이 부족했다. 회사에 자신의 전 재산과 빚으로 마련한 돈을 모두 쏟아 넣으면서도 가수금 처리를 하지 않았고, 회사 일로 자신의 카드를 쓰고도 청구를 하지 않아 가수금으로 인정받지 못했다. 회사 자금을 쓸 때도 마찬가지였다. 별 생각 없이 회사 자금을 빼서 일부 빚을 갚는 데 사용했다. 이는 횡령의 원인이 되었다.

일을 왜 하고 사업을 왜 하는가? 일의 목적은 무척 중요하다. 명예를 위해서도 아니고 재미를 위해서도 아니다. 반드시 가정과 연결이 되어야 한다. 사업으로 얻은 수익은 가장 먼저 가정으로 흘러가야 한다. 직원들도 중요하고 거래처도 중요하지만, 그보다 가정이 더 중요하다. 특히 주식회사의 경우 회사와 가정은 물과 불처럼 완전히 떼어 놓아야 한다. 회사에 적자가 나도 가정에는 반드시 월급을 가져와야 한다. 회사가 잘되고 안 되고는 가정과는 별개의 문제다. 결국 분리가 되지 않으면 회사도 죽고 가정도 죽는다. 기업을 상담하면서 가장 중요하게 강조하는 부분이다.

보통은 회사에 자금 문제가 발생하면 가정에서 회사로 돈이 계속 흘러들어간다. 전 재산이 회사에 올인되고도 해결되지 않으면 일가친척들의 돈이 모두 동원된다. 결국 밑 빠진 독에 물 붓기 식이 되어 모두가 함께 가라앉고 만다. 마이너스는 쉽게 만들어지고, 쉽게 불어난다. 이러한 마이너스의 함정에 눈을 떠야 한다.

자영업도 마찬가지다. 장사로 수익이 발생하면 가장 먼저 가정으로 넘어가도록 해야 한다. 만약 적자가 난다면 어떻게 해야 할까? 이때는 가정으로 넘어가지 않도록 차단해야 한다.

가정에서 사업체로 돈이 흘러가지 않도록 하기, 이익이 나면 가정으로 가장 먼저 보내기, 사업체와는 별도로 가정 경제 안정시키기…. 그래야만 가정이 산다.

부부끼리 앵그리 리스트를 교환하라

앵그리 리스트Angry List란, '나는 이럴 때 화가 난다'는 솔직한 의사 표시다. 부부 사이에 이와 같은 앵그리 리스트를 교환해 보자는 취지로 만든 샘플이 표 10이다. 샘플을 통해 조금은 가부장적인 남편과 '함께'를 강조하는 아내의 마음을 읽을 수 있다. 결혼 생활의 연차가 쌓일수록 상대의 단점이 보이기 시작한다. 장점을 보고 결혼했는데 막상 살아 보니 내가 알던 사람이 아니다.

'이렇게 쩨쩨한 사람일 줄이야.'

'잔소리에 바가지 10단이군.'

'결혼하더니 사람이 변했구나.'

그런데 사람은 변하지 않는다. 원래부터 남편은 절약 습관이 몸에 밴 사

남편이 아내에게	아내가 남편에게
1. 시부모에게 어떤 경우라도 진심으로 잘해야 한다	1. 처가 부모에게 진심으로 잘해야 한다.
2. 그냥 시키는 대로 따라오라	2. 절대 폭력을 쓰면 안 된다
3. 내가 출퇴근 할 때 항상 예쁘게 하고 배웅하고 맞아야 한다.	3. 술 마시고 12시 이후에 들어오면 안 된다
4. 바깥일에 신경 쓰지 말고 집안일만 잘하면 된다	4. 절대 바람 피면 안 된다
5. 잔소리 하면 안 된다	5. 생일, 결혼기념일 등을 반드시 챙겨 주어야 한다.
6. 일요일은 나만의 시간을 가져야 한다	6. 쉬는 날은 가족과 시간을 보낸다.
7. 취미 활동에 참견하지 말라	7. 취미 활동은 항상 같이 해야 한다.
8. 돈 문제에 대해서는 신경 쓰지 말라	8. 집안일은 나누어 해야 한다.
9. 월급을 주는 대로 살아야 한다	9. 매일매일 목욕하고 깨끗이 해야 한다.
10. 여자도 나가서 벌어야 한다.	10. 사소한 것도 항상 공유해야 한다.
11. 절에 다녀야 한다.	11. 돈 문제에 대해서는 항상 공유해야 한다
	12. 교회에 같이 다녀야 한다

람이며, 아내는 깨끗하고 정돈된 상태를 좋아했을 뿐이다. 단지 그동안 몰랐거나 크게 생각하지 않았던 부분들이 부부 사이의 갈등과 틈으로 작용하기 시작한 것이다.

앵그리 리스트를 교환하면 나는 아무렇지도 않은 일에 배우자가 왜 화를 내는지 이해할 수 있다. 노력해야 할 사항도 분명히 눈에 보인다. 배우자가 원하는 바를 모두 들어줄 수는 없지만 부부가 함께 노력해야 할 방향을 확인할 수는 있다.

앵그리 리스트를 먼저 교환하고 다음으로 조정 시간을 갖는 것이 좋다. '반드시 들어줘야 하는 일, 지금은 힘들지만 고치도록 노력해야 할 일, 수위를 조금 낮춰야 할 일'들을 대화를 통해 풀어가 보자. 그동안 부부 사이를 갈라놓았던 '이해 불가와 비난'이 '수긍과 공유'로 바뀔 것이다.

앞서 폭탄을 하나씩 제거하고 나면 행복이 남는다고 했다. 부부 사이도 마찬가지다. '행복하자'는 다짐보다 중요한 것은 행복을 방해하는 요소들을 하나씩 제거하는 일이다. 그러면 행복이 저절로 따라온다.

부부가 힘을 합쳐 고난의 파도를 넘으라

NPTI를 통해 사람마다 돈을 대하는 태도와 마음가짐이 다르다는 사실을 확인했다. 부부 사이의 조합을 어떻게 하느냐에 따라 결과는 판이하게 달라진다. 공유를 하면 최선의 결과가 나오지만 공유하지 않으면 최악의 결과가 나올 수도 있다. 공유를 하면 현재 상황에서도 잘 살 수 있는 돌파구가 나온다.

그림 25는 공유가 잘되고 있는 한 맞벌이 부부의 진단 결과다. 돈 버는 능력과 불리는 능력은 아내가 좋지만, 쓰는 능력은 남편이 좋다. 실제 아내의 월급이 남편보다 많다. 이 부부는 맞벌이를 하면서 관리를 잘한 결과 저축 여력이 높아졌다. 재무 상태표를 보니 빚이 전혀 없고 현금 자산으로 2억 6000만원을 보유하고 있었다.

이 부부는 수입이 발생하면 한 개의 통장으로 돈을 모은 후 남편이 가계부를 쓰면서 지출을 통제한다. 투자는 아내의 몫이다. 자신의 강점을 가장

남자는 버는 능력, 여자는 쓰는 능력? _ 버는 능력은 남자, 쓰는 능력은 여자가 좋다고 생각하기 쉽다. 하지만 단정할 수 없는 문제다. 남자 중에서도 술과 유흥비로 펑펑 써 대는 사람이 있고, 여자 중에서도 돈 버는 능력이 뛰어난 사람들이 많다. 길고 짧은 건 대봐야 안다. 재무 심리는 성별과는 크게 상관이 없다. 개인의 차가 있을 뿐이다.

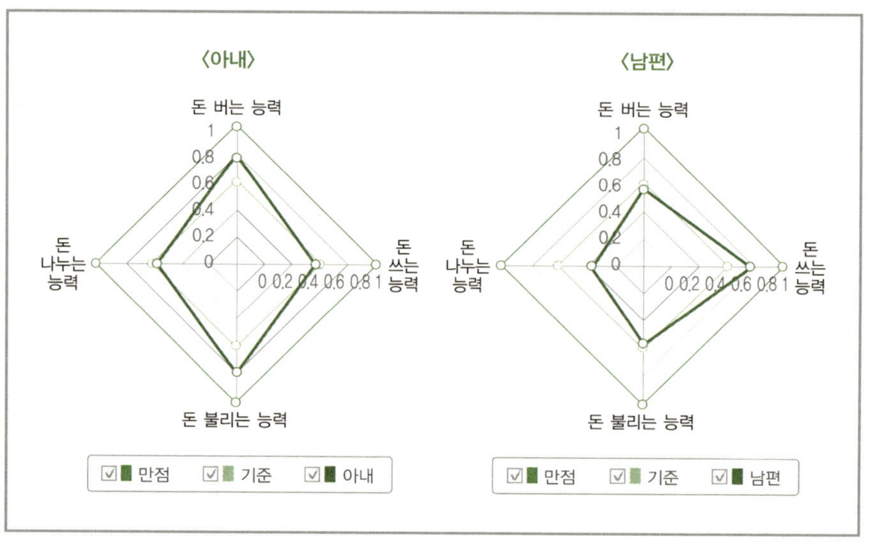

이상적으로 활용한 케이스라 하겠다.

상담을 진행하면서 크게 손 댈 부분이 없는 부부였다. 단지 부부 모두에게 부족한 '돈 나누는 마음'을 키우도록 유도했을 뿐이다.

약한 재무 심리를 단기간에 고치기는 쉽지 않다. 하지만 부부가 서로의 장점과 단점을 파악하고 좋은 능력을 분담해 활용한다면 재무적으로 이상적인 부부로 재탄생할 수 있다.

부부간 경제권의 횡포

남편에게 경제권이 있을 경우 부부 사이에 종속 관계가 형성되고, 아내에게는 의존성이 생긴다. 남편의 사소한 말도 아내에게는 억압으로 다가온다.

이때 아내는 '돈 벌어 온다고 만날 잔소리야' 라며 마음이 닫힌다. 때로는 생활비를 타면서 자신이 남편에게 매달린다는 모멸감을 느끼기도 한다. 특히 외벌이는 거의 대부분 종속 관계다. 아내의 입에서 "치사하다."는 말이 나온다. 어떤 아내들은 남편이 딱 정해진 돈만 주면서 "그 안에서 써."라고 말할 때마다 '내가 그냥 확 벌어?'라는 오기가 생긴다고 한다. 이런 아내들은 불행할 수밖에 없다. 반대의 경우, 예를 들어 '셔터맨'도 느끼는 감정은 비슷하다.

돈의 문제는 항상 파워와 연결되어 있다. 주도권을 쥔 사람에게 힘이 실릴 수밖에 없다. 미리 알고 거기에 맞춰 돈을 주면 좋겠지만 항상 어긋나기 마련이고, 부족하게 주면서도 생색과 잔소리가 앞선다.

경제권을 쥐고 있다 하여 횡포를 부리는 것은 정말로 치사한 일이다. 외벌이 남편의 수입은 남편의 수입이 아니라 가정의 수입이다. 따라서 재무 목표도 같이 세우고 예산도 함께 세워야 한다. 제도적인 장치로 마련해 두는 것이 좋다. 장치가 마련되면 건마다 밀고 당길 필요가 없고, 그 일 때문에 부딪힐 일도 사라진다. 물론 상처받을 필요도 없을 것이다.

맞벌이 부부의 경우 특히 협력이 잘 되어야 한다. 협력이 되지 않으면 외벌이 부부보다 훨씬 쉽게 깨지고 만다. '나 혼자서도 잘 먹고 잘 살 수 있기' 때문이다.

부부 경제권에서 가장 중요한 포인트는 서로에 대한 배려와 이해다. 공통분모를 찾으면서 같은 목표를 향해 협력해 가야 문제가 해결된다. 역할 분담과 시스템화, 부부가 머리를 맞대고 궁리해 보라.

8

금융 소비 시대,
내 인생의 플랜과 함께할 전문가를 찾으라

금융에는 여타 산업과 마찬가지로 생산자와 소비자가 있고, 그 가운데 유통자가 위치한다. 금융 생산자는 금융 상품을 만드는 주체로 은행, 보험, 증권 회사, 자산 운용, 정부, 지자체(국채 발행 등), 사금융 등이 포함된다.

생산자는 금융 상품을 만들어 온라인과 오프라인에 유통을 시킨다. 당신이 보험에 가입한다면 이는 '가입'이 아니라 보험이라는 상품을 '소비'하는 것이다. 하루에도 엄청나게 많은 금융 상품들이 국내와 해외에서 쏟아진다. 그런데 금융 상품에는 고유의 목적과 용도가 있다. 소비자의 입장에서 이 모든 상품을 다 캐치하고 구별할 수 없다. 이 과정에서 유통자들은 감기약이 필요한 사람에게 보약을 권하기도 하고, 혈압 약을 먹어야 하는데 심장 약을 먹는 소비자도 발생한다.

금융 상품을 파는 사람들은 상대에게 정말 필요한 것이 무엇인지를 보려 하지 않는다. 목적은 오로지 자신의 상품을 파는 것이다. 따라서 그 사람에게 필요한 상품을 제시하는 것이 아니라, 상대의 인생을 자신이 팔고자 하는 상품에 끼워 맞춰 마치 맞는 것처럼 착각하게 만든다. 그러다 보니 1대 1 매칭이 될 리 없다.

자신의 몸에 잘 맞는 상품을 소비하기 위해서는 현재 진행되고 있는 금융의 프로세스를 정확히 이해해야 한다. 과거에는 제조와 판매가 분리되어 있었다. 또한 은행과 보험, 증권 등에 각각의 법이 존재했다. 하지만 지금은 금융이 통합되어 서로 간 겸업화가 이루어진다. 은행의 경우 예전처럼 예대 마진으로 유지되는 시대는 끝났다. 은행도 보험 상품을 취급한다.

그런데 사람들의 일반적인 오해는 '은행, 증권 회사, 보험사는 믿을 만해. 이곳을 제외한 곳은 모두 못 믿겠어.' 그런데 현실은 모두 동일하다. 오히려 실력 면에서는 사람들의 신뢰를 못 받는 곳이 더 좋다. 오직 실력으로 싸워야 하기 때문이다.

미국의 금융 유통업에는 피베이스Feebase와 커미션베이스가 있다. 커미션베이스는 상품을 팔아 수수료를 취하는 경우고, 피베이스는 수수료는 취급하지 않고 상담만 하는 경우다. 예를 들어 재무 설계를 받는 데 100만원을 지불하는 식이다.

가장 객관적이면서 합당하게 나에게 맞는 설계를 해 주는 사람은 누구겠는가? 국내외에서 생산되는 모든 금융 상품을 서로 비교하면서 고객에게 가장 적합한 상품을 찾아 사심 없이 설계해 주는 사람일 것이다. 하지만 아직까지 우리나라는 이런 상담은 무료로 받는다는 개념이 강하다. 그러니까 결국 상담가들도 돈을 벌기 위해 커미션으로 방향을 잡는 것이다. 즉, 소비자한테 그 상품이 최적화되어 있는지를 따지기보다는 특정 상품을 파는 데만 집중하게 된다.

소비자는 이러한 현실을 정확히 인식해야 한다. 상품 판매에 대한 이윤을 포기하고 대신 상담자의 미래에 가장 어려운 부분, 가장 필요한 부분을 찾아서 1대 1로 매칭시켜 주는 사람, 상담자의 재무 상태를 보고 목표를 정해 주며, 목표에 맞는 상품을 찾아내어 연결시켜 주는 사람이 필요하다. 소비자도 여기에 초점을 둬야 한다. 이런 프로세스가 선진국형 금융 서비스다. 현재 한국은 과도기에 있다고 판단된다.

실력 있는 전문가의 기준

소비자들은 실력 있는 전문가를 가려낼 눈이 없기 때문에 은행이나 이름 있는 회사에 소속된 전문가들을 선호하기 마련이다. 하지만 금융에 있어서 실력은 개인의 능력만 있을 뿐이다. 그가 어떤 자격증을 가지고, 어떤 마음 자세로 소비자를 대하느냐가 핵심이다. 나의 인생을 진심으로 상담하고 가장 합당한 것을 보여 주는 사람이 나에게 가장 좋은 전문가다. 일례로 은행은 어떤 상품이든 고객의 저항이 거의 없는 가장 안전한 상품으로만 포트폴리오를 구성한다. 조직의 힘을 이용해 이윤은 적어도 많이 파는 쪽으로 방향을 잡는다. 따라서 소비자는 큰 이익을 얻기가 어려운 것이다. 그들의 희생양이 되지 않도록 조심해야 할 일이다.

현장에서 재무 상담을 한 후에는 처방전을 내려 준다. 은행, 증권, 보험사가 골고루 배치된다. 그런데 소비자들이 판매 대리점(은행, 증권, 보험)에 가는 순간 물건이 바뀌기 시작한다. 의사가 처방전을 내리면 그대로 사야하는데, 대안 약품을 내밀면서 똑같다고 이야기하니 소비자들은 의심 없이 믿는다. '은행의 말이니 믿을 만하다'는 것이다.

이런 현상들을 보면서 필자는 처음과 끝을 책임지는 시스템을 구상하였다. 그래서 지금은 지역별로 센터를 만들어 소비자에게 1대 1 매칭서비스를 제공하고 있다. 이를 통해 소비자에게 불필요하거나 효과가 떨어지는 상품은 처방 단계에서 미리 차단하고, 상품이 중복되지 않도록, 폭탄 돌리기를 하는 상품의 희생양이 되지 않도록 관리한다.

센터의 가장 핵심적인 목표는 객관적인 시각에서 고객과 함께 가장 필요한 상품을 같이 찾아보고 가장 최적화된 맞춤옷을 입히는 것이다. 전체 인생 설계, 맞는 상품의 선정, 잘 진행되는지의 여부는 리포트로 계속 관리된다. 소비자의 변동 사항이 생기면 거기에 맞춰 상품을 변경하는 것도 사후 관리에 해당한다. 자세한 사항은 www.npti.co.kr(한국 재무 심리센터)을 통해 확인할 수 있다.

결국은 '참다움'이 '욕망'을 이긴다

아내가 거의 모든 재산을 들고 가출한 이후 나의 삶은 어떻게 되었을까?

나에게 남은 방법은 세 가지였다. 나는 내가 처한 현실과 전 재산을 백지 위에 쭉 적어내려 갔다. 2000만원의 공장 임대 보증금, 150만원 정도에 달하는 중고차, 100만원이 채 안 되는 현금, 1000만원 정도에 해당하는 공장 기계들, 낡은 가재 도구들, 빚이 2/3를 차지하는 13평 아파트⋯. 그리고 전 처가 남겨 놓은 빚. 그 빚이 내가 가진 모든 것들보다 훨씬 많았다. 한 푼도 쓰지 않고 10년을 모아야 갚을 수 있는 빚이었다. 어떻게 할까?

나는 세 가지 중에 하나를 선택하기로 했다.

첫째, 빚잔치를 끝내고 딸과 함께 동반자살하는 것. 이 방법은 그리 나쁘지 않을 것 같았다. 가진 돈을 전부 빚쟁이들에게 골고루 조금씩이나마 나눠주고 삶을 끝내면 나를 심하게 비난하지는 않을 것 같았다.

둘째, 현재의 일을 계속 하면서 전처를 포함해 모든 사람들과 법정 소송을 벌이는 것. 전처가 빌린 돈은 나와 관계없다는 것을 법적으로 입증받으면 빚의 굴레에서 벗어날 수 있을 것 같았다.

셋째, 집을 팔고, 공장을 철수하고, 기계를 전부 판 뒤 돈을 그러모아 야반도주하는 것. 나를 절대 알 수 없는 시골로 내려가 작은 슈퍼마켓이나 식당을 하면 그렁저렁 먹고살 수 있을 것이었다.

나는 냉정한 고민 끝에 첫 번째 방법을 택했다. 두 번째 방법은 너무 스트레스를 받을 뿐더러 마음속의 울분을 이겨낼 자신이 없었다. 세 번째 방법은 두말할 것도 없이 비양심적 행동이었다. 또 도망자라는 오명을 안고 살아가기도 싫었다. 그래서 날씨가 화창한 일요일 오후에 딸과 함께 마지막 소풍을 즐긴 뒤 차에 올라 바다로 질주해 생을 끊기로 결정했다.

분명하고 간단하고 깨끗한 방법 아닌가?

하지만 결국 나는 세 가지 방법 중 그 어느 것도 택하지 않기로 했다. 잠자는 딸의 얼굴을 들여다보는 순간 천사의 목소리가 들려왔다. 딸이 천사로 변해 내 귀에 속삭이는 것이었다.

"아빠, 지금까지 나는 정말 행복했어. 비록 나를 낳아 준 친엄마가 멀리 떠나고, 둘째 엄마도 떠났지만 아빠가 내 곁에 남아 있잖아. 아빠는 언제나 나를 사랑하고, 나도 아빠를 언제나 사랑해. 나는 아빠가 지금의 어려움을 이겨내고 훌륭한 아버지가 될 것으로 믿어. 또 아빠가 돈에 굴복해 생명을 버리는 나약한 인간으로 세상 사람들의 입에 오르내리는 것도 싫어. 아빠는 아빠의 잘못이 아니라 주변 사람의 잘못으로 낭떠러지로 떨어졌을 뿐이잖아. 하지만 낭떠러지는 여기서 끝이야. 더 이상 떨어질 곳이 없잖아. 그러니까 아빠가 힘을 내면 예전으로 돌아갈 수 있어. 아빠에게는 실력이 있고, 사랑이 있잖아. 그 사랑과 성실함으로 본래 모습을 찾기 바래. 아빠, 사랑해! 영원히."

다음날부터 나는 빚쟁이들을 일일이 찾아다니며 정중하게 사과한 뒤 약속했다.

"몇 년이 걸릴지 모르겠으나 돈은 모두 갚겠습니다. 저를 믿어 주십시오."

다행히 전처가 빌린 돈은 한 사람 당 200-500만원 내외였다. 그들은 처음에는 불같이 화를 냈으나 나의 처지를 이해하지 못하는 것은 아니었다. 내가 "한 달에 20만원이든, 30만원이든 차차 갚겠다"고 약속하자 나중에는 내 손을 잡고 격려를 하기도 했다.

또 거래처를 전부 찾아가 전처의 행동에 대해 정중하게 사과한 뒤 다시 거래할 것을 부탁했다. 그들은 사실 나에게 외상값을 갚았을 뿐 떼인 돈은 없었기 때문에 피해자는 아니었다. 그럼에도 처음에는 차가운 얼굴로 외면했으나 역시 나의 처지에 공감해 흔쾌히 재거래를 약속했다. 여기에는 내가 가진 실력도 한몫했다. 나는 15년 가까이 이 업종에 종사하면서 실력과 성실성을 인정받았기 때문에 거래처 사장들은 나를 내치려 하지 않았다. 엄밀한 의미에서 보면 내가 가장 큰 피해자였다.

충격과 상처를 딛고 나는 다시 공장을 가동시켰다. 직원이라야 두 명에 불과했으나 일감은 꾸준히 들어왔다. 나는 아침 8시부터 밤 10시까지, 1년 363일을 일했다. 오직 추석과 크리스마스에만 쉬었다. 버는 돈의 40%는 빚 갚는 데 들어갔으나 '죽고 싶을 만큼' 삶이 팍팍하지는 않았다. 오히려 몸과 마음에서 더 힘이 솟았다. 인생의 뚜렷한 목적이 있기 때문이었다. 빚을 모두 청산하고 멋진 삶을 살아야겠다는 목적이 나를 더욱 활기차게 이끌었다.

1년이 지나고 2년이 지나면서 생활은 안정되었고 딸아이는 무럭무럭 잘 자랐다. 엄마 없는 가정에서 자라는 아이답지 않게 언제나 밝고 부지런했다. 사람들은 내가 원하지 않음에도 간혹 전처의 소문을 들려주었다.

"도박을 해서 많은 돈을 잃었다고 하더군."

"사기꾼을 만나 돈을 몽땅 날렸다네."

그 소문을 믿지는 않았으나 전부 부정적인 소문인 것에 마음이 아팠다. 그렇게 도망을 쳤으면 여봐란 듯이 잘 살아야지…. 결국은 패가망신하고 말았구나! 나는 전처가 그렇게 망가진 것에 잠깐 가슴이 아프기는 했지만 더 이상의 동정심이나 애처로움, 분노는 없었다. 헛된 욕망의 결과를 그녀는 여실히 보여준 것이었다.

나는 과거의 쓰라린 아픔을 잊고, 또 전처를 잊고, 사람들의 한때의 동정심을 잊고 열심히 일했다. 매일 재봉틀을 돌리며 구두를 만들면서 차근차근 돈을 벌어 나갔고 삶을 개선시켜 나갔다. 그것은 인생을 사는 가장 멋진 방법이었다. 초등학교 때 처음 접했던 "삶이 그대를 속일지라도 결코 슬퍼하거나 노여워하지 말라."라는 지극히 평범한, 그러면서도 위대한 시구를 가슴에 새기며 더 나은 내일을 위해 살아가는 것이었다. 나는 그렇게 '참된 성실함이 헛된 욕망을 이긴다'는 진리를 실천해 나가고 있다.

김 사장과 첫 번째 아내

김 사장의 경우 열심히 돈을 버는 근면성실함은 있으나 돈을 관리하는 능력이 없다. 계획성과 치밀성이 부족하고 주변의 환경 변화에 민감하지 못해 사업에 어려움을 겪게 되었다. 또한 미래에 대한 가정의 꿈과 목표가 없고 그것을 이루기 위한 돈의 꿈이 없어 첫 번째 아내에게 삶의 희망과 활력을 주지 못했다.

첫 번째 아내의 경우 돈의 화려함을 쫓는 허영심, 자존심 등에 눈이 멀어 자신을 비관적으로 보게 되고 남편의 무능함을 탓하는 마음이 커져 결국 가족을 떠나게 되었다.

김사장과 두 번째 아내

김 사장은 첫 번째 결혼의 실패를 통해서도 여전히 돈에 대한 위험을 인식하지 못하였다. 철저한 계획 속에서 가정과 회사의 자금 관리를 하지 않았기에 위험이 발생한 것이다. 사람을 너무 잘 믿는 성격 탓에 결국 사람에게 상처받고 경제적으로 손해를 보는 순진한 사람이다.

두 번째 아내는 돈을 숭배하고 돈을 좇는 우상숭배형이다. '돈은 많으면 많을수록 좋다.' '돈으로 안 되는 게 없다.' 그리고 '돈이 신보다 강하다'고 생각한다. 돈을 벌기 위해 수단과 방법을 가리지 않는 사람이며, 빠르고 쉽게 큰돈을 벌려는 베짱이형에 도박 성향이 강한 일확천금형이다. 이런 사람은 언젠가는 망할 확률이 높다.

김 사장의 최종 선택

두 번이나 돈 때문에 가정이 무너지고 빚더미에 앉아 인생의 허무함, 사람에 대한 실망감 그리고 돈 때문에 고통받는 패자형이다. 보통 패자형의 선택은 두 가지 중 하나다. 첫 번째는 돈에 완전히 굴복당하고 현실에서 주저앉아 세상을 원망하고 인생을 포기하며 살거나 더 심하면 삶을 마감하게 된다. 두 번째는 모든 상황을 받아들이고 철저히 자신을 반성하고 문제를 정면돌파한다. 돈을 대하는 악착 같은 마음과 각오를 단단히 하여 이전보다 더 크게 성공한다. 이 경우는 돈을 이긴 경우라고 할 수 있다. 김 사장의 최후의 선택은 담대하게 돈과 싸워 이긴 훌륭한 결정이었다. 나약해지는 마음을 다잡고 돈의 문제를 제대로 보고 문제를 피하기보다 정공법을 해결하여 마침내 행복을 얻게 되었다.

총평

세상을 살아가면서 돈을 제대로 알지 못하면 예상치 못한 큰 위험이 닥쳐온다. 따라서 돈의 무서움을 올바로 인식해야 한다. 우리에게 어떤 미래가 닥칠지는 알 수 없다. 단지 돈에 대한 위험을 어떻게 제거하는가 만이 가장 확실하게 자신을 지킬 수 있는 방법이다. 이 모든 것의 해답은 건강한 재무 심리에 달려 있다. 지금 바로 인생의 꿈과 가정의 꿈 그리고 자신의 수입의 원천인 직업에 대한 계획과 목표를 명확하게 세우고 그 꿈을 이루기 위한 돈의 꿈(재무 목표)을 세워야 비로소 꿈이 있다고 할 수 있다. 가정에 이러한 꿈과 목표들이 없다면 지금 당장 구체적으로 세우고 철저하게 가족과 공유하며 함께 이루어가야 한다.

이 책을 읽는 모든 독자들이 흐르는 강물처럼 돈을 많이 벌고 남을 위해서 많이 나누는 건강하고 아름다운 부자가 되길 기원한다.

1. 나의 과거 돌아보기

언제	삶에 영향을 미친 일	영향	이유와 원인 분석
5–7세	−초등학교 입학 전 어리지만 아빠가 엄마를 자주 때리던 모습이 기억남 −아빠라는 존재가 공포스럽고 무서워서 한 번도 가까이 해 본 적이 없음 −엄마는 나를 지켜주는 수호천사 같은 이미지로 항상 옆에서 정을 채워줬음	X	−집이라는 곳이 휴식이나 가족의 정을 느낄 수 있는 행복의 공간이 아니라 들어가고 싶지 않고, 집에 있더라도 항상 불안하고 심리적으로 안정이 되지 않았음 −가장 힘이 센 아빠가 무서운 존재로 각인되었기 때문에 항상 눈치를 보며 살았고 겉으로는 외향적이지만 내면적으로 자존감이 떨어지고 내 자신을 사랑하지 못하게 됨
11세	−아빠의 권유로 엄마가 다단계를 하게 됨. 돈을 벌지 못하고 투자비(1000만 원)를 날리게 되자 아빠의 폭언과 폭력이 더욱 심해짐 −심지어 생활비를 주지 않아 엄마가 식당이며 파출부 등 가리지 않고 돈벌이에 나서게 됨	X	−같은 여자로서 엄마가 불쌍하게 여겨졌고 나가서 힘들게 일하는 것도 모자라 아빠에게 계속 폭행을 당하는 엄마를 보고, 빨리 어른이 되어서 엄마를 돕고 싶었음 −남자들과 경쟁하려면 굉장히 강해져야 한다는 생각을 하게 됨. 이때부터 여성성 상실 −외모보다는 능력을 갖추어야 한다는 생각이 컸음
9–13세	−약국을 운영하는 친구네의 넉넉한 환경을 보면서 많이 부러워함(장난감, 가족 여행, 고급 자동차 등) −소득이 넉넉하지 않아 학원비 내기도 힘들었지만, 엄마는 공과금을 내지 않더라도 나를 학원에 보냈고 여자도 남자에게 무시당하지 않으려면 무조건 열심히 공부해야 한다고 강조함 −운동회날 달리기를 잘하는 나는 운동회의 하이라이트인 400m 계주에서 월등한 실력으로 항상 우승을 이끌었음	△	−경제적인 여유도 부러웠지만 가족 간의 화목이 느껴져서 부러워했던 기억이 생생함 −아빠와는 반대로 엄마는 그 누구 못지않게 부족한 것을 채워 주시려고 노력했고 그것 때문에 힘든 상황이었지만 이겨 나갈 수 있었음 −하지만 뭐든 잘해야 한다는 사실이 부담감으로 작용함. 잘하지 못할 경우 내 자신이 한심하게 느껴짐 −어린 시절을 통틀어 가장 즐겁고 기분 좋은 추억으로 기억됨
14–16세	−초등학교 때는 공부며 운동이며 여러 가지로 잘한다는 자신감이 있었는데 중학교에 입학하고 사춘기에 접어들면서 외모 열등감이 생겨 상대방을 잘 쳐다보지 못함. 그러나 공부는 계속 상위권을 유지	X	−집안 환경 때문에 그랬는지 의식적으로도 외모보다는 공부에 치중해야 한다는 중압감과 즐거움에 대한 욕구를 너무 억누르다 보니 인생이 재미없음 −지금도 기회가 주어져도 잘 놀지 못함

언제	삶에 영향을 미친 일	영향	이유와 원인 분석
17세	-시험 기간에 부모님이 싸우시기에 조용히 해달라고 이야기했다가 아빠가 책이며 참고서를 모두 찢어버림	X	-너무 충격을 받음. 아빠라는 존재를 넘어서서 내가 저런 사람의 자식이라는 사실이 너무 창피했고 더 나아가 내 자신이 싫었음 -무엇을 해도 물려받은 피 때문에 잘되지 않을 것이라 생각함
18-19세	-운동을 유독 잘해서 체육 선생님께서 진로를 체육 교사로 권해 주심. 그 당시 내가 잘하는 것보다는 돈을 많이 벌어야 한다는 생각에 돈을 많이 벌 것 같은 건축토목학과를 지원함.	△	-담임도 아니었는데 나의 능력을 높게 평가해 주시면서 관심을 많이 보여주셨기 때문에 자신감을 되찾음 -나름 나는 괜찮은 사람이라는 생각을 하게 됨
20세	-입학과 더불어 원하는 과에 들어가게 되어 기뻤으나 상대적으로 너무 잘사는 아이들이 많이 들어와서 돈의 위력을 절실히 실감하게 됨 -과 특성상 재료비가 많이 들었는데 돈이 너무 많이 들어 제대로 시작도 해 보지 못하고 포기함(토목과로 전과)	X	-대학생이 되면 자유를 만끽하면서 성인이 되기 위한 준비를 잘할 수 있을 거라 생각했는데 현실이 너무 무섭고 열심히 해도 안 된다는 패배감이 많이 들었음 -용돈이 넉넉하지 않아서 친구들과 어울리는 것도 부담스러웠음
21세	-아르바이트를 하던 중 선배로부터 좋은 일자리를 소개받았으나, 알고 보니 다단계였음 -엄마 때문에 다단계하면 치를 떨었는데 일주일만 들어달라는 선배의 부탁을 거절 못해 듣게 됨. 듣다 보니 현혹되어 한 달 동안 눌러 앉음.	X	-점점 돈의 환상을 좇기 시작. 돈에 대한 안 좋은 기억이 많다 보니(억제, 고통 등) 돈은 많이 벌수록 좋다는 생각을 하게 됨 -돈을 벌려다 오히려 돈 때문에 인생 망칠 뻔했음 -엄마 몰래 등록금으로 휴학을 하고 다단계를 할 뻔했음. 개강할 때 쯤 정신 차리고 빠져나옴
22-24세	-지금의 남편을 만남. 남편 또한 어려운 환경이었기 때문에 나의 환경이 문제로 다가오지 않았음 -취업 준비 중 스펙이 남들보다 크게 떨어지지 않았으나 과 특성상 남성을 주로 원했기 때문에 취업이 쉽지 않았음	O X	-평생 연애도 못해 보고 시집도 못 갈 줄 알았는데 나를 이해해 주는 사람을 만나서 너무 좋았음 -지원서에 웬만한 기업들은 해외여행 경험담을 필수로 적어야 했는데 내 능력으로는 해결할 수 있는 부분이 아니었기 때문에 가정과 사회가 너무 원망스러웠음 -여자라서 모든 부분에서 약자라는 생각이 강해짐 -특히 이때 사회에 대한 부정적인 마인드가 뿌리를 내림(무엇이든 돈이 있어야 최고라는 생각이 자리잡음)

언제	삶에 영향을 미친 일	영향	이유와 원인 분석
22-24세	−엄마가 자수 공장을 차리셨는데 기술자도 아니었고 엄마 또한 돈을 벌어야 한다는 중압감으로 준비 없이 남의 말만 듣고 시작함	△	−일을 잘 모르고 시작한 엄마는 외부 사람들한테 여러 번 당했으며 기술자가 없어 내가 기계를 만졌는데 그야말로 막노동이라 육체적으로도 너무 힘들었음
25세	−공장을 접고 취업을 하여 부산으로 내려감	O	−육체적으로 힘들긴 했지만 부산의 놀이 문화도 즐기고 집에서 벗어나 자유로운 생활을 즐김 −상류층 문화를 경험하면서 비록 내 것은 아니었으나 간접적으로 좋은 추억을 많이 쌓음. 다시 한번 돈의 위력을 경험함.
26-27세	−서울에 다시 올라와 건설 공정 관리 회사에 취업	△	−전공을 살리면서 여러 가지 큰 프로젝트에 참여 −재미는 있었으나 야근이 너무 잦고 박봉에 점점 지쳐감
28-32세	−○○해상에 입사	△	−기존 회사와는 너무 다른 시스템에 처음엔 겁이 많이 났지만 운이 좋았는지 입사 후 계속 실적이 좋아서 수입도 많았고 시간도 여유 있게 쓸 수 있어서 내 인생에 있어 황금기라고 생각됨 −더 나은 상담을 하기 위해 자격증도 따고 열심히 준비했지만 현실에 적용하기가 쉽지 않아 지금까지 어려움을 겪고 있음
총평 △	왜 그렇게 생각하는지? −너무 어릴 때부터 아빠의 폭력적인 성향과 가족을 사랑으로 감싸지 못하는 환경에서 삶을 포기하고 싶을 만큼 힘든 일이 많았지만, 내 옆에서 끝까지 나를 믿고 지켜준 엄마가 있었다는 것에 감사하고 그 환경에서도 포기하지 않고 지금까지 잘 버틴 것 같아서 내 자신이 대견하다고 생각된다. −아직 젊기 때문에 남은 인생은 잘 계획해서 어려움이 있더라도 지혜롭게 헤쳐 나갈 수 있을 것 같다 개선하고 바꿔야 할 점 −과거에 집착하는 편이며, 불평불만이 많음 −끈기가 없고 쉽게 포기하려 함 −주도적이지 못함 계속 강화해야 할 장점 −성장하기 위한 방법 모색 −친화력 −주변 사람들에 대한 배려		

Event(사건)	Physical(육체적)	Habitual(습관적)	Mental(정신적)
아빠가 생활비를 안 줌	불편함	하고 싶은 것에 대한 욕구를 억누름	돈이 없으면 고통스럽다
엄마와의 관계 (돈이 계속 들어감)	고마움, 부담감	무조건적으로 도우려 한다	지금의 내가 있기까지 엄마의 도움이 컸기 때문에 고마운 마음이 크지만 한편으로 성인이 되어서도 독립하지 못하고 있는 상태가 부담스러움

분야	자체 평가	평가 이유	과거와 영속성
가족 관계	△	1. 친정 부모님의 불화로 엄마를 모시고 있음. 아빠가 법적으로 정리도 하지 않고 부양자로서의 책임을 전혀 지고 있지 않음 2. 친정 오빠는 어릴 적 상처 때문에 결혼 후 연락을 끊음 3. 남편과는 전반적으로 크게 문제되는 점이 없으나 가부장적이며 고지식한 부분에서 대화가 잘 안 됨. 아직도 남자는 하늘, 여자는 땅이라는 식의 사고를 지님 4. 나는 일을 한다는 핑계로 자녀 양육을 거의 모두 친정 엄마한테 맡기고 있음. 마음과 생각이 따로 놀고 있음	– 결혼하고 나서도 친정 문제로부터 완전히 독립하지 못하고 지금까지 영향을 받고 있음 – 남편이 결혼 후 계속 지방에 있었기 때문에 친정 엄마와 같이 있는 것이 문제가 되지 않았으나 현재는 같이 살게 되어서 남편과 엄마 사이에 어려움이 발생
가정 경제	△	1. 결혼 당시 전혀 도움 없이 시작했는데 지금까지 돈과 관련해서 크게 어려움을 겪지는 않았음 2. 쓰더라도 저축을 해야 한다는 마인드가 강함 3. 계획적으로 하지 못하고 즉흥적으로 실행하는 경우가 많아서 어렵게 모은 돈을 쉽게 날리는 경우가 종종 있음 4. 양쪽 부모님이 경제적으로 여유가 없어서 매달 고정적으로 들어가는 비용이 발생하고 있어서 소득이 줄어 가는 상황에서 큰 고민거리임. 5. 돈이 좀 모이니 욕심이 생겨서 부채를 안고 집을 샀는데 미래를 너무 긍정적으로만 판단해서 너무 쉽게 결정했음. 주택 관련 유지비가 많이 듦.	– 어려서 돈 때문에 고생했기 때문에 초기에 돈을 모으기 위해 저축을 열심히 했음. 그러나 막상 돈의 여유가 생기다 보니 그동안 못해 본 것에 대한 보상 심리가 생겨서 씀씀이가 너무 커져 버렸음 – 용돈을 받아서 계획적으로 써 본 적이 없어서 그런지 돈을 합리적으로 소비하는 방법을 잘 몰랐으나 현재는 재무 상담 관련 일을 하면서 많이 알게 되었고 미흡하지만 계획적으로 하려고 노력하고 있음
직업	△	1. 현재 시스템에 잘 따라가고 있지 못함 2. 주도적으로 일을 실행하지 못하고 의지하려고 함 3. 돈만 벌려고 하지 않고 고객이 진정 원하는 것이 무엇인지 계속 찾으려고 노력하는 점, 그리고 이 직업이 그럴 수 있을 거라는 막연한 믿음이 있기 때문에 희망은 가지고 있음	– 매번 너무 잘해야 한다는 생각에 내 생각대로 되지 않으면 다른 길을 자꾸 모색함
건강	△	1. 어려서부터 운동을 좋아해서 기본 체력이 됨 2. 식탐이 많았으나 요즘은 기름진 음식이나 주전부리를 잘 하지 않음 3. 친정 엄마와 같이 사는 관계로 아직까지 엄마의 음식으로 보양을 잘 하고 있음 4. 일의 특성상 과거 활동량이 많았음	– 어려서부터 운동을 좋아해서 다양하게 배웠고 운동에 대해서는 계속하려고 노력함

■ 현재 상태

사건(Event)	육체적(Physical)	습관적(Habitual)	정신적(Mental)
여유가 있다가 다시 소득이 줄어듦.	막막함, 답답함	사고 싶은 물건이 있으면 생각 없이 샀는데 지금은 조금 고민함	현재의 생활수준에 만족하지 못하고 계속 더 나은 환경을 좇게 됨
주변의 칭찬	뿌듯함, 부담감	계속 잘 보이려고 함	혼란스럽고 현실 문제와 인간관계 사이에서 많은 스트레스를 받고 있음
자녀 성장	뿌듯함, 부담감	어릴 때 하고 싶은 것을 많이 못해 봐서 무엇이든 해 주려고 함	무조건 잘해 주는 것이 옳지 못하다는 것을 알면서도 자제가 잘 안 됨
엄마와의 관계	고마움, 부담감	무조건 엄마를 도우려 함	엄마의 도움을 많이 받았고 또 받고 있기 때문에 거기에 부응해야 한다는 부담감이 심함
재무 교육	막막함, 오히려 모르면 마음이 편할 것 같음	더 나은 방법이 없는지 계속 고민하고 찾게 됨. 안주하지 못함	계속적으로 더 나은 방법을 찾아야 한다는 생각이 떠나지 않음
동서와의 갈등 (시댁 부양 관련)	얄미움, 이해가 가면서도 생각만 하면 가슴이 터질 것 같음	잘못하는 행동만 찾게 되고 비방함	인간적으로 내가 너무 못나 보여 속상함. 동서처럼 마음 가는 대로 하지 못하는 것에 대한 억울함

사건 (Event)	육체적 (Physical)			습관적 (Habitual)			정신적 (Mental)		
	미개선	개선안	신규	미개선	개선안	신규	미개선	개선안	신규
주변인들 과 비교	부러움	가슴이 먹먹	억울함	주변인의 수준을 살핀다	지속적인 비교		돈이 많으면 할 수 있는 것이 많다	돈이 행복의 우선 순위다	능력보다 집안의 도움이 중요하다
엄마와의 관계	약간의 부담감		엄청 고마움	무조건 도우려 함					
부산 생활									

6. Money Experience Chart (과거/현재/미래)

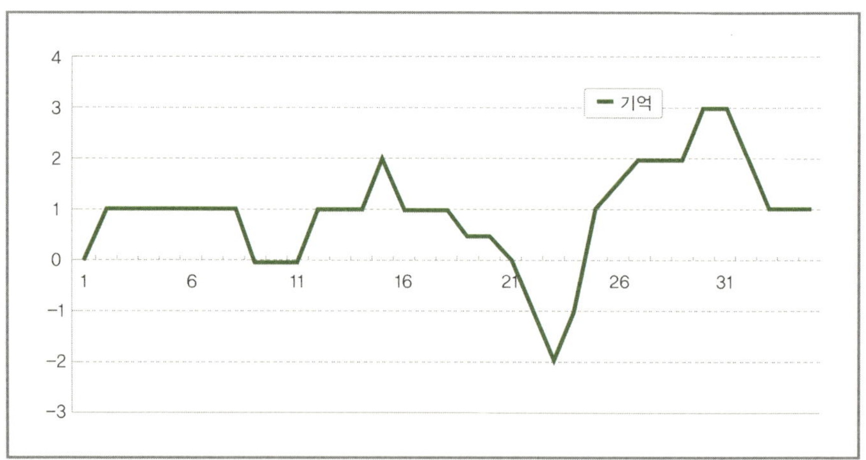

(+) 즐거운 기억, (−) 고통스러운 기억

1) 가족 관계

- 친정 아빠가 혼자 단절된 상태로 살고 있지만 같이 살면서 겪게 되는 문제는 없다 보니 아빠의 인생도 불쌍하다는 생각이 든다
- 친정 문제를 제외하고는 대체적으로 잘 지내고 있다. 하지만 대화를 통해 서로의 마음을 더 깊이 이해하려는 노력이 필요하다.
- 누구 때문에 행복하고 불행하고가 아니고 내 자신을 좀 더 사랑하고 배려하는 마음을 키워야 할 것 같다.

2) 가정 경제

- 돈과 관련해서 어려움과 편리함을 동시에 경험할 수 있었다.
- 근시안적인 시각으로 돈을 좇을 것이 아니라 냉정하게 돈을 바라보고 우리 가정의 행복을 위해서 사용할 줄 아는 지혜를 배워야 함을 절실히 느꼈다.
- 과거, 특히 어릴 적 돈에 대한 느낌이나 경험이 성인이 돼서도 엄청난 영향을 미친다는 사실을 알게 되었다. 아직까지도 비합리적인 소비 습관이 많이 남아 있지만 노력하고 있고 다행히 사회 초년기 때 종자돈을 마련할 수 있어서 지금의 생활을 누릴 수 있다는 것에 감사하다.
- 한쪽에 치우친(과소비, 자린고비식의 형태) 행동이나 사고는 지양하고 가정 경제를 위해 안주인인 내가 잘 조절해서 끝까지 돈 때문에 고통 받고 힘든 상황은 만들지 않도록 지금부터 조금씩 준비를 해 나가야겠다.

3) 직업

- 남성 위주의 직업 속에서 일을 하다 보니 육체적으로나 정신으로 많이 힘들었다. 어릴 적 아빠에 대한 피해 의식인지는 몰라도 실력이 모자라 인정을 못 받는 것인데도 여자이기 때문에 기회가 주어지지 않는다고 불평불만이 너무 많았다.
- 힘든 상황이 왔을 때 헤쳐 나가기보다는 피하고 도망가려는 심리가 강했다.
- 겉으로는 돈이 인생의 전부가 아니라고 말하면서도 돈을 좇고 동경하는 심리가 강하고 직업을 바라보는 나의 태도가 굉장히 이중적이라는 사실을 알았다.
- 현재 하고 있는 일을 진정으로 사랑하고 가슴 뛰는 일이라 느껴진다면 더 이상 바랄 것이 없겠다.

4) 건강

- 어려서부터 타고난 신체적 조건으로 크게 아파 본 적이 없다. 건강에 대한 생각이 별로 없었는데 현재는 건강의 소중함을 뼈저리게 느끼고 있다.

- 어려서부터 운동을 좋아해 육상, 배구, 테니스 등을 하다 보니 기본적인 체력이 되는 것 같다.
- 요즘 활동량이 적어져서 몸이 무거운 감이 있지만 엄마 덕분에 음식을 잘 섭취하고 있어서 아직까지는 양호하다
- 돈을 들여서 하는 운동만 생각했는데 평상시에 생활 습관만 바꿔도 건강해질 수 있다는 사실을 알게 되었다.
- 다만 나의 게으름이 최대 단점이다.

5) 미래 희망

- 지금까지 방향 없이 무조건 열심히만 해 왔다. 방향이나 목표가 없었기 때문에(막연히 돈만 많이 벌면 인생이 행복할 것 같았다) 조금만 힘든 상황이 닥치면 너무 괴롭고 힘들었다.
- 아직까지 명확한 꿈을 찾지 못해 막연하긴 하지만 과거의 암울하고 고통스러운 터널 속에서 빠져나올 수 있다는 것만으로도 앞으로의 삶이 희망적으로 느껴진다. 큰 욕심 부리지 않고 현재의 행복을 느끼고 긍정적인 마인드를 가지고 살아간다면 나만의 독자적인 삶을 살 수 있을 것 같다.

8. 미래를 설계하기 전 반드시 끊어야 하는 Money Scripts(습관, 정신적, 영적 disorder)

습관	정신적	영적
1. 거절을 하지 못함 (돈을 여러 번 떼임)	돈을 너무 중시한다 (돈은 많으면 많을수록 무조건 좋다)	
2. 사고 싶은 물건이 생기면 묻지도 따지지도 않고 구매하려는 행동 (구입 후 사용 안 하는 것도 많음)	금액이 크지 않은 돈은 중요하게 생각하지 않는다.	
3. 금액이 크지 않은 돈은 쉽게 써버린다	미래에 대한 불확실성으로 수시로 불안함을 느낀다	
4. 남의 시선을 너무 의식함 (돈을 쓰지 않으면 인색하다고 비난받을 것 같음)	노력하는 것보다 타고난 환경이 중요하다	
5. 장을 볼 때 생각 없이 구매하는 행동	누군가 나를 도와줬으면 좋겠다는 생각	
6. 할부로 물건을 구매하는 행동		
7. 감정적으로 돈을 사용		

■ 1단계: 좌우명 정하기

– 우리가정 경제 정체성 및 문화 전통 세우기. 우리 가정의 좌우명(Motto)

좌우명	– 돈은 꿈(재무 목표)을 이루기 위한 수단이지 절대 목적이 될 수 없다! – 분수에 맞는 생활을 하자 – 형평성을 중시하자(가족 모두의 만족도 고려)
좌우명 실현을 위한 필요 조건	– 대화를 자주 할 것 – 단 · 중 · 장기 목표를 구체화 할 것 – 불필요한 지출 없앨 것 – 돈에 대한 가치관 제대로 정립할 것 – 정해진 기간마다 지속적으로 평가하고 수정할 것

■ 2단계: 가족 개별 꿈 정하기(가족 구성원 수대로 작성)

가족 이름: 홍길동

이벤트	총 필요 자금	현재 준비 자금	기간	수익률	월 저축액
한옥집 살기	4억원	3억원	20년	7%	28만원
골프 배우기	매월 20만원	0	10년		20만원
자녀 교육	6000만원	300만원	16년	7%	23만원
노후 자금	6억원	5800만원	35년	6%	83만원

가족 이름: 장미화

이벤트	총 필요 자금	현재 준비 자금	기간	수익률	월 저축액
10주년 유럽 여행	1000만원	0	5년	5%	15만원
자녀 교육	4000만원	500만원	16년	7%	15만원
부채 상환	1억 5000만원	0	25년	6%	80만원
노후 자금	6억원	5800만원	35년	6%	83만원

가족이름	꿈(목표)	기간/시점	필요 금액	달성 후 느낌
홍길동	한옥집 짓고 살기	20년	40000만원	좋음, 신이 남
홍길동	골프 배우기	10년	20만원(매월)	좋음
홍길동, 장미화	자녀 교육	16년	4000만원	기쁨, 뿌듯함
홍길동, 장미화	노후 자금	35년	6억원	뿌듯함, 편안함, 대견함
장미화	10주년 유럽 여행	5년	1000만원	뿌듯, 보람, 원풀이
장미화	부채 상환	15년	1억 5250만원	홀가분함, 날아갈 것 같음, 해방
총 필요 금액			11억 6945만원	

■ 4단계: 현재 준비상황 점검

1. 현재 대차 대조표 작성

자 산		부 채	
아파트	300,000,000	신용 보증 대출	12,500,000
자동차	12,000,000	주택 담보 대출	140,000,000
청약 통장	5,200,000		
변액유니버셜	9,000,000		
자산 합계	344,170,000	부채 합계	152,500,000
순 자 산			191,670,000

2. 현금 흐름표 작성

소 득			지 출	
홍길동	3,800,000		보험료(자동차 보험 포함)	615,600
장미화	1,500,000		교통비	120,000
기타 소득	250,000	고정지출	각종 대금(렌탈, 우유, 가스 등)	878,700
			대출 상환	1,300,000
			가족 겟돈	50,000
			생활비	1,000,000
			용돈(홍길동)	300,000
		변동지출	용돈(장미화)	500,000
			용돈(엄마)	560,000
			저축	790,000
소득계	5,550,000		지출계	6,114,300
과부족			−564,300	

3. 달성 가능성 확인–GAP 분석

이벤트	필요 금액	준비 금액	달성률	GAP	달성 여부
한옥집 짓고 살기	40000만원	30000만원	75%	10000만원	△
골프 배우기	20만원(매월)	0	0	20만원	x
자녀 교육	4000만원	300만원	8%	3700만원	x
노후 자금	60000만원	5800만원	10%	54200만원	△
10주년 유럽 여행	1000만원	0	0%	1000만원	x
부채 상환	15250만원	0	0%	15250만원	△

4. 세운 가정에 대한 점검
 – 예견한 상황과 가정자체가 또 다른 위험이다.
 – 수입(+), 지출(–), 수익률 등 기타 건정성, 적정성 분석

내용		평가
수입 측면		–배우자가 근로 소득인 것을 감안 안정적인 편임. 다만, 건설업 특성상 경기를 심하게 탐(성과금에 영향을 미침) –맞벌이를 하고 있지만 언제 외벌이로 변경될지 미지수
지출 측면		–대출 관련 비용이 큼, 합리적으로 지출을 하고 있지 못함, 수정 반드시 필요
수익률		–부채 상환 비중이 커서 실질적인 수익률은 마이너스 상태
자산 건전성		–금융 자산(유동 자산)이 부족하고 부동산에 집중되어 있어 다소 위험한 상태
적정성	부 채	–자산 대비 거의 50%에 육박, 한 사람의 소득이 줄면서 부채 상환에 대한 부담 가중
	소 비	–고정 지출이 커서 소득 대비 소비 비중이 80% 이상 차지, 집중 관리 필요

  – 배우자와 대화를 나누긴 했지만 충분하지 않음.

A. 현실화된 가정 경제 꿈

가족 이름	꿈(목표)	기간/시점	필요 금액	수정 금액
홍길동	골프 배우기	10년	20만원(매월)	안 할 수도 있음
홍길동, 장미화	자녀 교육	16년	4000만원	추후 자녀의 의견에 따라 수정 가능
홍길동, 장미화	노후 자금	35년	60000만원	월 150-180만원 수준(수정 없음)
장미화	10주년 유럽 여행	5년	1000만원	없음
장미화	부채 상환	15년	15250만원	최대한 빨리 줄여야 함 (전세로 이전 고민)

B. 포트폴리오 작성

이벤트명	기간	필요 금액	금융 상품	월 저축 금액(현재)	수익자	비교
한옥집 짓고 살기	20년	40000만원	펀드	28만원(0)	홍길동 장미화	– 변액유니버셜의 경우 손해 보지 않는 시점에 펀드로 갈아 타기 할 예정
자녀 교육	16년	4000만원	변액유니버셜	15만원(20)	장미화	– 노후 자금은 지속적으로 은퇴 전(65세)까지 불입한다면 달성 가능함
노후 자금	35년	60000만원	국민 연금 퇴직 연금 개인 연금 저축	83만원(92)	홍길동 장미화	
10주년 유럽 여행	5년	1000만원	펀드 및 적금	15만원	홍길동	– 부채는 단기 자금부터 원금 상환 중
부채 상환	15년	15250만원	적금	80만원(60)	홍길동	

* 인생 설계서 양식은 www.npti.co.kr에서 다운로드 가능